本著作受国家自然科学基金青年项目"企业集团价值链冲突与重构对数字化战略变革的影响机理研究"（72202013）的资助。

本著作受北京交通大学国家经济安全预警工程北京实验室资助。

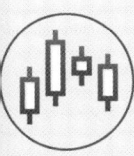

赵月皎 ○ 著

上市子公司在企业集团网络中的嵌入研究

Research on the Embeddedness of Listed Subsidiaries in Business Group's Networks

中国社会科学出版社

图书在版编目（CIP）数据

上市子公司在企业集团网络中的嵌入研究／赵月皎著. —北京：中国社会科学出版社，2024.3
ISBN 978-7-5227-2980-0

Ⅰ.①上… Ⅱ.①赵… Ⅲ.①上市公司—子公司—企业管理—研究—中国　Ⅳ.①F279.246

中国国家版本馆CIP数据核字（2024）第034000号

出 版 人	赵剑英	
责任编辑	王　衡	
责任校对	王　森	
责任印制	王　超	

出　　版	中国社会科学出版社	
社　　址	北京鼓楼西大街甲158号	
邮　　编	100720	
网　　址	http://www.csspw.cn	
发 行 部	010-84083685	
门 市 部	010-84029450	
经　　销	新华书店及其他书店	
印　　刷	北京明恒达印务有限公司	
装　　订	廊坊市广阳区广增装订厂	
版　　次	2024年3月第1版	
印　　次	2024年3月第1次印刷	
开　　本	710×1000　1/16	
印　　张	17.75	
字　　数	265千字	
定　　价	96.00元	

凡购买中国社会科学出版社图书，如有质量问题请与本社营销中心联系调换
电话：010-84083683
版权所有　侵权必究

前　言

2018年8月中国取消了企业集团核准登记审批，这降低了企业集团成立的基本条件，给予其更多成长空间，赋予子公司更多自主性，使更多的企业能够进入企业集团的网络中来。随着集团网络带来的协同效应与规模经济优势，集团在新兴经济体中不仅弥补了制度空白与市场不完善，更是信息流通的渠道、资源再配置的平台以及深度合作的信任网。考虑到集团内部网络对外部环境的补充作用以及资本契约形成的深度信任，子公司合理配置其精力以适度嵌入在集团网络中是子公司重要的战略导向。子公司在集团中的嵌入程度是因时因地变化的，子公司所处的当地网络、产业网络、集团特征、子公司自身特征等均会对其在集团网络中嵌入产生影响，进而作用于创新、成长和发展。随着经济的全球化，企业集团数量越来越多，规模越来越大。子公司了解自己在集团中的嵌入程度和嵌入均衡，对于更好地获得集团资源、形成协同并促进绩效具有重要意义。然而，现实的需求却没能在已有文献中得到切实回答。已有文献过于关注子公司嵌入后果和双重嵌入之间的影响，而忽略了嵌入的动因研究，即未能回答何种情况下子公司能够实现适度集团嵌入以及哪些因素能帮助子公司加深或减少嵌入。

因此，本书试图探索不同层面的特征要素对子公司嵌入的影响、子公司嵌入后果的差异以及环境因素的调节作用。在网络嵌入的动因方面，行动者在网络中的嵌入会受到来自"网络外部因素、内部因素、相互嵌入的不同层面的网络结构要素以及行动中自身属性"的相互作用。本书研究内容包括：第一，着力探析集团内外部因素对子公司在集团内嵌入的影响机制。借鉴行业基础观,将影响子公司嵌入的集团外部因素分为子公司本地嵌入、子公司行业地位以及子公司面对的供应商和客户集中度。借鉴社会嵌入理论,将影响子公司嵌入的集团层面因素分为企业集团的集权程度、企业集团规模、企业集团内行业重叠程度。借鉴子公司特定优势理论,将影响子公司嵌入公司层面的因素分为子公司比较盈利能力、子公司比较融资约束、子公司比较冗余资源。第二,揭示子公司内部嵌入产生的经济后果,验证子公司嵌入对技术创新、成长和国际化的不同作用机理。第三,挖掘了子公司嵌入对后果影响的中介因素,解释了子公司嵌入通过影响集团资金支持和业务支持进而对技术创新等经济后果产生影响。第四,发现并检验环境不确定性、国际贸易争端、外部信息不对称程度和内部资源冗余对子公司内部嵌入提升经济后果的制约机制。

  本书的创新点在于:第一,分析了不同层面的特征要素对子公司嵌入的影响机理,对子公司嵌入前置因素进行了理论推理和数据检验,弥补现有研究对嵌入动因研究的不足。第二,探索了子公司嵌入对不同后果的影响,揭示子公司嵌入与子公司成长和国际化的非线性作用机理,对子公司嵌入均衡给出了明确的区间,在嵌入理论上更前进了一步。第三,识别了集团支持在子公司嵌入与研发关系中的中介作用,揭示了集团网络对研发影响的具体路径。子公司嵌入差异导致集团支持偏好,进一步影响研发决策。通过集团支持中介路径的检验,增加了对集团网络的理解,为解释集团网络和集团支持推进技术创新的机理提供了有力证据。第四,分析外部环境不确定性和内部资源禀赋不同特征下,子公司嵌入作用的差异,发现宏观层面市场机制和政治规则均会对子公司嵌入作用的发挥产生影响,丰富了子公司嵌入的情境研究。

目　　录

第一章　导论 ……………………………………………………（1）
　一　研究背景与研究意义 ……………………………………（1）
　二　基本概念 …………………………………………………（9）
　三　研究内容和框架 …………………………………………（14）
　四　研究方法 …………………………………………………（18）
　五　创新点 ……………………………………………………（19）

第二章　研究综述与相关理论 …………………………………（22）
　一　理论基础 …………………………………………………（22）
　二　文献评述 …………………………………………………（42）

第三章　企业集团网络特征和作用 ……………………………（69）
　一　集团整体网络与子公司双重网络嵌入 …………………（69）
　二　企业集团网络关系和结构 ………………………………（72）
　三　企业集团网络分析维度 …………………………………（77）
　四　企业集团网络作用 ………………………………………（79）
　五　本章小结 …………………………………………………（82）

第四章　理论模型与假设 ………………………………………（84）
　一　子公司在集团网络中的嵌入动因分析 …………………（84）
　二　子公司在集团网络中的嵌入后果分析 …………………（105）

三　子公司结构嵌入与关系嵌入的影响后果 …………………（111）
四　集团支持的中介作用 ………………………………………（138）
五　子公司在集团网络中嵌入的边界条件探析 ………………（150）
六　概念模型的提出 ……………………………………………（170）
七　本章小结 ……………………………………………………（173）

第五章　研究设计 ……………………………………………（174）
一　样本选取与数据来源 ………………………………………（174）
二　变量定义与测量 ……………………………………………（176）
三　模型设计 ……………………………………………………（184）
四　本章小结 ……………………………………………………（189）

第六章　实证检验 ……………………………………………（190）
一　描述性统计及相关性分析 …………………………………（190）
二　回归分析 ……………………………………………………（197）
三　进一步讨论 …………………………………………………（224）
四　内生性和稳健性检验 ………………………………………（238）

第七章　结论、启示与展望 …………………………………（250）
一　研究结论 ……………………………………………………（250）
二　研究启示 ……………………………………………………（254）
三　研究局限与未来展望 ………………………………………（258）

参考文献 ………………………………………………………（260）

第一章　导论

一　研究背景与研究意义

本书研究子公司在集团网络中适度嵌入的前置影响因素以及后果。子公司在集团网络中的嵌入程度受到多方面因素的影响，包括子公司嵌入的动机和行为、集团允许嵌入的程度和行为、外部可替代网络的进入等。

（一）研究背景

2018年8月，中国取消了企业集团核准登记审批。这意味着给予企业集团更多的成长空间，降低了企业集团成立的基本条件，赋予子公司更多自主性，增加了子公司嵌入集团的自由度，使更多的企业能够进入集团网络的经营模式中来。随着企业集团网络带来的协同效应与规模经济的优势，集团在新兴经济体中扮演的角色不仅弥补了制度空白与市场不完善，更是信息流通的渠道、资源再配置的平台以及深度合作的信任网。企业集团的规模越来越庞大，如生产汽车玻璃的福耀集团拥有46个子公司，分布于6个国家，跨越20个省份；生产继电器的宏发股份拥有44个子公司，分布于5个国家，跨越9个省份；格力集团有74个子公司，分布于14个国家，跨越16个省21个市；海信集团有71个子公司，分布于17个国家，跨越11个省14个市。数目众多的子公司、差异化的制度环境，使得越来越多的学者进行社会网络理论框架下的集团网络研究。

考虑到集团内部网络对外部环境的补充作用以及资本契约形成的深度信任，子公司合理配置其精力以适度嵌入在集团网络中①是子公司要重要考虑的战略导向。近年来，不乏借助集团力量渡过经营困境的企业。例如，陶瓷材料产业市场份额第一的国瓷材料通过集团支持，增资购买了价值链下游的爱尔创企业，促进了其陶瓷材料的纵向一体化和协同化；东方电气依靠集团的院士和专家团队，为技术研发商榷发展方向，奠定了创新基础；格力电器依赖集团供应链网络和资金网络不仅做空调还做汽车，海尔不仅做冰箱还做生物制药。然而，有些子公司的过度嵌入却导致其陷入进退两难的困境，丧失自主权。例如，行业前五的北京普莱德过度依赖股东企业（其销售额的76%来源于其股东北汽新能源），在东方精工收购之后业绩严重下滑，不得不继续求助于原来的股东施舍订单；雏鹰农牧因为向集团内关联企业提供了巨额担保而受到牵连，资金欠缺导致"没钱买饲料饿死猪"；祁连山水泥本地市场份额占总营收的72%，与集团的往来交易不足10%，充分保证了战略自主性，本地市场为其主要注意力投放网络的同时，对集团总部的嵌入程度较低。这些实例说明，企业集团网络的"光明面"和"黑暗面"在不同程度的子公司内部嵌入中发挥了不同作用。子公司在集团中的嵌入是因时因地变化的，子公司所处当地网络、产业网络、集团特征、子公司自身特征等均会影响其在集团网络中的嵌入，进而影响其创新、成长和发展。现阶段企业集团数量越来越多，规模越来越大。子公司分析自己在集团中的嵌入程度以及如何实现适度嵌入，进而更好地获得集团资源、形成协同并促进绩效，对子公司而言具有重要战略意义。因此，本书深入探索对子公司嵌入（在集团网络中的内部嵌入）产生影响的前置因素、子公司嵌入的经济后果及其边界条件、子公司在集团网络中的结构嵌入和关系嵌入以及影响后果、子公司内部嵌入的优化路径等。

随着工业智能化时代的到来，科学技术的发展越来越成为核心竞争力的重要来源。例如，连续22年领跑专利排行的IBM集团在计算机

---

① 子公司在集团网络中的嵌入，后文均简写为子公司嵌入。

等商业机器方面一直处于行业领先,苹果手机也凭借其精致的外形和难以模仿的操作系统在手机行业异军突起。物联网飞速发展将进一步促使科技与互联网的结合,形成企业跨行业合作、组合创新、协同探索的局面。在创新上的懈怠或疏忽可能导致不可逆转的覆灭,诺基亚巨人的坍塌和柯达的没落再次提醒企业"没有永远的赢家,只有不变的创新"。但如何在企业间协同研发、如何在创新中获得支持和引导、如何将创新持续地转化为生产力,这些问题在企业集团的兴起中获得回答。

企业集团作为市场和企业中间的组织形式,是由多种纽带相互联结的独立法人组成的企业联合体。在中国,这种纽带更多地体现为股权持有;而在意大利,这种纽带更多地体现为家族亲缘和朋友关系。21世纪初,意大利、法国、韩国、印度等国家的企业集团比例已超过1/3。世界前500强企业几乎都以企业集团的形式经营。在发达国家,企业集团更多扮演了提高企业全球声誉、形成规模经济、降低单一行业风险和促进多元化发展的角色。在新兴经济体国家,企业集团的数量更是飞速增长,弥补了新兴经济体下制度和市场发展的不完善,为企业协同生产和研发提供了情感信任、平台和纽带。例如,企业集团形成内部资本市场,可在较大程度上缓解子公司①融资约束;企业集团形成内部交流,有利于信息传播和知识溢出;企业集团信任纽带在共享资源和研发成果的同时,保障了知识产权;企业集团对行业未来发展的分析,有助于子公司更好地把握市场需求和创新方向等。中国是典型的新兴经济体国家,据统计中国上市公司隶属企业集团比例高达95.3%;2014年中国500强企业集团营业收入达56.68万亿元,占当年GDP的93.5%,前133家企业集团年营业收入均超过千亿元。由此可见,企业集团已经成为市场经济的主体。例如,中国石油化工集团年营业收入2.8万亿元,拥

---

① 本书中"子公司"均为泛指,即集团内部除集团公司(集团总部)之外的其他成员企业,包括1级、2级……n级子公司,1级子公司为集团公司直接控股的公司,2级子公司为1级子公司直接控股的公司,是集团公司的孙公司。

有60多万员工[①]。然而，中国企业集团却面临着"大而不优"和"大而不强"的问题。企业集团的高速发展主要得益于宏观经济增长产生的行业机会和规模的扩张，其核心竞争力和国际竞争力还有待提高。2014年500强企业集团平均利润率仅为4.24%，且连续三年下降，其中制造业企业集团利润率仅为2.7%[②]。盈利能力不足的背后是企业创新能力的欠缺。2014年500强企业集团平均研发强度仅为1.25%，这一值在美国为4%，日本为3.4%。中国和世界企业盈利能力和技术创新比较如图1-1所示。

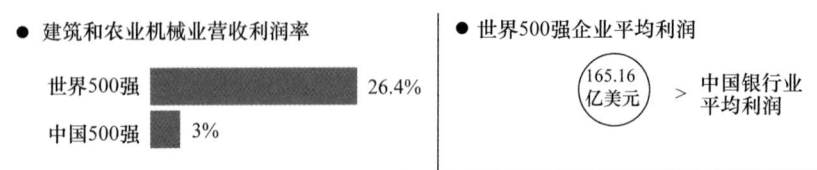

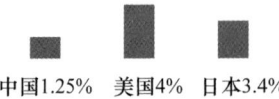

图1-1 中国和世界企业盈利能力和技术创新比较

资料来源：财经网产业经济频道，http：//industry.caijing.com.cn/20150831/3958783.shtml。

面对中国企业研发能力不足以及国际化的需求，亟须发挥企业集团优势促进技术创新。随着互联网的飞速发展，市场回应创新质量的同时，更苛求创新速度。企业独立完成所有创新环节已不能满足快速变化的需求。为更好地把握创新方向、激励技术人才以及整合创新资源，企业之间必须要形成合作与协同。而企业集团组织结构为这一要求提供了契机，子公司之间的情感和业务相关性，使得子公司之间可以协同战略资源、

---

① 参见http：//www.askci.com/news/data/2015/07/09/924192iy9.shtml，以及上市公司年报。

② http：//www.chinairn.com/news/20140921/140427275.shtml。

分工获取信息、共享知识成果,从而更好更快地促进创新。例如,在传统电视机行业,康佳集团2014年营业收入近200亿元,为海信电器的2/3。然而,康佳的利润率仅有0.3%,海信则为5.1%。同时年报数据显示,海信技术创新是康佳的5倍。利润的增长更多来源于技术创新带来的成本降低和产品升级。在智能电视迅速普及的过程中,康佳并没有采取集团内部自主研发的模式,而是与外部优酷和腾讯合作,借用其资源平台,因此,这部分利润被优酷和腾讯获得。而海信电器在集团的支持下,与集团下辖的网络科技子公司手机研发团队合作,自主进行电视操作系统开发和点播云平台的建设,获得了消费者良好的观视体验,因而海信电视取得不凡的业绩,形成了高质量的利润增长。由两个集团对比可见,正是由于海信集团内部母公司宏观协调,子公司充分合作,才能将技术创新转化为利润成果。那么面对复杂激烈的竞争,各行各业集团如何利用集团结构和网络优势、把握产业方向和创新机遇、促进子公司之间合作等问题有待回答。

同样的集团优势也体现在其他行业。过去几十年,全球通信行业最大的意外是华为的崛起,华为以价格和技术的破坏性创新,让绝大多数普通人能够享受到低价和优质的信息服务。这样的成就离不开华为集团各子公司之间的相互合作。华为集团坚持十几年每年至少10%的研发投入强度,研发人员占员工总数的48%。集团对子公司研发从资金和人才方面都给予充分的支持。在贴近客户的微创新方面,华为营销公司还有一个重要工作就是与客户频繁不断地沟通,了解产品改进的方向,并将信息传递给研发公司。一旦营销人员发现好的研发机会时,研发公司就会派遣技术专家、解决方案专家等与一线市场组合商谈和交流。在研发公司内部,许多研发工作如同修万里长城,有可能要做十多年冷板凳,然而集团为这样基础性、颠覆性的研发提供了更广的空间和更宽的包容。在直接面向客户的应用式平台创新方面则通过分解不同功能模块,建立不同模块组织,分头进行技术攻关,从而提高成功的概率。转观小米手机,在互联网风暴的创新营销模式下,确实形成一定规模的收入,然而,随着时间的推移,缺乏核心研发能力的小米也显得力不从心,消耗殆尽。

以上行业状况和现实背景表明，技术创新是企业发展的持续动力，而集团网络作用发挥以及内部子公司之间的关系极大地影响了企业技术创新。我们不禁思考，随着智能化和物联网的发展，企业集团网络以及子公司的网络嵌入特征如何影响技术创新？子公司在集团中所处的位置差异和关系亲疏是否会造成技术创新差异？集团公司对子公司的资金和业务支持对技术创新产生怎样的作用？子公司外部环境和自身状况差异又会对网络特征与创新关系产生哪些影响？本书将回答以上问题。

（二）研究意义

1. 理论意义

国内上市公司中有 95.3% 隶属于企业集团。这些上市子公司在本地网络和企业集团网络的双重嵌入下，寻求异质资源和信息，发展了自身独特属性，完全参照跨国公司海外子公司的双重嵌入去理解和指导实践，既不符合客观事实，也不具备相应条件。实践中，对子公司在集团网络中适度嵌入程度以及嵌入策略的研究需求日益显现，然而，理论界对于子公司嵌入的文献却局限于其影响后果研究。

已有子公司嵌入相关的文献包括三类，第一类是分析子公司嵌入后果的研究。子公司与集团网络内其他成员之间的相互依赖和交易往来，反映了子公司在集团中的嵌入性。已有子公司嵌入后果研究包括：子公司嵌入通过影响资源、机会和压力[1]，进而影响子公司成长和能力、创新和创业[2]、国

---

① 蒲明、毕克新：《双重网络嵌入性对子公司成长能力有不同影响吗？——基于跨国公司中国子公司的实证研究》，《科学决策》2019 年第 6 期；王昶、孙桥、徐尖等：《双重嵌入视角下的集团总部价值创造机理研究——基于时代集团的案例研究》，《管理评论》2019 年第 3 期；Bird M., Zellweger T., "Relational Embeddedness and Firm Growth: Comparing Spousal and Sibling Entrepreneurs", *Organization Science*, 2018, 29 (2): 264 – 283; Dai W., Liu Y., "Local vs Non-Local Institutional Embeddedness, Corporate Entrepreneurship, and Firm Performance in a Transitional Economy", *Asian Journal of Technology Innovation*, 2015, 23 (2): 255 – 270.

② Ciabuschi F., Holm U., Martín O. M., "Dual Embeddedness, Influence and Performance of Innovating Subsidiaries in the Multinational Corporation", *International Business Review*, 2014, 23 (5): 897 – 909; Wang C. L., Altinay L., "Social Embeddedness, Entrepreneurial Orientation and Firm Growth in Ethnic Minority Small Businesses in the UK", *International Small Business Journal*, 2012, 30 (1): 3 – 23.

际化水平[①]、子公司管理成本等。第二类文献探析子公司在网络中嵌入的前因变量，即哪些因素会影响子公司在网络中的嵌入。从网络多元化视角出发，其他网络的资源差异和特征、子公司在其他网络的嵌入程度、子公司在其他网络中的角色等会对子公司在集团网络嵌入产生影响。从网络特征出发，网络的规模、网络链接的紧密程度以及网络中资源的异质性等影响了行动者对网络的嵌入程度。从子公司特征出发，子公司的战略、资源属性、资产专有性和知识冗余度等会对子公司网络嵌入产生影响。第三类文献则是通过案例分析，总结子公司网络嵌入的调整或嵌入差异化过程。学者分析了子公司加强外部主导行为以构建强关系嵌入海外市场的演化，不同子公司根据自身资源及所处行业情况选择海外网络嵌入模式等。还有一些研究通过案例叙述还原了子公司嵌入变化的过程等。尽管这些研究涉及影响嵌入的因素、涉及子公司的嵌入后果，但都是在嵌入演进过程中提出的分散命题，对于同一集团内的不同子公司为何嵌入程度存在差异的解释还不充分，没有解释子公司嵌入对创新、成长和国际化研究结论不一致的原因和作用的边界，未能回答何种情况下子公司能够实现适度内部嵌入，也未能从宏观角度细致回答怎样改变子公司的嵌入，已有文献缺乏对嵌入产生影响的特征要素的系统分析，也缺乏大量数据进一步检验辅证。

  基于已有理论研究的不足，本书以子公司嵌入均衡的实现为核心，以社会嵌入理论、注意力理论及子公司特定优势理论为依据，向前深入探索对子公司内部嵌入产生影响的前置因素、向后研究子公司内部嵌入的经济后果及边界条件。本书的理论意义在于：第一，解释了嵌入不同动因的差异化影响机理，弥补了子公司嵌入前置因素研究的薄弱，丰富了内部嵌入性和集团网络的文献，为学者继续探索如何改善子公司嵌入提供参考。第二，完善了子公司嵌入后果研究，在一定程度上解释了已

---

① Meyer K. E., Mudambi R., Narula R., "Multinational Enterprises and Local Contexts: The Opportunities and Challenges of Multiple Embeddedness", *Journal of Management Studies*, 2011, 48 (2): 235 – 252; 李杰义、闫静波、王重鸣：《双重网络嵌入性、学习能力与国际化速度——快速国际化情境下的实证研究》，《经济管理》2018 年第 9 期。

有文献对后果研究不一致的原因。对子公司内部嵌入经济后果的分析,突破以往线性关系的视角,发现已有研究子公司嵌入后果不一致的原因在于两点:未考虑非线性影响机理或者有未发现的边界条件,本书检验了子公司内部嵌入与成长的非线性关系,试图解释子公司内部嵌入与成长和国际化关系结论模棱两可的原因,进一步证实企业集团与制度之间的互补效应。第三,考察了环境不确定性和国际贸易争端两个调节变量,为影响子公司嵌入均衡变化的环境研究增砖添瓦,将情境研究的宏观环境视角拓宽至中观国际化的影响。第四,对动态嵌入均衡范围的数据分析,将已有嵌入从模糊均衡引致可参考范围,从静态结构视角转移至动态过程视角,延伸并丰富了集团网络作用机理的文献。

2. 实践意义

2018年8月,中国取消了企业集团核准登记审批。这意味着给予企业集团更多的成长空间,赋予子公司更多的自主机会。随着企业集团在经济中的重要作用被凸显,政府进一步放宽企业集团建立手续,企业集团成为更普遍的经营模式,那么子公司积极处理在集团中的嵌入问题以促进绩效更加迫在眉睫。考虑到集团内部网络对外部环境的补充作用以及资本契约形成的深度信任,子公司合理配置其精力以适度嵌入在集团网络中是重要的战略导向。近年来,不乏借助集团力量渡过经营困境的企业,也有些子公司的过度嵌入却导致其陷入困境,丧失自主权。这说明,子公司在集团中的嵌入是权变分析,其嵌入程度是否能产生正向影响取决于多方因素及边界条件。因此,本书深入探索对子公司内部嵌入产生影响的重要因素、子公司内部嵌入经济后果的边界条件以及影响路径,这对于中国企业集团和子公司的成长无疑具有重要现实意义。

第一,对子公司而言,能够依据嵌入后果判断子公司嵌入程度是否合理,是否需要作出改善,对前置影响因素进行改变可以改善嵌入,子公司可以依据上述战略嵌入目标积极维护或减弱与集团的关系,为子公司高效管理不同的网络提供借鉴,为子公司保持自主性和市场活力提供参考。同时,有助于子公司重视和识别所处的最紧密的集团网络,并充分利用网络中提供的资源和关系,为子公司创新战略布局提供参考。在中国，母子公司之间更多遵循股权控制关联，很少考究集团网络的现实影响。在集团网络中，与集团总部的关系亲疏、距离远近和业务紧密性等均对子公司的研发动机、资源、机会和决策产生影响。子公司之间的合作在较大程度上获得资本契约和情感契约的保障，更有助于良好关系的建立和合作研发的进行。因此，本书有助于子公司充分利用集团网络结构和关系嵌入特征，促进技术创新。

第二，对集团而言，帮助集团进一步进行科学管控。在不确定性高或者动态变化的环境下，一味地集权，并不能有效规避风险；协同多个子公司的业务范围，将放权与集权相结合进行集团整体战略实施才能真正发挥集团的网络效应。揭示集团网络和功能，有助于集团公司宏观布局内部网络、促进集团内部协同、提升资源配置效率和实现整体利益最大化。集团具有"市场—科层—网络"的特性，集团公司应从繁琐的底层管理中抽离出来，以思考整体战略和布局。通过集团网络特征研究，有利于集团认识并调整内部网络和子公司之间的关系，为集团减少信息不对称、降低外部机会主义、减少契约搜寻成本等提供参考和借鉴。

第三，对政府而言，了解集团网络的优势和劣势，并相应地影响市场资源配置，提供与集团网络和本地网络不同的资源或合作方式，以激发公司主观能动性和整合能力，支持企业集团发展壮大，走向国际。通过本研究启迪政府通过政治引导合理完善集团股权关联之外的人际关系，在国有企业改革过程中，践行集团网络优化策略、合理布局子公司区域性分布，最终实现集团之间的联合创新与国际化，促进国家经济发展。

二 基本概念

（一）企业集团网络

企业集团①网络是指，同一集团内部所有控股企业和参股企业（虽未控股但实际控制的企业）所形成的网络。其中控股和参股企业为集

---

① 本书企业集团概念采用《企业集团登记管理暂行规定》中的定义。

团网络中的节点或行动者（Actor），控股或参股企业之间的关系为网络之间的关联关系，所形成的结构为企业集团网络结构（海信集团网络结构见图1-2）。

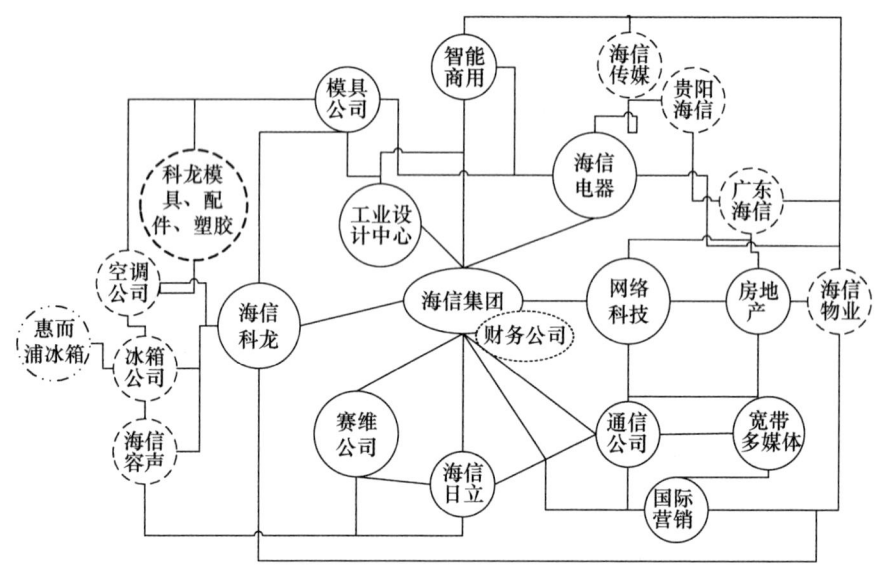

图1-2 海信集团网络结构

注：实线圆圈代表一级子公司，虚线圆圈代表二级子公司，连线代表公司之间的关联关系。
资料来源：笔者手工整理。

在已有文献中，鲜有将企业集团内部结构视为网络结构。然而，在实践中集团成员不再是简单地依附于集团的从属角色，其间更多呈现出互动互利和相互依存的关系；集团成员也不再是从属地位，而是更多地参与战略制定并自主经营的行为主体。可见以往将集团公司（总部）视为成员控制轴心的前提已然与实际相去甚远，集团成员之间越来越呈现网络态势。近年来，王世权等[①]以及武立东和黄海昕[②]探索

---

① 王世权、王丹、武立东：《母子公司关系网络影响子公司创业的内在机理——基于海信集团的案例研究》，《管理世界》2012年第6期。
② 武立东、黄海昕：《企业集团子公司主导行为及其网络嵌入研究：以海信集团为例》，《南开管理评论》2010年第6期。

了母子公司之间的关系网络嵌入对子公司创业和主导行为的影响,初见学者对集团网络的认可。

鉴于研究现状与实践的不匹配,本书提出企业集团网络概念,将企业集团视为有边界的整体网络①。整体网络是社会网络的一种,依据企业集团定义,企业集团是具有明确概念和范围的组织形式,网络边界清晰,网络内成员关系稳定,有助于揭示集团整体网络对成员企业(行动者)的影响机理,深刻认识集团存在和运行。

(二) 集团公司

集团公司,亦称集团总部,是集团内所有企业的最终法人控股股东,代表集团行使相关管理职责,负责集团整体决策和战略方向。

(三) 子公司

根据集团所有权控制链的长度,子公司可分为一级、二级……n 级子公司,一级子公司是集团公司直接控股的公司,由一级子公司再投资设立的公司为二级子公司,以至三级、四级子公司,本书中"子公司"涵盖所有等级子公司。本书个别地方为表意清晰和流畅,采用"控股企业""成员企业"的表述,均与本处"子公司"表意一致。集团公司与子公司示意如图 1 - 3 所示。

(四) 子公司嵌入

本书子公司嵌入指子公司在企业集团网络中的嵌入,是对企业集团的内部嵌入。子公司成为集团网络中的一员、一个节点、一个行动者,与网络中集团公司其他的子公司发生联系,形成企业集团整体网络。相对于集团网络而言,子公司还可能对当地市场形成外部嵌入、

---

① 张闯:《管理学研究中的社会网络范式:基于研究方法视角的 12 个管理学顶级期刊(2001—2010)文献研究》,《管理世界》2011 年第 7 期。

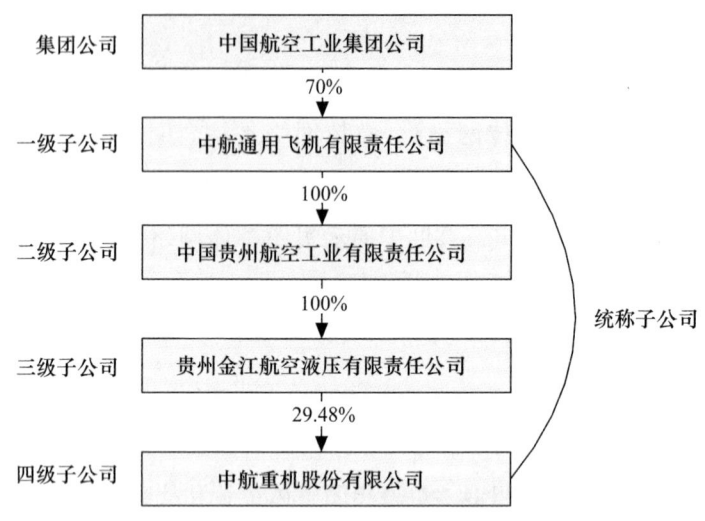

图 1-3 集团公司与子公司示意

注：图中箭头上的数字表示上级公司对下级公司的持股比例。
资料来源：笔者手工整理。

对供应链系统形成嵌入、在相关行业中的嵌入、在其他合作或者联盟中的嵌入。

以自我中心视角进行的社会网络研究，多涉及上市公司或跨国子公司的网络嵌入特征对决策和行为的影响。然而该类研究关注企业为中心向外辐射形成的网络，并未区分外部网络的范围和差异。少数关于跨国企业双重嵌入的分析，弥补了上述缺憾，将东道国网络与母国网络分开研究有利于发掘不同网络对跨国子公司创新和绩效等差异化影响，例如武立东和黄海昕发现，外部网络和企业网络对子公司创新的影响是通过不同路径产生的，并具有互补性[①]；张竹等认为，跨国子公司所处的两个网络制度差异较大，具有严重的信息不对称性，子公司对东道国的深

---

① 武立东、黄海昕：《企业集团子公司主导行为及其网络嵌入研究：以海信集团为例》，《南开管理评论》2010 年第 6 期。

度嵌入必然会影响在母国网络的资源获取和知识累积[1]。

囿于网络的虚拟性和嵌入的难以衡量性，一些学者通过案例描述定义嵌入，例如魏江和徐蕾将集群企业通过本地知识网络传播和流通信息定义为本地嵌入，认为企业通过市场规则和交易形成的关系为交易性嵌入[2]。另一些学者通过问卷题项的方式来刻画网络嵌入，例如蒋丽芹等将关系嵌入分为信任、适度的承诺、信息共享和共同解决问题[3]；魏旭光等通过网络密度和网络地位考察结构嵌入，其中网络密度是行动者之间直接联系占所有可能联结的比例，网络地位分为网络中心性和结构洞[4]。大部分问卷题项均与上述学者的衡量方式类似。通过案例和调查问卷对网络嵌入的研究已显成熟，然而以上两种方法均存在主观性较强和外部效度较差的问题。

本书为了弥补以上缺陷，综合考察网络客观存在性并借鉴实际客观的方法，利用企业集团和子公司实际披露的真实情况，采用子公司与集团以及其他成员企业的关联交易来衡量子公司在企业集团网络中的总体嵌入程度，同时构建子公司结构嵌入与关系嵌入两个维度，进一步衡量子公司在集团网络中的嵌入特征。

借鉴 Granovetter[5] 提出的嵌入分类，将子公司在企业集团网络内的嵌入分为结构嵌入和关系嵌入，并通过适用于企业维度的测量方法进行具体化。子公司结构嵌入主要体现网络行动者之间的多层次结构和位置问题，因此，本书通过接近程度和是否有中介来衡量，包含子公

---

[1] 张竹、谢绚丽、武常岐等：《本土化还是一体化：中国跨国企业海外子公司网络嵌入的多阶段模型》，《南开管理评论》2016年第1期。

[2] 魏江、徐蕾：《知识网络双重嵌入、知识整合与集群企业创新能力》，《管理科学学报》2014年第2期。

[3] 蒋丽芹、张慧芹、李思卉：《关系嵌入、外部知识搜寻与企业创新绩效——长三角产业集群高新技术企业的调研》，《软科学》2022年第9期。

[4] 魏旭光、翟文志、李悦等：《网络密度对后发企业价值网络结构重构的影响——信息共享的调节性中介效应》，《科技管理研究》2020年第6期。

[5] Granovetter M., "Economic Action and Social Structure: The Problem of Embeddedness", *American Journal of Sociology*, 1985, 91 (3).

司与集团公司的制度距离、地理距离和控制距离（以下简称为制度距离、地理距离和控制距离）。制度距离为子公司所在地与集团公司所在地制度环境上的差异程度，地理距离为子公司与集团公司所在地地理相隔的远近，控制距离为子公司与集团公司股权控制链上的距离，如集团公司到2级子公司所有权链条经过2级，那么该子公司的控制距离为2。子公司关系嵌入反映了在集团网络中的关联紧密性，已有文献通过关联的强度来衡量，本书将其分为子公司与集团公司的业务相关性和高管相关性，业务相关性越高、高管相关性越强，子公司的关联强度越高。业务相关性反映了子公司与集团公司主营业务相关程度，如集团公司为投资公司，子公司为制造公司，则业务相关性极低；高管相关性描述子公司高管在集团的兼任情况，兼任人数越多、职位越重要，则高管相关性高。

三　研究内容和框架

（一）研究内容

考虑到企业集团网络对外部环境的补充作用以及资本契约形成的深度信任，子公司合理配置其精力以适度嵌入集团网络中成为子公司重要战略导向。然而，已有文献过于关注子公司双重嵌入后果和子公司在集团网络中的嵌入后果，而忽略了其嵌入（子公司内部嵌入）的动因研究。已有文献未能回答何种情况下子公司能够实现适度集团嵌入以及哪些因素能帮助子公司加深或减少嵌入。在网络嵌入的动因方面，行动者在网络中的嵌入会受到来自"网络外部因素、内部因素、相互嵌入的不同层面的网络结构要素以及行动中自身属性"的相互作用。因此本书外部因素选择了子公司在外部网络中的特征，集团网络结构要素选择了企业集团网络特征，行动者自身属性选择了子公司自身特征，试图探究子公司在不同环境中的特征要素对嵌入的影响。

综上所述，本书内容包括：第一，着力探析内外部因素对子公司在集团内部嵌入的影响机制。借鉴Porter①的行业基础观以及Mahmood和Mitchell②提出的行业竞争环境对集团的影响,将影响子公司嵌入的集团外部因素分为:子公司本地嵌入、子公司行业地位以及供应商和客户的集中度。借鉴Granovetter③嵌入理论,将影响子公司嵌入的集团层面因素分为企业集团的集权程度、企业集团规模、企业集团内行业重叠程度;影响子公司嵌入的子公司层面因素分为子公司比较盈利能力、子公司比较融资约束、子公司比较冗余资源。第二,揭示子公司内部嵌入产生的经济后果,验证子公司嵌入对技术创新、成长和国际化的不同作用机理。第三,基于子公司内部嵌入对后果的多元化影响,发现并检验环境不确定性、国际贸易争端、外部信息不对称程度和内部资源冗余对子公司内部嵌入提升经济后果的制约程度。本书内容如图1-4所示。

(二)研究框架

将社会嵌入理论运用至企业集团之中,结合注意力理论与特定优势理论,本书试图探索子公司在集团网络中嵌入的动因与结果,研究集团内外部因素对子公司嵌入的影响机制,子公司嵌入对技术创新、成长与国际化的影响机理及边界条件,子公司嵌入的优化路径。考虑到技术的可行性和验证的严谨性,本书在阅读大量文献的基础上,提出模型,并同专家就模型进行商榷;在确定模型的基础上进行数据收集、整理和分析,采用二手数据进行实证检验。技术路线如图1-5所示。

---

① Porter M. E., *Clusters and the New Economics of Competition*, Boston: Harvard Business Review, 1998.

② Mahmood I. P., Mitchell W., "Two Faces: Effects of Business Groups on Innovation in Emerging Economies", *Management Science*, 2004, 50 (10): 1348-1365.

③ Granovetter M., "Economic Action and Social Structure: The Problem of Embeddedness", *American Journal of Sociology*, 1985, 91 (3): 481-510.

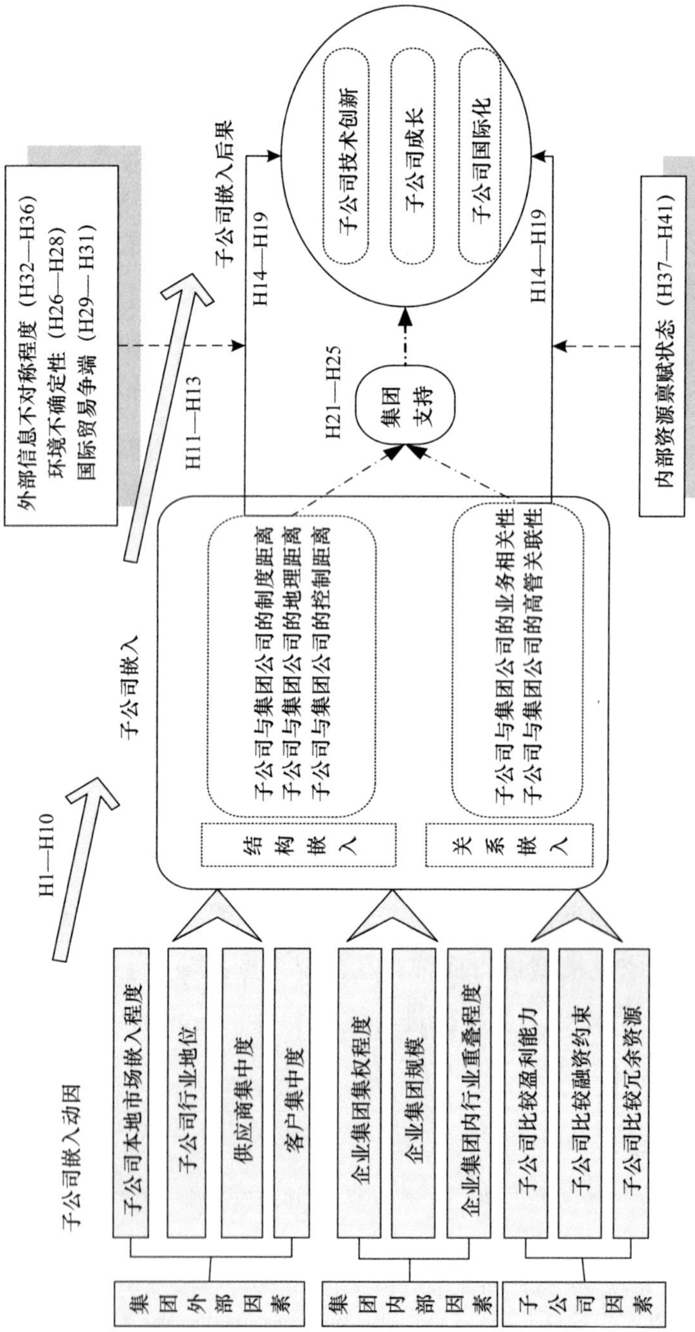
子公司嵌入动因
集团外部因素
子公司本地市场嵌入程度
子公司行业地位
供应商集中度
客户集中度
集团内部因素
企业集团集权程度
企业集团规模
企业集团内行业重叠程度
子公司因素
子公司比较盈利能力
子公司比较融资约束
子公司比较冗余资源
H1—H10
子公司嵌入
结构嵌入
子公司与集团公司的制度距离
子公司与集团公司的地理距离
子公司与集团公司的控制距离
关系嵌入
子公司与集团公司的业务相关性
子公司与集团公司的高管关联性
外部信息不对称程度（H32—H36）
环境不确定性（H26—H28）
国际贸易争端（H29—H31）
H11—H13
集团支持
H21—H25
内部资源禀赋状态（H37—H41）
H14—H19
H14—H19
子公司嵌入后果
子公司技术创新
子公司成长
子公司国际化

图1-4 本书内容

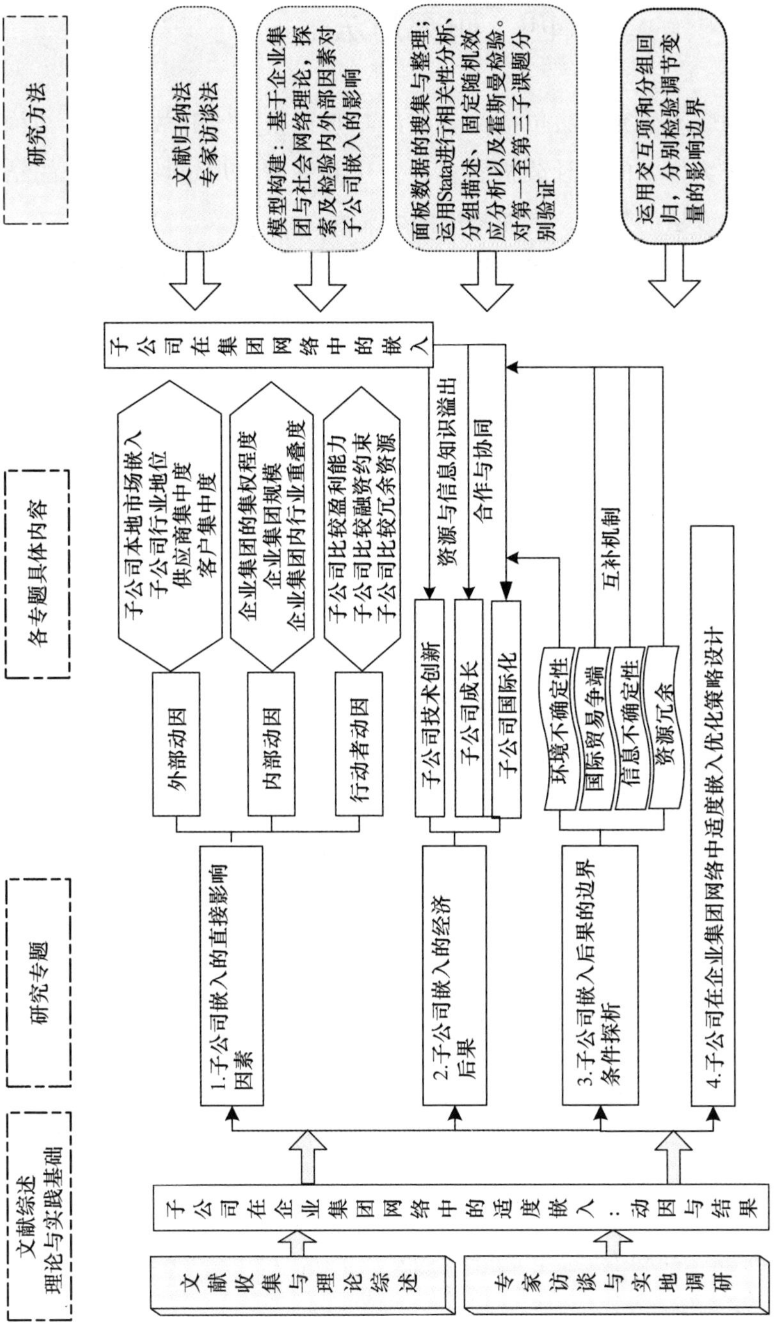
文献综述
理论与实践基础
研究专题
各专题具体内容
研究方法
文献收集与理论综述
专家访谈与实地调研
子公司在企业集团网络中的适度嵌入：动因与结果
1.子公司嵌入的直接影响因素
2.子公司嵌入的经济后果
3.子公司嵌入后果的边界条件探析
4.子公司在企业集团网络中适度嵌入优化策略设计
外部动因
内部动因
行动者动因
子公司本地市场嵌入
子公司行业地位
供应商集中度
客户集中度
企业集团的集权程度
企业集团规模
企业集团内行业重叠度
子公司比较盈利能力
子公司比较融资约束
子公司比较冗余资源
子公司技术创新
子公司成长
子公司国际化
资源与信息知识溢出
合作与协同
环境不确定性
国际贸易争端
信息不确定性
资源冗余
互补机制
子公司在集团网络中的嵌入
文献归纳法
专家访谈法
模型构建：基于企业集团与社会网络理论，探索及检验内外部因素对子公司嵌入的影响
面板数据的搜集与整理；运用Stata进行相关性分析、分组描述、固定随机效应分析以及霍斯曼检验。对第一至第三子课题分别验证
运用交互项和分组回归，分别检验调节变量的影响边界

图 1－5　技术路线

四 研究方法

本书拟采取的研究方法包括文献归纳与理论演绎、开放式与半结构式访谈、基于大样本的统计分析。多种方法并举以实现定性与定量的结合、发挥各种方法的长处,增加结论的可靠性。

第一,运用文献归纳与理论演绎法,结合专家访谈和案例分析,构建理论框架。在前期理论研究的基础上,对企业集团、子公司在集团网络中嵌入等文献进行综述,提出可能对子公司内部嵌入产生影响的要素;结合社会嵌入理论、内部资本市场理论、注意力理论和子公司特定优势理论,从中推演出外部环境要素、内部组织要素影响子公司内部嵌入的内在机理和模型框架。在此基础上,对多家企业集团进行深度实地调查以及跟踪访谈,并咨询相关专家,对实证模型进行反复检验和分析,对可采取的代理变量进行筛选和优化。为后续大样本实证研究和案例比较提供基础。

第二,围绕研究框架和理论模型中的关键概念,通过数据库和手工收集数据,进行大样本实证检验。大样本检验的优势在于,揭示因果关系的一般规律并验证理论模型中的命题或假设,且外部效度较高。本书拟采用二手数据,以中国 A 股制造业上市公司为基础,选取有多个上市子公司的企业集团为本书研究对象。通过国泰安数据库、Wind 数据库、巨潮资讯网、百度搜索引擎和相关公司网站等途径,收集本书相关概念的代理变量。由于研究的新颖性以及对概念刻画的准确性,所有的重要变量均需手工收集,因此采取多人独立收集与综合整理,并进行数据对比、检查和修正,对变量赋值。在验证过程中,采用多种方法进行验证,如使用 Stata 软件进行分组方差检验、截面回归、逐步回归、泊松回归、Tobit 回归、交互项验证等方法。最后,对回归结果进行内生性和稳健性检验,采用工具变量的 Heckman 两阶段检验、变更样本数量、改变回归方法等。

在获取数据基础上,运用统计分析中的多种方法对模型进行检验。

使用 Stata 12.0 进行描述性统计、相关性分析、面板逐步回归分析、内生性和稳健性检验。对本书的主效应分别采用随机效应和 Tobit 回归，对集团支持的中介效应采用 Sobel 提出的检验方法，对调节效应采用交乘项进行验证。在初步回归之后，进行内生性检验，包括选择适宜工具变量采用两阶段最小二乘法回归法、迭代 GMM 方法检验反向因果问题。在稳健性检验方面则通过改变缩尾程度以及替代性变量等进行检验。

五 创新点

第一，分析了不同层面的特征要素对子公司嵌入的影响机理和影响差异，对子公司嵌入前置因素进行理论推理和数据检验，弥补现有研究对嵌入动因和嵌入管理研究的不足，为子公司调整嵌入的研究抛砖引玉。当越来越多的企业以集团形式经营时，子公司在集团网络和本地网络的多重嵌入优势及投入成本成为决策的重要依据。子公司嵌入能够带来不同网络中的异质资源、机会与合作，进而有利于创新或绩效。然而，现有研究多聚焦于子公司嵌入的后果，鲜少关注其动因。哪些因素影响了子公司嵌入决策、哪些因素改变了子公司嵌入的边界、不同层面的动因对子公司嵌入程度的影响有何差异等问题，一直没有获得解答。本书以企业集团网络为背景，探索外部市场因素、相关利益者因素、集团层面规模因素、结构因素和子公司层面因素对子公司在集团网络中嵌入的影响，试图揭示子内部嵌入的动因和嵌入决策机理，为嵌入理论前置要素探索提供新方向。

第二，探索了子公司嵌入对不同后果的影响差异，揭示子公司嵌入与子公司成长和国际化的非线性作用机理，对子公司嵌入均衡给出了明确的区间，在嵌入理论上更前进了一步，丰富了子公司嵌入后果的文献，为子公司在实践中调整嵌入程度提供了更具操作性的指导。已有文献对于子公司嵌入与成长和国际化关系的研究未形成一致结论，原因在于将子公司嵌入囿于线性效应或有未发现的边界条件。在子公司嵌入后果研究部分，本书对子公司嵌入影响技术创新、成长和国际化的机理进行深度剖析和理论演绎,结合集团网络功能及子公司能动性,检验子公司嵌入对不同后果的差异化影响,以厘清子公司如何利用和发展集团网络内资源,来进行自我成长和创新。同时本书还验证了企业集团网络存在的负向锁定效应,但该锁定效应在技术创新的影响中较弱。此部分研究丰富了嵌入后果的研究,在一定程度上解释了嵌入对不同经济后果的影响差异,响应了将集团视为网络研究的呼吁。

  本书探索了子公司在集团网络中的嵌入特征差异对技术创新的影响,在一定程度上打开了企业集团网络发挥作用的黑箱,丰富了整体网络研究。不局限于传统企业集团委托代理、协同、内部资本市场等理论,结合社会网络的视角,真实呈现实践中企业集团内部网络关系,首次对集团内子公司在网络中的嵌入进行系统分析,并推演其对子公司研发决策和行为的影响。已有研究仅将集团内部看作科层制下权威关系和市场制度下契约关系,很少关注并研究集团成员企业之间基于信任的网络情感关系,尽管有零星关于母子公司关系的探索,也未将集团整体纳入网络框架。因此本书首次试图将子公司嵌入特征进行具体化和操作化,反映在集团网络中的位置中心性和关联紧密性,并探索其对子公司技术创新的影响机理和结果。通过本研究,一定程度上打开了企业集团发挥作用的黑箱,呈现了内部网络发挥作用的机理,弥补了现有企业集团文献仅从外部或局部研究的缺陷。另外,在社会网络领域,基于企业集团清晰的边界,为整体网络视角研究提供了新的方向。

  第三,识别了集团支持的中介作用,揭示了子公司嵌入特征差异导致集团支持变化,进而影响子公司技术创新的作用机制,解释了集团网络发挥作用的机理。已有企业集团的研究,更多通过地区或市场发展程度、制度环境和资本依赖程度等外部变量间接证明集团支持的存在,少量研究通过对内部资本市场效率的衡量,证明集团能够缓解融资约束。本书首次将集团支持概念予以具体化,并从资金支持和业务支持两个方面,检验其中介作用。资金支持反映集团网络的融资优势,业务支持反映集团网络的经验交流和业务咨询优势,将集团内部协同具体化,检验了集团网络协同经营的正向效益。子公司嵌入差异导致集团支持偏好,进一步影响研发资源和决策。本书通过集团支持中介路径的检验，增加了对集团网络的理解，同时为解释集团网络和集团支持推进技术创新的机理提供了有力证据。

第四，分析外部环境不确定性和国际贸易争端之下子公司嵌入发挥作用的差异，发现宏观层面市场机制和政治规则均会对子公司嵌入作用的发挥产生影响，洞察了子公司外部信息不对称程度和内部资源禀赋状态的调节作用，补充了子公司嵌入对技术创新影响的边界条件分析，丰富了子公司嵌入的情境研究。已有文献对子公司嵌入与绩效关系的研究未形成一致结论，其第二个原因在于存在未发现的边界条件，使得调节机理与主效应混合而无法辨别。第三部分选取了环境不确定性与国际贸易争端作为边界条件，发现其对子公司内部嵌入与成长和国际化的关系的调节呈曲线变化。本书立足于中国差异化制度背景，弥补了子公司多重嵌入边界条件的研究，有助于进一步揭示子公司嵌入机制的变化机理。

运用资源基础观和企业行为理论，探索子公司嵌入与研发关系的边界条件。已有研究更多关注企业宏观政治经济制度、市场不确定性等的调节作用，忽略了企业面临不同信息资源时，所呈现的决策差异。互联网时代信息就是新的机遇、新的创新点。然而由于信息概念难以测量，相关实证检验少之又少。本书拟通过操作化测量，弥补这一缺陷，探索子公司处于不同信息环境时，子公司嵌入、集团支持对创新决策的影响差异。此外，尽管一些文献验证了资源禀赋与创新、多元化选择、海外扩张的影响，但仅探索了独立企业的决策问题，未将该影响与企业网络嵌入问题结合，本书发现了这一空白，并从企业行为决策理论视角出发，探析内部资源禀赋对子公司研发决策和集团研发支持的影响。这一结论深化了集团网络视角下子公司嵌入对行为决策影响的情境研究。

第二章 研究综述与相关理论

子公司在集团网络中的适度嵌入以及嵌入策略的需求日益显现,然而理论界对于子公司嵌入的文献却局限于其影响后果以及多重网络嵌入的选择。已有涉及的理论多为社会网络理论、内部资本市场理论、委托代理理论、交易成本理论、政治经济学视角、资源基础观等,本书在社会嵌入理论和社会网络理论的主要背景下,试图通过注意力基础观和子公司特定优势理论来解释作用机理。社会网络理论和内部资本市场理论从企业集团内部组织结构和网络关系视角阐述了集团对技术创新的促进作用;制度理论则从外部环境解释了集团成员企业相较于独立企业所具有的创新优势。

一 理论基础

从企业集团的产生原因到企业集团创新优势,已有研究从不同的理论视角对企业集团优势以及集团成长进行了探索和解释。

(一) 社会网络理论

基于集团内部机理的视角,社会网络理论和内部资本市场分别从集团内部结构、成员之间沟通、合作和交易等方面,阐述了集团特征对技术创新的影响。

社会网络理论与其他理论不同,较少关注个体或组织的自身属性,而是聚焦于个体和个体、组织和组织之间的社会关系(Ties or Linkages）以及嵌入的网络结构。按照分析对象的差异，社会网络研究分为个人层面、团队层面以及组织（或企业）层面。由于本书以企业集团和子公司为研究对象，故只阐述组织或企业作为行动者的已有测量和研究。社会网络理论认为，企业与企业之间的关系要素以及企业所处网络的结构要素会对决策和行为产生影响，称为企业的关系嵌入和结构嵌入。

关系嵌入通过关系强度和关系稳定性两个方面来刻画，例如王世权等认为在母子公司关系网络中，子公司关系嵌入对联合价值创造、攫取以及创业等都具有正向影响，即子公司与母公司的关系越密切越直接，二元关系强度越强，子公司在信息共享、机会获取和资源分配等方面越具有优势①。企业之间的关系强度又通常表现为联系的时间、情感强度、相互信赖和互惠程度。例如，俞兆渊等证明企业之间情感强度和信赖程度越高，越能了解合作方的技术实力和人才能力，为研发提供社会资本，从而有利于创新②；赵月皎和陈志军发现子公司与集团公司业务相关性越强、关系越密切，越能够在研发中进行合作和协同③。然而 Granovetter 发现弱连接强度形成的关系网络，由于所处环境和历史路径的差异，跨越了不同信息源，在企业决策和社会资本的获得中起到更重要的作用；并且限于有限精力，企业往往只能同时维持十几个较为亲密的强关系，却可以同时构建几百个弱关系④。

结构嵌入表现为网络位置和网络结构，网络位置通过企业在网络中的中心性和结构洞来衡量。企业在网络中越处于中心位置，所能拥有的资源、信息和机会越多。例如孟庆时等发现网络嵌入差异造成了资源获

---

① 王世权、王丹、武立东：《母子公司关系网络影响子公司创业的内在机理——基于海信集团的案例研究》，《管理世界》2012 年第 6 期。
② 俞兆渊、鞠晓伟、余海晴：《企业社会网络影响创新绩效的内在机理研究——打开知识管理能力的黑箱》，《科研管理》2020 年第 12 期。
③ 赵月皎、陈志军：《集团网络视角下子公司层级、业务相关性对研发投资的影响》，《山西财经大学学报》2016 年第 5 期。
④ Granovetter M.，"The Strength of Weak Ties: A Network Theory Revisited", *Sociological Theory*, 1983 (1): 201-233.

取渠道的异质性，从而影响企业合作的持续性；在产业集群中子公司所在产业链的位置以及所在地环境均对组织研发决策产生重要影响①。杨震宁等认为，网络嵌入的位置中心性不仅有利于企业对资源的支配和运用，更重要的是能够提升本企业的议价能力以及控制力，进而通过这种控制力挑选合作伙伴、影响其他企业采购和生产、引导创新知识的流向和轨迹②。

已有关于社会网络理论在企业或组织层面的研究，多以"自我中心网络"（Egocentric Network）为视角。这是因为企业所嵌入的整体网络规模巨大，如果测量整体网络所有边界、网络密度和网络结构则非常困难，缺乏可操作性。因此对跨国集团子公司相关的社会网络研究，进展到外部网络和内部网络双重嵌入，也均以子公司为网络中心，并且该研究更侧重母国与东道国环境差异导致的嵌入程度影响。对于跨国子公司外部网络嵌入，考察对东道国市场嵌入、人力资源嵌入、知识信息嵌入等对企业绩效的影响，发现过度嵌入和嵌入不足均有负向作用；对内部网络的嵌入，主要反映在与集团总部的高管兼任、决策审批程序、集团总部支持。综上所述，已有研究并未关注企业集团，对于跨国公司研究也未将跨国集团视为网络，缺乏成员企业作为企业集团整体网络节点的整体性研究，未揭示企业集团作为整体网络产生的作用机理。

（二）社会嵌入理论

社会嵌入理论源于社会网络理论，是社会网络理论的发展。嵌入的研究对象主要聚焦于网络中的行为者和整体网络的关系。早期 Polanyi 在研究社会经济学时提出"嵌入性"的概念，提出作为一个制度过程，经济活动

---

① 孟庆时、熊励、余江等：《创新网络双重嵌入、网络耦合与产业升级：基于上市企业面板数据的实证分析》，《科技进步与对策》2022 年第 9 期。

② 杨震宁、侯一凡、吴若冰：《风险投资机构的网络嵌入位置、地位对风险投资阶段选择的影响——基于中国风险投资行业的实证研究》，《研究与发展管理》2021 年第 5 期。

嵌入在制度之中①。此后嵌入理论在新经济社会学研究中开始使用。Granovetter将嵌入性概念引入微观层次的分析，认为一切经济行为都是嵌在社会结构当中的，即社会结构的核心是社会网络②。嵌入性是指行为主体的社会关系和经济关系不断交互，或是某一种社会关系嵌在其他的社会关系中。嵌入理论弥补了经济人假设和交易成本论的不足，推动了从经济人到社会人研究的转变。经济行为分析不能剥离其社会背景，应将行动者之间的关系、行动者所处的网络环境融合其社会因素加以解释。

此后社会嵌入理论逐渐完善，学者从网络嵌入的层次、机制、前因变量和影响后果等方面进行研究。Uzzi对比公司之间的市场关系和嵌入关系发现，内在关系是影响组织和经济成果的重要变量，嵌入是一种交换逻辑，可以促进公司的一体化③。企业在网络的庇护下，减少受到外来环境的冲击，在缓冲中获得更好的发展。1999年，Uzzi还发现，网络效应的产生是因为嵌入关系有助于网络内行动者共享私有资源，而亲密的联系加速了对市场价格和贷款机会等公共信息的共享，从而使得行动者在一个网络内不断优化嵌入关系④。此外，网络嵌入在将公共信息与私有资源建立联系的过程中，起到了桥梁作用，产生了价值。嵌入关系包括信任、传递信息、共同解决问题。其中，信任指嵌入关系的各方不会为了获得自身利益而损害另一方的利益，并且相信对方也不会这么做；传递信息指嵌入关系的双方会传递专业而隐秘的信息；共同解决问题指双方在畅通的渠道进行谈判和协调，能够灵活、机动地共同解决交易中的问题。

---

① Polanyi K., *The Economy as Instituted Process/The Sociology of Economic Life*, New York: Routledge, 2018.
② Granovetter M., "Economic Action and Social Structure: The Problem of Embeddedness", *American Journal of Sociology*, 1985, 91 (3): 481–510.
③ Uzzi B., "Social Structure and Competition in Interfirm Networks: The Paradox of Embeddedness", *Administrative Science Quarterly*, 1997: 35–67.
④ Uzzi B., "Embeddedness in the Making of Financial Capital: How Social Relations and Networks Benefit Firms Seeking Financing", *American Sociological Review*, 1999, 64 (4): 481–505.

在 Granovetter 社会嵌入理论的基础上，Montgomery[①] 提出了基于角色的社会嵌入理论，角色赋予网络中不同行动者不同的名称和地位，包括利润最大化的商人和非战略性的朋友等，行动者的嵌入策略与网络中的角色有密切的关系，这也正是本书假设试图解释的主要问题之一。Rutten 和 Boekema 认为，区域社会资本源自企业在社会关系网络中的嵌入性[②]。嵌入在网络之中，网络的规范、价值和习俗促进了网络内的互利互惠合作。从创新和创业视角来看，网络的嵌入性和由此获得的社会资本有助于解释创新公司成功的原因。McKeever 等再次强调社会嵌入在企业家行为中的作用和重要性[③]，作为一种隐喻，嵌入式被描述为一个机会，可以加深对社会团体成员有时会促进，而在其他方面又会限制行动的理解[④]。

从嵌入的维度来看，Granovetter 认为，社会网络的嵌入性包括关系嵌入和结构嵌入[⑤]。关系嵌入是指社会网络中成员之间的关系对经济活动的影响，结构嵌入是指社会网络中的成员与其他成员间的结构特征。关系嵌入主要表现嵌入在网络中节点关系的疏密和关系的质量，被认为是不同行为主体在与其他行为主体交往的过程中形成的彼此之间互动的心理认同，并将其对对方的认知嵌入彼此的互动行为中，通常用关系强度作为其主要构念。

Jack 和 Anderson 对嵌入进行进一步的划分，分为结构、认知、政治和文化四个维度，其中结构嵌入主要考察了物质交换关系的质量及

---

① Montgomery J. D., "Toward a Role-theoretic Conception of Embeddedness", *American Journal of Sociology*, 1998, 104 (1): 92–125.

② Rutten R., Boekema F., "Regional Social Capital: Embeddedness, Innovation Networks and Regional Economic Development", *Technological Forecasting and Social Change*, 2007, 74 (9): 1834–1846.

③ McKeever E., Anderson A., Jack S., *Social Embeddedness in Entrepreneurship Research: The Importance of Context and Community*, Handbook of Research on Small Business and Entrepreneurship, Edward Elgar Publishing, 2014.

④ Hoang H., Antoncic B., "Network-based Research in Entrepreneurship: A Critical Review", *Journal of Business Venturing*, 2003, 18 (2): 165–187.

⑤ Granovetter M., "Economic Action and Social Structure: The Problem of Embeddedness", *American Journal of Sociology*, 1985, 91 (3): 481–510.

其网络体系与经济活动的关系，而后三个维度反映了社会建构主义对于嵌入的观点①。Uzzi提出的理想嵌入状态包括关系嵌入和结构嵌入②。关系嵌入是双方的社会交换连续体中关系的特殊性和紧密程度，结构嵌入是网络范围内嵌入关系在不同层次中的比例。Simsek等将创业网络中的关系嵌入定义为制度化互惠，即互惠交换的质量，包括彼此的依赖程度、回报的对等性和即时性；结构嵌入用网络封闭程度表示，即网络中现有联结与理论上最关联结数的比值，即网络密度；认知嵌入则用认知相似性表示③。Hagedoorn提出一个对多层次嵌入进行跨层次分析的理论模型，区分为三个层次：双边层次、组织间层次与环境层次④。双边层次的嵌入相当于双方的关系嵌入、组织间层次的嵌入以结构嵌入为重要内容、环境层次的嵌入主要是国家及产业嵌入，以建立新的伙伴关系为结果变量，对各个层次嵌入的单独作用和它们之间的交互效应进行理论层面的探讨，高层次的嵌入能够影响低层次的嵌入。

在关系嵌入方面，学者采用关系强度描述关系双方联系的紧密性程度，在操作中将其分为强关系和弱关系。强关系指关系持久的、经常联系的、接触频次多、多重社会关系，而弱关系则指偶尔联系的、接触频次少、较单一社会关系。学术界对关系强度的界定与测量等相关研究，通常是在Granovetter提出的行为主体间的交流时间、情感的紧密程度、接触频次和互惠程度四个维度上展开的，并从人际关系拓展到组织间关系层面。而组织背景下的嵌入性中存在不同类型行为主体关系交互的多层次、跨层次等问题，使得组织嵌入性变得更为复杂。在组织间关系层

---

① Jack S. L., Anderson A. R., "The Effects of Embeddedness on the Entrepreneurial Process", *Journal of Business Venturing*, 2002, 17 (5): 467–487.

② Uzzi B., "Social Structure and Competition in Interfirm Networks: The Paradox of Embeddedness", *Administrative Science Quarterly*, 1997: 35–67.

③ Simsek Z., Lubatkin M. H., Floyd S. W., "Inter-firm Networks and Entrepreneurial Behavior: A Structural Embeddedness Perspective", *Journal of Management*, 2003, 29 (3): 427–442.

④ Hagedoorn J., "Understanding the Cross-Level Embeddedness of Interfirm Partnership Formation", *Academy of Management Review*, 2006, 31 (3): 670–680.

面研究中，关系强度主要从企业交往的利益相关者数目、接触时间、接触次数、合作交流范围、交流持续时间、紧密程度、投入资源和互惠程度等维度展开测度研究。

随着对嵌入研究的深入，学者不仅关注单个网络的嵌入状况，而且开始分析同时嵌入在多个不同的网络中，如何权衡多个嵌入的程度，如何对嵌入程度进行管理。例如，本地网络与超本地网络的嵌入有利于绩效、研发等，且本地网络嵌入有利于知识搜索深度，而超本地网络嵌入有利于知识搜索广度。商业性网络嵌入和技术性网络嵌入对绩效有正向影响，技术网络嵌入对创新影响更显著。本土网络与海外网络对双元学习、学习能力、技术创新、学习平衡、海归创业绩效、国际化速度等均有正向影响。

综上所述，嵌入理论由其最早在社会学经济学领域中的运用，逐渐转移至企业管理的宏观和中观层面中来，帮助企业战略学者和实践者了解环境对于行动者的重要性，同时进一步丰富了社会嵌入理论。

（三）内部资本市场理论

内部资本市场以企业集团内部形成的资金融通和资源配置为核心。集团可通过内部渠道，将有限资源集中至高收益的投资项目，形成内部资金再配置。内部资本市场在激励、监督和资金分配方面与外部市场不同。外部市场存在信息不对称、交易成本和委托代理等问题，导致资源配置低效。内部资本市场在一定程度上可以缓解上述问题，使得企业集团在一定程度上成为外部市场的补偿机制。企业集团是总部（集团公司）作为项目分析和资金配置的主体，拥有资金的所有权，承担所有决策风险，从而在信息处理、投资决策和价值判断等方面更具效率。一方面，内部资本市场可减少信息不对称、降低融资约束和提高资源配置效率，发挥"多钱活钱"效应，为成员创新提供资金。王峰娟和粟立钟提到，集团总部拥有资金的剩余所有权，信息获取的壁垒和成本较低，在信息准确性和真实性方面具有优势①。郑丽等发现，集团可通过集中管理资金、子公司之间现金流通和互补等产生"多钱效应"②。另一方面，内部市场形成知识、技术和人才沟通与交流的平台，为集团研发协同与成员知识共享提供前提。王化成和曾雪云对三峡集团调研时发现，集团组织形式有利于通过内部市场形成成员交流、分工与协作，进而产生协同效应③。内部市场协同能够改善或提升知识和资源的使用效率，进而增加价值创新。陈志军等则认为内部市场有利于人才流动，人才流动伴随着管理经验、知识技术和企业文化的传播和转移，增进信任，有利于合作创新④。

然而内部资本市场还存在"黑暗面"。内部资本市场可能成为集团公司（总部）进行关联交易及利润攫取的场所，为隐蔽性资产转移提供隧道，这样集团公司因为占用成员企业研发资金、形成寻租消耗，降低了成员研发动机。例如郑丽等发现，集团存在活跃的内部资金，但往往用于"交叉补贴"等社会主义行为，或用于部分高管出于个人利益的寻租行为⑤。此外，通过内部市场高管有更多的决策空间和资金支持，易形成过度投资、投资多元化进而导致研发低效。以上内部资本市场的存在及其作用，从研发资金和资源的角度解释集团成员企业的研发优势；但已有研究无法准确衡量内部资本市场效率，故不足以解释集团之间和成员企业之间研发差异的具体原因。

内部资本市场理论在企业集团内部运营过程等方面对技术创新的影响做了解释，然而已有文献普遍解释了集团成员企业相对于独立企

---

① 王峰娟、粟立钟：《中国上市公司内部资本市场有效吗？——来自H股多分部上市公司的证据》，《会计研究》2013年第1期。
② 郑丽、陈志军、徐英杰：《集团内部资本交易、市场依赖性与子公司创新》，《管理评论》2021年第8期。
③ 王化成、曾雪云：《专业化企业集团的内部资本市场与价值创造效应——基于中国三峡集团的案例研究》，《管理世界》2012年第12期。
④ 陈志军、徐鹏、王晓静：《研发战略一致性与研发协同关系研究——沟通机制的调节作用》，《财贸研究》2014年第3期。
⑤ 郑丽、陈志军、徐英杰：《集团内部资本交易、市场依赖性与子公司创新》，《管理评论》2021年第8期。

业的优势,即企业集团有利于研发。但并未揭示企业集团之间以及同一个集团内不同子公司之间的研发差异。内部资本市场和知识溢出效应在一定程度上解释了集团内部结构和关联有利于研发资金支持和知识溢出,但由于两者的不可见性,已有文献鲜有准确衡量不同集团内部资本市场效率,故也无法进一步解释集团之间因此而产生的研发差异。

(四) 制度理论

制度理论涵盖政治、经济、文化和法律等方面的政策和机制,往往关注社会中更富有弹性的同质现象,如制度发展如何推动企业走向集团。制度政策体系是由政府权力机构制定和执行的,表现为对社会某些利益需求提供便利,而对另一些产生抑制。基于制度理论,从制度的不同维度对企业集团与技术创新关系进行解释。

在新兴经济体中,企业集团作为制度的替代,弥补了外部制度漏洞,为成员企业技术创新提供了良好的法律环境,例如保护成员知识产权不受侵犯;同时企业集团弥补了外部人才市场的缺失,形成内部人力资本流动和技术人才培育机制,促进人才积极性的发挥并降低了创新成本。法律对知识产权保护的欠缺,使得大量技术创新发明的新创产品或技术轻易被其他企业所模仿,稀释了创新效益,严重降低了创新积极性。企业集团作为隐性的制度弥补,其内部成员之间信任构成的网络提供了知识交流的契约以及创新效益的公平分享;并且企业集团整体面对外部产权侵犯时更具有谈判力。因此成员企业受到集团制度保护时,技术创新更多。

企业集团作为市场的补充,降低了市场不完善导致的成本,例如集团通过信息共享降低信息不对称程度、通过内部合作减少交易成本。陶海飞和孟祥霞发现在制度缺失的市场中,信息不完全导致潜在投资者对企业经营认识匮乏[①]。企业集团可通过内部行为和组织结构优势弥补市

---

① 陶海飞、孟祥霞:《制度逻辑视角下新兴市场跨国企业的组织正当性平衡战略——以万华集团跨国并购为例》,《管理评论》2022 年第 9 期。

场功能缺失，向市场传递更清晰的信号，因此在研发中获得更多外部资金支持。Gerter 等发现，在发达程度较低的市场中，集团总部具有融资优势，并且比银行等外部债权人监管和借贷管理更便捷，还可以通过挑选优胜者优化资金配置，从而缓解成员企业融资约束[1]。在降低交易成本方面，集团通过成员之间的信任联结、柔性关系以及集团"看得见手"的宏观配置[2]降低了搜寻成本、合同成本和履约成本，同时减少了合作创新中的矛盾和摩擦，促进知识交流。

企业集团作为政府意志的执行者，以政府目标为导向，因国家需求增加或维持技术创新。黄俊和张天舒证明企业集团可能出于国家设置的显性或者隐性制度要求而改变企业战略决策；集团经营受到政府干预，尤其是中央国资委控股的企业集团，在考虑政府经济发展、社会就业和区域性垄断的目标下，往往忽略企业技术创新[3]。

制度理论阐述了集团主观能动性和环境的互动发展，在一定程度上解释了企业集团普遍兴起的原因和创新优势，但忽略了集团个体之间的差异和自我利益的角色，未能深入揭示集团之间、集团成员之间技术创新差异的根本原因，因此需要与揭示集团内部机理相关的理论相结合。

（五）注意力基础观

1997 年 Ocasio 提出了注意力基础观（Attention-based View）[4]，认为注意力是指在与决策相关的众多刺激因素中占据决策者意识的那个刺激因素；Simon 则认为，从过程看，注意力配置是指决策者把自己有限的信息处理能力配置给予决策相关的刺激因素的过程，包括对刺激因素的

---

[1] Gerter, R., D. S. Scharfstein and J. C. Stein, "Internal Versus External Capital Markets", *Quarterly Journal of Economics*, 1994, 109 (1): 1211 – 1230.

[2] 武立东、黄海昕:《企业集团子公司主导行为及其网络嵌入研究：以海信集团为例》，《南开管理评论》2010 年第 6 期。

[3] 黄俊、张天舒：《制度环境、企业集团与经济增长》，《金融研究》2010 年第 6 期。

[4] Ocasio W., "Towards an Attention-Based View of the Firm", *Strategic Management Journal*, 1997, 18 (S1): 187 – 206.

关注、编码、解释和聚焦①。注意力配置是决策行为的重要组成部分，它会影响决策者对决策信息的理解和选择，注意力配置过程包括关注、解释和行动三个步骤。

张明等提到，管理学中的注意力基础观中的注意力概念与经济学中的不同②。经济学注重理性人的假设，而管理学则基于人有限理性的前提。管理学中，企业是决策者的注意力分配系统，要理解决策者的决策行为，仅仅了解决策者的个人特征是不够的，还必须了解决策者过去的经历、知识结构、教育背景、所处的组织环境以及他们对组织环境的理解等。所以，尽管注意力分配是决策者的个人行为，但决策者总是处于特定的组织环境中，那些与决策者注意力配置相关的议题和答案分散在这整个企业中。企业通过程序、沟通渠道、注意力结构等要素，把决策者个人的认知与企业决策结合起来，更强调个人、组织和环境之间的交互影响。事实上，注意力基础观的研究对象是企业或管理层的注意力配置问题。

企业注意力基础观认为，解释企业行为就是解释企业如何配置和管理其决策者或高管的注意力。这一观点基于以下三个相互关联的基本原则：第一，决策者作出什么决策，取决于他们把自己的注意力集中在哪些议题和答案上，这属于注意力聚焦问题（Focus of Attention）；第二，决策者关注哪些议题和答案以及作出什么决策，取决于他们所处的特定环境、背景及其相关的注意力配置，这属于注意力情境化问题（Situated Attention）；第三，决策者如何理解自己所处的特定环境和背景，取决于企业的规则、资源及社会关系，还取决于决策者注意力在特定的活动、程序和沟通渠道中的分布或配置，这属于注意力结构性分布或配置问题（Structural Distribution of Attention）。

注意力基础观中决策层注意力配置对企业行为或战略的影响包括以下几个方面：第一，决策环境。环境对注意力分配以及最终决策的影响分三个路径。一是企业外部和内部资源状况，它们会在具体的程序和沟

---

① Simon H. A., *The Role of Attention in Cognition*, New York: Academic Press, 1986.
② 张明、蓝海林、陈伟宏：《企业注意力基础观研究综述——知识基础、理论演化与研究前沿》，《经济管理》2018 年第 9 期。

通渠道的路径中影响管理层的决策，这是环境的原动力。二是不同层次的文化，它们向管理者提供了议题和答案的标准集合或者"工具箱"。三是企业对环境的嵌入，或者说是企业的合法性程度，表示企业嵌入的经济、社会和制度环境，形成的社会关系决定了企业的规则和资源，进而影响注意力分配。第二，议题和答案。议题和答案表示通过构造企业活动和沟通的文化产品，来对要解决的问题和方案进行具体化。第三，程序和沟通渠道。企业运行的基本程序、进行沟通的时间和空间、处理突发事件所依循的议事程序等，影响了管理层所关注议题和答案的可得性和显著性。第四，注意力结构。注意力结构决定决策者对可用议题（或答案）的评价和解释。可用议题和答案的价值在企业中分布不一，可能取决于企业中的规则、职位、参与者、劳动分工（资源互动的结果）。注意力结构引导企业决策行为进入特定的程序和沟通渠道。注意力结构通过利益和特性结构系统来激发决策者的行动，并决定了决策的前提。第五，决策者。决策是企业程序、沟通渠道和参与者进行互动的产物。注意力配置取决于企业决策者的时间、精力和特性，以及其他渠道对他们的要求。决策者把自己的注意力集中在有限的议题和答案上，进而设定决策情境。这种注意力的集中，既受到情境特性（议题和答案的可得性和显著性）和渠道参与者互动的影响，又受到注意力配置决定因素（价值观、合法性和相关性）以及决策者的利益的影响。第六，企业行动。企业行动描述的是决策者根据自己所关注的议题和答案作出战略选择。这种对议题和答案的关注是对环境刺激因素作出的被动反应的注意力投放、努力方向和意志坚持等。这些注意力投放、努力方向和意志坚持又由前述特定程序和沟通渠道所决定。

  一些学者对管理者注意力进行了分类。Yadav 等把管理者注意力焦点按照时间维度分为过去焦点、现在焦点和未来焦点；按照空间维度分为外部焦点和内部焦点[①]。过去焦点是指管理者对过去已经发生的事件

---

① Yadav M. S., Prabhu J. C., Chandy R. K., "Managing the Future: CEO Attention and Innovation Outcomes", *Journal of Marketing*, 2007, 71 (4): 84-101.

的注意程度；现在焦点是指管理者对现正在发生的事件的注意程度；未来焦点是指管理者对尚未发生的事件的注意程度。认知神经科学研究通过脑成像技术识别出了个体的三种注意力：选择性注意力、注意性警觉和执行性注意力。注意力受到由认知驱动的自上而下的认知过程和由外部刺激驱动的自下而上的认知过程的双重影响。他们将注意力分为三种类型：注意性洞察、注意性施加和注意性选择。注意性洞察是一种自上而下的认知和动机结构，该结构随着时间的推移对有关刺激和反应产生不断高涨的关注；注意性施加是指为引导问题解决、规划、意义建构和决策，有意地持续配置认知资源的过程；注意性选择是指自动或有意注意过程所呈现的结果，该结果集中关注仔细挑选的刺激或反应。

由于注意力基础对理解企业独特的战略行为和保持竞争优势具有重要意义，国内外学者开始增加对注意力基础观的理解、运用和解释。[1]注意力基础观逐渐运用于解释创新创业战略、国际化战略、合并兼并战略。姜诗尧等研究了创业者注意力配置和焦点调节对创业的影响，通过管理实验的方法发现，当决策者属于促进焦点驱动时，会将注意力更多地投放在创业机会，从而低估风险，会产生更多的创业行为[2]。创业者有限的注意力，需要在保证现有创业活动和开辟崭新创业活动之间进行有效配置。王欢欢和杜跃平认为，高管团队注意力的配置影响企业创业机会的发现、开发和利用[3]。基于注意力基础观，Sakhdari 和 Burgers 发现，管理者受到注意力结构制约，往往选择与当前企业战略匹配的创业机会[4]。

在创新方面，汪涛等证实企业财务松弛水平能够对短期财务目标形

---

[1] 刘景江、王文星：《管理者注意力研究：一个最新综述》，《浙江大学学报》（人文社会科学版）2014 年第 2 期。

[2] 姜诗尧、李艳妮、李圭泉：《创业者调节焦点、注意力配置对创业战略决策的影响》，《管理学报》2019 年第 9 期。

[3] 王欢欢、杜跃平：《如何实现组织学习与内部创业平衡——组织注意力视角》，《科技进步与对策》2020 年第 11 期。

[4] Sakhdari K., Burgers J. H., "The Moderating Role of Entrepreneurial Management in the Relationship between Absorptive Capacity and Corporate Entrepreneurship: An Attention-based View", *International Entrepreneurship and Management Journal*, 2018, 14 (4): 927–950.

成缓冲，使管理注意力更多地投向创新①。吕斯尧等认为，企业创新战略反映了管理者的注意力配置，具有研究背景的高管，其注意力敏感性使得其对创新的机会和必要性思考更多，因而企业更容易开展创新行为②。Eggers和Kaplan从反面证实了这一作用，当CEO的注意力过度聚焦现有技术时，会导致企业难以进入新市场，进行新研发；当CEO的注意力聚焦于前沿技术和变化时，企业能够在技术产品周期短的行业中具有较高竞争力③。

在国际化方面，施炳展和金祥义认为管理者的有限注意力也是一种资源，能够降低信息熵，减少不确定性行为④。当高层管理者将较多的注意力聚焦于外部环境并考虑该环境中不同类型的要素时，企业更可能采取扩张性的全球战略定位；而将较多注意力聚焦于内部环境时，企业不太可能采取扩张性的全球战略定位。Wiederholt立足于决策者注意力配置与商品定价的角度，通过建立有限信息模型来考察相关的决策行为，发现决策者对目标信息注意力配置越多，获取目标信息的规模也就越大，并且相关产品定价变化也将越激烈⑤。Mondria等发现，如果经济主体面对多个信息源，那么在不同信息源上的配置比例会影响企业的国际化结构⑥。

综上所述，企业注意力基础观为我们理解企业行为提供了一种新的视角。首先，在认知科学、社会心理学、组织行为学和战略过程学派理论和研究的基础上，提出了注意力聚焦、注意力情景化和注意力结构性

---

① 汪涛、于雪、崔楠：《基于注意力基础观的企业内部研发与合作创新交互效应研究——财务松弛和信息技术的调节作用》，《研究与发展管理》2020年第1期。

② 吕斯尧、赵文红、杨特：《知识基础、战略导向对新创企业绩效的影响——基于注意力基础的视角》，《研究与发展管理》2019年第2期。

③ Eggers J. P., Kaplan S., "Cognition and Renewal: Comparing CEO and Organizational Effects on Incumbent Adaptation to Technical Change", *Organization Science*, 2009, 20 (2): 461–477.

④ 施炳展、金祥义：《注意力配置、互联网搜索与国际贸易》，《经济研究》2019年第11期。

⑤ Wiederholt M., *Rational Inattention*, The New Palgrave Dictionary of Economics, 2010.

⑥ Mondria J., Wu T., Zhang Y., "The Determinants of International Investment and Attention Allocation: Using Internet Search Query Data", *Journal of International Economics*, 2010, 82 (1): 85–95.

配置这三个彼此相关的原则，奠定了基于注意力的企业行为理论的基础。其次，建立了基于注意力观的企业行为过程模型，强调了程序和沟通渠道在配置决策者注意力、影响注意过程的多样性以及设定环境方面的作用。该模型以注意力这一核心概念为基础，将各种影响企业行为的文化、社会、认知和经济机制都融合在一起。最后，将企业行为理论与注意力基础观融合，解释了企业作出某些决策的原始动因。为企业建立长远发展与高管选择的匹配性，提供了理论参考。

（六）子公司特定优势理论

企业特定优势（Firm-Specific Advantage）是指一个企业拥有的其他企业难以得到的生产要素（独特的专属能力），如自然资源、资金、技术、劳动力、产品的生产工艺、发明创新能力、专利、商标和管理技能等。

最初理解并重视公司特定优势的原因在于独特优势能够给企业提供持久的竞争优势，特别是在外围公司而不是平均的"代表"公司中。战略意味着企业要努力实现并维持与其他企业的竞争优势。如果公司能够与众不同，则可以实现竞争优势。战略的成功是基于使用独特的策略。成功被定义为获得异常利润的能力，而不仅仅是在竞争激烈的行业中生存。保护企业的独特性以防止被模仿的能力确保了企业持续的成功。基于企业特定优势理论，演化出了国家特定优势理论。用这两个理论建立的分析框架可以探析促使跨国子公司成功的关键因素。

1976年，Hymer在其博士论文中，首次提出了以企业优势为中心的直接投资理论[1]。后来，这一理论经过其他学者的发展，形成了众所周知的"垄断优势理论"。该理论认为，不完全市场的存在，使得少数大公司能获得诸如产品差别、价格操纵、商标信誉、管理技术等垄断优势，充分利用这些优势是企业进行跨国经营的根本原因。这就是最初企业特定优势理论的源起。"垄断优势理论"之后，Dunning提出折衷范式，指

---

[1] Hymer S. H., *The International Operations of National Firms: A Study of Direct Foreign Investment*, Cambridge, MA: MIT Press, 1976.

出跨国公司可能具有的三项优势是企业特定优势、内部化优势和区位优势[①]。跨国公司成功的重要决定因素以及关注的共同焦点是企业内特定优势的创造与国际扩散问题。由此可见，企业特定优势的建立与转移模式对跨国公司的成功是至关重要的。只有当跨国公司建立起某种类型的企业特定优势并将之扩散到整个企业集团，它才能在全球范围内获得满意的经济效益。Rugman 指出，企业特定优势由母国的自然资源禀赋、劳动力、市场规模、制度和文化等形成的国家特定优势所影响，是跨国企业国际化初期最重要的优势来源[②]。

基于内部化理论的最新发展，Rugman 等进一步将企业特定优势区分为区域性企业特定优势和非区域性企业特定优势[③]。企业特定优势最简单的是非区位限制，如技术、生产或营销技能、组织能力等，以中间产品形式穿越边界[④]。由于此类企业特定优势与区位无关，所以能在全球范围内加以利用，获取规模经济、范围经济和产品差异。此外，这类企业特定优势向国外转移的边际成本很低，每一个国外子公司不需要过多调整就能有效地使用。相反，区位限制的企业特定优势是那些只能使某个或几个特定区域的公司获利的特征，它能使子公司具有很高的当地反应能力。但它很难以中间产品形式转移，若在其他区域使用，需要很大的调整。国家特定优势是跨国子公司特定优势建立的一个重要来源。跨国子公司利用自身所处的国家特有的优势建立新的特定优势或增强现有优势。每一个国家的特定优势都具有路径依赖的特点，难以模仿或复制。如政府技术政策、在创新领域政企间的相互作用、企业网络的运作、非营利性基础设施的角色（如高等院校、研究中心）等。因而，这类知识通过边界的扩散是有限的，因为国外的潜在接受者吸收该知识的能力很

---

① Dunning J. H., *International Production and the Multinational Enterprise*, Routledge, 1981.

② Rugman A. M., "Subsidiary Specific Advantages and Multiple Embeddedness in Multinational Enterprises", *Academy of Multinational Enterprises*, 2014, 7: 1–8.

③ Rugman A. M., "Subsidiary Specific Advantages and Multiple Embeddedness in Multinational Enterprises", *Academy of Multinational Enterprises*, 2014, 7: 1–8.

④ Quer D., Claver E., Andreu R., "Foreign Market Entry Mode in the Hotel Industry: The Impact of Country and Firm-specific Factors", *International Business Review*, 2007, 16 (3): 362–376.

低，只有位于地域内的公司才能直接充分地接近该国积聚的特有资源。跨国子公司在当地开展企业特定优势创造活动的过程中，先进的国家知识体系充当着拉力角色，特别是在那些有着明显比较优势的东道国里。因而，在跨国子公司内部形成的企业特定优势可能来源于三个方面：母国、东道国和跨国网络。基于这种逻辑，本书认为，企业集团具有一些其他企业或集团无法学习的优势，如网络中成员的范围、行业丰富程度、网络结构、网络嵌入关系、网络内信息流通途径、网络共享等，这些特定优势具有难以模仿的特性，因而形成了子公司所在集团网络的特有优势。如此，将企业特定优势理论运用于解释子公司嵌入对绩效和成长等的影响机理具有合理性。

企业特定优势在企业最初的生存过渡到成长的过程中发挥了重要作用。企业特定优势是一种企业级能力，可以看作是高阶动态能力和低阶实质性能力。Zahra 等认为，当企业建立新的资源组合以利用国外机会时，就会出现更高层次的动态和更低层次的实质性能力[1]。高阶动态能力驱动着整个国际扩张，而实质性能力则是从最初的生存过渡到成长所需的特定市场承诺。

Rugman 和 Verbeke 研究了十种跨国子公司能力发展的模型，并选择了其中三种进行深入分析，子公司如何作为特定竞争优势，带给集团发展[2]。他认为跨国公司是多元化的网络，网络中的等级位置决定了其特定优势。跨国子公司的非区域性竞争优势有两种形式，一种是与生产有关的专有资产；另一种是能够协调和控制资产的能力。本书的研究对象子公司因为拥有集团内部市场，从而获得与生产有关的稀有资产，获得第一种特定优势；但第二种特定优势则取决于子公司的经验和学习。而不管哪种特定优势的形成都是需要积累的。

---

[1] Zahra S. A., Sapienza H. J., Davidsson P., "Entrepreneurship and Dynamic Capabilities: A Review, Model and Research Agenda", *Journal of Management Studies*, 2006, 43 (4): 917–955.

[2] Rugman A. M., Verbeke A., "Subsidiary-specific Advantages in Multinational Enterprises", *Strategic Management Journal*, 2001, 22 (3): 237–250.

Khalid 和 Larimo 发现，企业特定优势在特定的市场承诺方面缓解了跨国子公司生产与成长之间的关系①。那么仍然存在一个问题，企业应当培育哪种特定优势呢？在国际化的早期阶段，可以使用战略联盟中的经验和知识来建立特定优势。另一方面，产品质量优势与营销能力优势的建立，可以把已有的经验运用于国际市场。面对快速变化的环境，子公司努力利用相互依赖的知识集，并结合特定知识和常识，从中获得技能和知识。因此，新的市场知识整合影响企业特定优势，然后影响了其后续增长。

Li 和 Oh 的研究发现，跨国公司的国际化初级阶段通过对母国专属自然资源以及对廉价劳动力的使用，创造了基于规模经济的企业特定优势②。陈岩和郭文博认为跨国并购可以促进子公司直接融入海外商业网络，实现产品研发、生产和销售的地理匹配，提高了非区位性企业特定优势；跨国并购帮助企业获取战略资源，并直接引入国内市场，利用母国较低的人力资本和资金利息，形成规模经济优势，进而帮助跨国子公司形成区位性企业特定优势③。

在海外并购方面，吴先明认为，技术能力和营销能力是企业特定优势的两个方面，利用企业既有优势为特征的海外并购倾向于持有更高的股权比例，而以获取目标企业互补性资产来弥补自身劣势为特征的海外并购倾向于采取分享股权的方式④。中国的海外并购具有明显的技术追赶特征，难以从集团内部获取特定优势，加之知识的隐性特征，从而并购企业很难直接获取被并购企业的创新能力。但在营销能力方面，中国企业国际化过程中主要依赖于多途径的营销优势和营销特色，因而这方

---

① Khalid S., Larimo J., "Firm Specific Advantage in Developed Markets Dynamic Capability Perspective", *Management International Review*, 2012, 52 (2): 233–250.

② Li J., Oh C. H., "Research on Emerging-market Multinational Enterprises: Extending Alan Rugman's Critical Contributions", *International Business Review*, 2016, 25 (3): 776–784.

③ 陈岩、郭文博：《跨国并购提高了中国企业的竞争优势吗？——基于区域性与非区域性企业特定优势的检验》，《外国经济与管理》2019 年第 4 期。

④ 吴先明：《企业特定优势、国际化动因与海外并购的股权选择——国有股权的调节作用》，《经济管理》2017 年第 12 期。

表2-1 企业集团技术创新研究的主流理论

理论	主要内容	解释路径	理论局限	相关文献
社会网络理论	社会网络是由行动者和行动者之间的关系构成的稳定系统，其行动者可以是个人、团队和企业。行动者和关系结构及其嵌入关系影响其决策行为	1. 企业集团作为以股权为主要连接方式的组织，可视为整体网络，集团成员企业是网络中的节点或行动者。 2. 子公司在集团网络中结构嵌入越深，所获得、支配的资源信息越多，越具有控制权。 3. 子公司与集团总部的业务相关性越高，获得集团总部的关注和支持越多，技术创新越多	揭示企业集团作为网络发挥作用促进成员发展，但由于集团成员众多，鲜从整体集团网络视角刻画和解释	赵红梅等，2010；范志刚，2012；Ciabuschi等，2014；赵月皎和陈志军，2016
社会嵌入理论	一切经济行为都是嵌入在社会结构中的。行动者的社会关系和经济关系不断交互，彼此嵌入	1. 嵌入关系包括信任、传递信息、共同解决问题。 2. 内在关系是影响组织和经济成果的手段，嵌入是一种交换逻辑。 3. 嵌入将公共信息与私有资源联系起来时，起到了桥梁作用，产生了价值。 4. 嵌入性和由此获得的社会资本有助于解释企业的成功	难以衡量结构嵌入和关系嵌入，对不同领域嵌入各有研究，但未能很好结合结构嵌入视角嵌入领域	Granovetter，1985；Uzzi，1997；Roel，2007；McKeever，2014
内部资本市场理论	由于信息不对称和代理成本等问题，导致企业资源配置低效。企业集团内部形成资本市场，统一收集信息，统筹安排、融通资金，提升资金使用和配置效率	1. 内部资本市场减少信息不对称，集中资金并重新配置，降低融资约束，为集团创新提供资金支持。 2. 内部资本市场搭建知识、技术和人才的交流平台，是集团协同与知识溢出的前提。 3. 内部资本市场便于集团子公司隧道行为及内部利润攫取，降低了研发动机；导致资金流向和动机消耗	无法准确衡量内部资本市场效率高低从而解释集团之间研发差异，仅从投资金角度解释技术创新	Belenzon等，2010；Hsieh等，2010；黄俊等，2011；刘星等，2014

续表

理论	主要内容	解释路径	理论局限	相关文献
制度理论	制度政策体系是由政府权力机构制定和执行的，是无形的框架和规则，表现为对社会某些利益需求提供便利，而另一些产生抑制	1. 制度理论解释了企业基础，弥补了外部制度的漏洞，为成员创新创造技术创新成果的专有性。 2. 制度中的政府意志对集团创新产生影响。 3. 制度影响集团创新成本和技术人才的获得。 4. 市场完善程度影响创新动机、机遇和资源的获得	从外部宏观层面上探讨对企业集团技术创新的影响，未能解释同一制度环境下企业集团之间技术创新的差异	Chang 等, 2006; Manikandan 等, 2014; Choi 等, 2014; Wang 等, 2015
注意力基础观理论	注意力配置指决策者把自己有限的信息处理能力配置给与决策相关的刺激因素的过程，包括对刺激因素的关注、解释、编码和聚焦	1. 注意力配置是决策行为的重要组成部分，它会影响决策者对决策信息的理解和选择。 2. 企业注意力基础观通过程序、沟通渠道、注意结构等要素，把决策者个人的认知、组织和环境之间的交互影响，更强调企业决策结合起来。 3. 注意力基础观的研究对象是企业管理层的注意力配置问题	过于强调单个管理者的注意力配置，忽视了决策机制下不同要素的相互影响。聚焦于微观要素，忽略了宏观影响	Ocasio, 1997; 施炳展等, 2019; 吴建祖, 2009; Sakhdari 等, 2018
特定优势理论	企业拥有其他企业难以得到的生产要素（独特的专属能力）	1. 独特优势能够给企业提供持久的竞争优势。 2. 战略成功的关键是使用独特的策略。 3. 分为区域性企业特定优势	主要解释国际化过程中地域、技术等优势，对企业层面的特定优势总结较少	Dunning, 1981; Rugman 等, 2014; Quer 等, 2007; Li 等, 2016

资料来源：笔者手工整理。

面的特定优势可以帮助子公司生产和发展。

基于企业特定优势理论，本书认为子公司通过角色转变和嵌入转变，能够影响自身从集团网络中获得的资源和经验等差异，利用集团优势，进而建立自身的企业特定优势，最终形成与其他竞争者不同的策略。当子公司属于"集团思维、当地运作"时，非区位的优势主要由自己创造，而区位的优势则来源于集团。当子公司是"优秀中心"（如行业的佼佼者）时，它们对于集团建立区位优势非常重要，因而与集团的互动更多，嵌入更深，在自身非区位优势和集团区位优势的建立中，平衡集团决策与当地需求。集团网络用于沟通与交流，在特定优势的建立与扩散中，至关重要。

本书相关理论的主要内容、解释路径、理论局限和相关文献如表2-1所示。

二　文献评述

已有关于子公司嵌入的文献包括三类，第一类文献是分析子公司嵌入后果的研究；第二类文献探析子公司在网络中嵌入的前因变量，即哪些因素会影响子公司在网络中的嵌入；第三类文献则是通过案例分析，总结子公司网络嵌入的过程。

（一）子公司嵌入后果的研究综述

已有关于子公司嵌入产生后果的文献主要验证了子公司内部嵌入对技术创新、成长性[1]、代理成本、学习能力[2]、知识溢出等的影响。具体来看，子公司嵌入后果研究包括四个方面：子公司嵌入通过影响资源、

---

[1] 蒲明、毕克新：《双重网络嵌入性对子公司成长能力有不同影响吗？——基于跨国公司中国子公司的实证研究》，《科学决策》2019年第6期。

[2] 李元旭、刘鷃：《制度距离与我国企业跨国并购交易成败研究》，《财经问题研究》2016年第3期。

机会和压力①，进而影响子公司成长和能力；子公司嵌入促进了集团对创新开发过程的参与，提升了研发人员的积极性和协同性，同时子公司强嵌入还使其占据结构洞地位，能够积累资源和知识，并且集团网络缓解了外部环境波动，因而嵌入有助于子公司创新和创业②；子公司嵌入还缓解了集团内部信息不对称性，约束了经理层机会主义行为，降低了代理费用③；子公司通过嵌入能够获取资源优势，在互动与杠杆的不断磨合中提升学习能力，进而为其国际化扩张提供基础④。子公司内部嵌入增加了成员之间关系的合法性、增进了信任、缓解了信息不对称程度，进而影响了集团内资源的获取、融资约束、知识溢出、信息流动等，最终作用于子公司的技术创新、成长和绩效。

子公司内部嵌入增加了子公司与集团总部的联系，提高了总部对子公司决策的参与度，进而获得了集团内部市场的倾斜，有利于其获得集团内部资源。内部嵌入还有利于子公司增加其在集团中的重要性，即增加了子公司讨价还价的能力，从而为子公司争取更多的集团资源。

子公司内部嵌入还表现在与集团内成员之间信任程度的提升。信任是知识溢出和协同研发的前提，对于这种产权保护要求高的技术和知识，只有高度信任的主体之间才能形成深度合作。因而，相较于外部嵌入或其他合作关系，集团网络内部嵌入有助于子公司吸收这些隐形知识和技术、促进技术转移和再创造。

子公司内部嵌入有助于子公司形成集团内部的合法性⑤。企业集团

---

① 王昶、孙桥、徐尖等：《双重嵌入视角下的集团总部价值创造机理研究——基于时代集团的案例研究》，《管理评论》2019 年第 3 期。

② Ciabuschi F., Holm U., Martín O. M., "Dual Embeddedness, Influence and Performance of Innovating Subsidiaries in the Multinational Corporation", *International Business Review*, 2014, 23 (5): 897–909.

③ Le Breton-Miller I., Miller D., Lester R. H., "Stewardship or Agency? A Social Embeddedness Reconciliation of Conduct and Performance in Public Family Businesses", *Organization Science*, 2011, 22 (3): 704–721.

④ 李杰义、闫静波、王重鸣：《双重网络嵌入性、学习能力与国际化速度——快速国际化情境下的实证研究》，《经济管理》2018 年第 9 期。

⑤ Ciabuschi F., Dellestrand H., Martín O. M., *Internal Embeddedness, Headquarters Involvement, and Innovation Importance in Multinational Enterprises*, Palgrave Macmillan, London, 2015.

拥有统一的经营模式、管理经验和发展路径，子公司对集团嵌入的增加会促使其遵循和依赖现有规则，提升其内部合法性。内部合法性的提升又有助于子公司获得总部和其他成员的认可，因而更可能与各方进行分享和协作，更有利于信息的共享和传递。

子公司嵌入还可以缓解与母公司之间的信息不对称程度，约束子公司机会主义行为、降低代理费用、有效地监管子公司经营，提高代理效率进而提升子公司绩效[①]。

然而，子公司在集团中的嵌入应当是适当的，过度嵌入可能损害子公司的绩效或成长。一些学者发现嵌入带来的边际正向影响是衰减的，例如过度嵌入会限制企业家的决策[②]、牢固的集团关系会阻碍新信息的获得和外部关系的建立[③]、过度嵌入形成既定框架还会增加决策约束成本等[④]，从而不利于公司发展。De Jong 等发现，过度嵌入降低了子公司的自主性和灵活度，在应对突发状况时或处于不确定性高的环境时，不能快速作出有效决策[⑤]。过度嵌入使子公司更依循集团内部的规则和制度，降低了对当地市场合法性的建立，使其缺乏动力发现外部机遇或丧失外部环境的敏感性[⑥]。

总体来看，在网络嵌入结果的相关论文中，子公司嵌入作为解释

---

① 郑丽、陈志军、徐英杰：《集团内部资本交易、市场依赖性与子公司创新》，《管理评论》2021 年第 8 期。

② Li Y., Wang X., Huang L., et al., "How does Entrepreneurs' Social Capital Hinder New Business Development? A Relational Embeddedness Perspective", *Journal of Business Research*, 2013, 66 (12): 2418–2424.

③ Asakawa K., Park Y. J., Song J., et al., "Internal Embeddedness, Geographic Distance, and Global Knowledge Sourcing by Overseas Subsidiaries", *Journal of International Business Studies*, 2018, 49 (6): 743–752.

④ Moore S., Daniel M., Gauvin L., et al., "Not All Social Capital is Good Capital", *Health & Place*, 2009, 15 (4): 1071–1077.

⑤ De Jong G., Van Dut V., Jindra B., et al., "Does Country Context Distance Determine Subsidiary Decision-Making Autonomy? Theory and Evidence from European Transition Economies", *International Business Review*, 2015, 24 (5): 874–889.

⑥ Hallin C., Holm U., Sharma D. D., "Embeddedness of Innovation Receivers in the Multinational Corporation: Effects on Business Performance", *International Business Review*, 2011, 20 (3): 362–373.

变量大量出现，作为被解释变量仅在少数文章中体现（子公司嵌入作为自变量 211 次，作为因变量 34 次①）。大多数文献聚焦于嵌入结构或嵌入关系如何影响绩效和创新等，但鲜有文章涉及哪些因素影响了子公司嵌入以及何种程度的嵌入是适度嵌入。因此，本书聚焦于子公司在集团网络中的嵌入，从集团网络外部、集团网络内部结构层面以及子公司层面分析对嵌入产生影响的变量，以弥补网络引致因素研究的不足。

（二）组织嵌入的前因变量研究

第二类探析公司在网络中嵌入的前因变量的研究，即哪些因素会影响公司在网络中的嵌入。从网络多元化视角出发，其他网络的资源差异和特征、子公司在其他网络的嵌入程度、子公司在其他网络中的角色等均会对子公司在集团网络嵌入中产生影响。芮正云和罗瑾琏解释到双重嵌入的两个网络功能不同时，对资源的需求和对关系的处理就会产生差异，因而不会产生资源争夺②。嵌入在多个网络中会对焦点网络的嵌入产生影响，其他网络中的互补知识和资源能够帮助子公司建立或完善新的企业间关系。当市场机会发生转变或者在行业中的相对技术优势变化时，会影响公司选择战略联盟的范围。董彩婷等证明，企业在创新生态网络中的高度嵌入，会带来资源冗余和逻辑冲突，不利于政治网络嵌入③。陶锋等发现子公司在其他网络中的角色会影响在集团网络中的话语权和自主权，同时可能帮助子公司减轻集团过度嵌入约束④。

---

① 张闯：《管理学研究中的社会网络范式：基于研究方法视角的 12 个管理学顶级期刊（2001—2010）文献研究》，《管理世界》2011 年第 7 期。
② 芮正云、罗瑾琏：《产业网络双重嵌入与新创企业创新追赶》，《科学学研究》2019 年第 2 期。
③ 董彩婷、柳卸林、张思：《创新生态嵌入和政治网络嵌入的双重作用对企业创新绩效的影响》，《管理评论》2020 年第 10 期。
④ 陶锋、杨文婷、孙大卫：《地方产业集群、全球生产网络与企业生产率——基于双重网络嵌入视角》，《国际经贸探索》2018 年第 5 期。

从网络特征出发，网络密度、网络结构、网络内关系的紧密性、网络内资源的多样性、网络主要联结形式（网络控制）等网络特征会对组织嵌入程度产生影响。Singh 等发现，从网络中获得的支持和组织的人员外派直接影响了公司对网络的嵌入程度，网络内亲密的成员关系促进了网络内支持，提升了行动者的归属感，促进了网络嵌入[①]。胡新华和刘东梅认为，当网络内联系机制是基于信任产生的关系治理时，有助于成员之间降低交易成本，产生外生型集群网络[②]。高网络控制的成员更容易融入所在的网络。控制程度高的网络中，行动者更容易获得工作资源，与其他成员之间的联系更加积极，频率更高、互动更多；此外，如果要离开控制程度高的网络，行动者要付出的成本和牺牲也更大，因而嵌入更稳定。

从公司特征出发，公司的战略、资源属性、资产专有性和知识冗余度等均对公司网络嵌入产生影响。Klein 等以团队网络为例，认为网络中行动者的个体属性和特征，影响了其在网络中的位置与嵌入[③]。例如高教育程度和成员之间的相似性，均有利于增加网络嵌入。李随成和高攀发现公司的战略行为会影响其网络嵌入，当子公司采取战略采购时，会建立较为紧密的供应商网络，战略采购影响了网络中的信任、信息共享和共同解决问题的能力，进而影响了网络关系嵌入[④]。Grandori 和 Soda 探析了公司资产专有性和信誉对企业间网络构建的影响。当公司资产的专有性较高时，目标与导向之间的距离、认知和情感差异较大，公司与网络内其他组织协调的成本增加，会导致网络构建的失败，即难

---

① Singh B., Shaffer M. A., Selvarajan T. T., "Antecedents of Organizational and Community Embeddedness: The Roles of Support, Psychological Safety, and Need to Belong", *Journal of Organizational Behavior*, 2018, 39（3）: 339 – 354.

② 胡新华、刘东梅：《本土中小企业如何突破外生型集群网络的嵌入壁垒？——演化博弈视角下的过程治理》，《商业研究》2020 年第 7 期。

③ Klein K. J., Lim B. C., Saltz J. L., et al., "How do They Get There? An Examination of the Antecedents of Centrality in Team Networks", *Academy of Management Journal*, 2004, 47（6）: 952 – 963.

④ 李随成、高攀：《战略采购对制造企业知识获取的影响研究：供应商网络视角》，《管理评论》2012 年第 6 期。

以增加嵌入①。Sandberg 则发现，企业拥有的市场知识，包括供应商、客户和竞争者的知识，拥有这些知识的多寡和对市场的了解，能够帮助网络增加对不确定性的感知，有利于企业在网络中获取核心位置，增加嵌入②。

（三）跨国公司多重网络嵌入的质性研究

第三类文献是通过案例分析，总结子公司网络嵌入的选择或嵌入变化过程。许晖等分析了子公司加强外部主导行为以构建强关系嵌入海外市场的演化，他将海外子公司分为投资型和契约型两种③。投资型子公司以创业者身份嵌入海外网络，表现为自下而上建立链接的机会需求型嵌入；契约型子公司以传教者身份嵌入海外网络，表现为自下而上建立强链接的风险规避型嵌入；不同子公司根据自身资源及所处行业情况选择海外网络嵌入模式等。还有一些研究通过案例叙述还原了子公司嵌入变化的过程。张竹等则认为在战略制定阶段，子公司的深度嵌入有助于获得话语权，但随着子公司的发展，都必须通过获得新的知识并传输给母公司，才能实现战略实施阶段的双重嵌入④。魏江和徐蕾的观点与张竹一致，认为知识整合对于双重嵌入的绩效提升影响起着促进作用⑤。钱勇和曹志来提及市场环境与内部动力机制和子公司主导行为能够改变子公司的嵌入程度⑥。Garcia-Pont 等提出，子公司自主行为是影响其嵌入程度的主要因素，该案例中的企业通过对替代品的开发，提升了市场占

---

① Grandori A., Soda G., "Inter-firm Networks: Antecedents, Mechanisms and Forms", *Organization Studies*, 1995, 16 (2): 183 – 214.

② Sandberg S., "Experiential Knowledge Antecedents of the SME Network Node Configuration in Emerging Market Business Networks", *International Business Review*, 2014, 23 (1): 20 – 29.

③ 许晖、范雅楠、王琳：《中国跨国企业海外子公司市场适应性演化研究》，《管理学报》2017 年第 12 期。

④ 张竹、谢绚丽、武常岐等：《本土化还是一体化：中国跨国企业海外子公司网络嵌入的多阶段模型》，《南开管理评论》2016 年第 1 期。

⑤ 魏江、徐蕾：《知识网络双重嵌入、知识整合与集群企业创新能力》，《管理科学学报》2014 年第 2 期。

⑥ 钱勇、曹志来：《从脱嵌入到再嵌入：企业组织转型的过程——基于铁煤集团主辅分离改革的案例分析》，《管理世界》2011 年第 6 期。

有率，从而提高了自主性并降低了与其他成员建立关系的努力①。Ciabuschi 等则发现，外部嵌入与子公司在集团中的内部嵌入是负相关的，基于注意力有限性，子公司在外部环境中协调自由，就会降低其分配给集团网络的精力，从而减弱子公司嵌入②。此外集团总部的控制机制也是影响子公司嵌入的重要方面。尽管案例研究结合了典型性与实践性，零星涉及了影响嵌入的前置因素，但由于数据和外部效度有限，质性研究也未能系统提出哪些因素影响了子公司的嵌入，且已有案例都是在嵌入演进过程中提出的分散命题，对于同一集团的不同子公司为何嵌入程度存在差异的解释还不充分，未能回答何种情况下子公司能够实现适度内部嵌入，已有文献缺乏对嵌入产生影响的特征要素的系统分析，也缺乏大量数据进一步检验辅证。

基于已有研究的不足，本书以子公司嵌入均衡的实现为焦点，通过探索子公司嵌入与子公司成长之间的关系，并结合数据，发现使子公司成长最快的均衡嵌入区间。在网络嵌入的动因方面，行动者在网络中的嵌入会受到来自"网络外部因素、内部因素、相互嵌入的不同层面的网络结构要素以及行动中自身属性"的相互作用③。依据此逻辑，外部因素选择了子公司在本地市场中的特征（子公司在当地市场中的份额）、在产业中的特征（子公司行业地位）和在供应链结构中的特征（客户和供应商集中度），集团网络结构要素选择了企业集团集权程度、企业集团规模和企业集团行业重叠程度。子公司层面的特征选取了子公司相较于其他成员的盈利能力、相对融资约束和相对冗余资源，试图探究子公司在不同环境中的特征要素对嵌入的影响。

---

① Garcia-Pont C., Canales J. I., Noboa F., "Subsidiary Strategy: The Embeddedness Component", *Journal of Management Studies*, 2009, 46 (2): 182–214.

② Ciabuschi F., Dellestrand H., Kappen P., "Exploring the Effects of Vertical and Lateral Mechanisms in International Knowledge Transfer Projects", *Management International Review*, 2011, 51 (2): 129–155.

③ 张闯：《管理学研究中的社会网络范式：基于研究方法视角的12个管理学顶级期刊（2001—2010）文献研究》，《管理世界》2011年第7期。

(四) 技术创新相关研究

技术创新，特指生产技术的创新，包括将现有的技术进行应用创新或者开发新技术。技术创新涉及国家或区域、产业、能源、农业、科技和企业等多个层次，本书致力于研究企业层面的因素对技术创新的影响，因此本书限定为企业层次的创新。企业技术创新的研究比较广泛，包括企业技术创新类型及模式、能力评价、效果和作用以及影响因素四个方面。

1. 技术创新类型及模式

企业技术创新分类也有不同的标准。熊彼特认为创新指生产要素的新组合，包括引用新技术、使用新方法、引进新产品、控制新材料或新组织。经济学词典中将生产技术创新按照实现过程分为基础研究、应用研究和产品开发。根据创新的层次，苏塞克斯大学科学研究所将创新分为渐进性创新（Incremental Innovation）、根本性创新（Radical Innovation）、技术系统变革（Change of Technology System）和技术经济范式的变革（Change in Techno-economic Paradigm）。技术创新可依据其创新对象分为自主创新、合作创新和模仿创新。技术创新依据创新程度分为探索式技术创新和利用式技术创新。利用式技术创新指在组织现有资源和知识的基础上进行生产技术的提升，而探索式技术创新则是脱离了原来知识设计开发新产品、开拓新市场。

2. 技术创新能力评价

关于创新能力的研究，多聚焦于对创新能力的测量或创新效率的评价。不同学者从不同的角度对创新能力测量的构成要素进行选取。Barton 从资源要素禀赋出发，强调知识和人才在技术创新中的作用，选择管理、技术、专业人才和企业文化四个维度对技术创新能力进行衡量[①]。技术创新能力是一系列促进其创新要素的组合，包括产品创新战略、管理组

---

① Barton D. L., "Experts as Negative Opinion Leaders in the Diffusion of a Technological Innovation", *Journal of Consumer Research*, 1985, 11 (4): 914 – 926.

合、思想到研发的过程、文化和领导力四个方面。Slater 等认为影响企业技术创新过程的因素包括组织文化、高层领导、组织特征和产品开发战略（见图 2-1），这些因素之间的关系和关联也会进一步影响企业技术创新能力①。倪自银和熊伟考虑了技术创新系统的复合型能力，综合前人成果，将技术创新能力分为技术创新能力、技术开发能力、营销能力、生产能力和创新管理能力②。对技术创新能力测量的研究很丰富，但都没有达成共识，基于不同研究目的，各学者对其维度的划分和指标的选择多种多样。

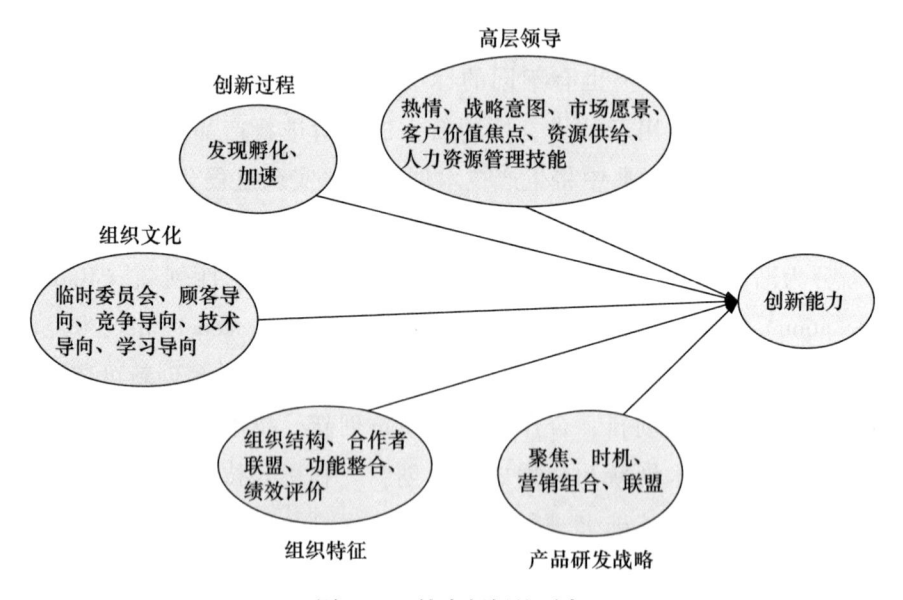

图 2-1　技术创新的要素

资料来源：笔者手工整理。

3. 技术创新效果及作用

对技术创新效果或作用的研究主要包括技术创新对财务绩效、合作

---

① Slater S. F., Mohr J. J., Sengupta S., "Radical Product Innovation Capability: Literature Review, Synthesis, and Illustrative Research Propositions", *Journal of Product Innovation Management*, 2014, 31 (3): 552–566.

② 倪自银、熊伟：《企业外部知识搜索能力影响因素研究——一个交互效应模型》，《科技进步与对策》2016 年第 4 期。

绩效、市场绩效、出口绩效等的影响。罗建强等将技术创新分为质量和数量两个维度，通过实证检验得出技术创新数量与企业的财务绩效正相关，而技术创新质量对财务绩效的影响则受到市场导向的调节，当企业更倾向于市场导向时，技术创新对利润的促进作用更明显[①]。朱乃平等也证明了技术创新对财务绩效的积极影响，且该影响受到企业社会责任的正向调节[②]。技术创新对市场绩效也有促进作用，通过技术投入和研发创新的中介作用，企业营销能力对市场绩效产生正向影响。此外，技术与市场绩效的关系受到环境动态性的调节，环境越复杂越不稳定，工艺与产品创新越能够带领企业开辟出新市场，积极利用并适应环境。技术创新还对企业出口具有正向影响，技术创新越多、研发人员素质越高时，产品出口越多。

4. 技术创新影响因素

本书以技术创新为被解释变量，故对技术创新的影响因素进行详细梳理与分析。通过对文献的筛选、整理和辨析，发现技术创新的影响因素可分为企业外部因素、企业内部因素和企业网络与合作因素。

第一，企业外部因素。影响企业创新的外部因素包括地区市场化程度、地区环境制度、产权保护制度和政治因素。中国属于新兴经济国家，正处在改革的攻坚阶段。要在激烈竞争的国际格局中占有一席之地，企业就要注重研发与创新。中国市场制度发展还不完善，不同省份的法律法规亦对企业技术创新造成影响。地区市场化程度的差异表现在该地区要素市场、劳动力市场以及中介组织的发达程度，要素市场越发达，创新所需要的要素获取越便利，要素流通越频繁，进而为技术创新提供了良好的外部环境。例如地区金融业市场化水平在很大程度上影响企业获取研发贷款和资金的数额。创新投入对创新绩效的促进作用受到市场动态性和不确定性的调节；历史和国家文化使企业在面临不确定性时，多

---

① 罗建强、潘蓉蓉、杨子超：《制造企业服务化、研发创新投入与企业绩效——基于技术密集型企业的实证研究》，《管理评论》2023年第2期。

② 朱乃平、朱丽、孔玉生等：《技术创新投入、社会责任承担对财务绩效的协同影响研究》，《会计研究》2014年第2期。

采取保护导向战略，因此会减少研发活动；当企业所处的市场竞争较为激烈时，企业家往往为了形成竞争优势而倾向于进行研发活动，尤其是突破性研发。

地区制度环境和法律法规存在差异，各地区知识产权的保护程度也呈现阶梯状。在制度法规较为落后的地区，产权保护较弱。创新活动成果转化为利润的过程对知识产权保护十分敏感。当产权保护较弱时，创新产生的利润可能被竞争者迅速地模仿而稀释，从而抑制企业创新的积极性；当产权保护较完善时，则进一步保证了创新绩效，从而促进创新。

此外，政治因素是影响中国企业研发的重要制度因素。政府通过支持性政策、制度安排和直接干涉等方式影响企业的创新。由于中国政府对市场的调控，许多稀缺资源往往掌握在政府的手中，当企业与政府建立良好的关系或者存在政治关联时，则有助于企业从政府中获得创新所需的重要资源或者资金，特别是民营企业，还能够从政府的关联中获得政策的保护和便利，防止研究成果被非法复制，因此企业从动机和资源方面都更有研发创新的动力。政府对于创新影响的另一途径是直接进行政府补贴或研发资助，政府资助对于中小企业研发创新效率的提高尤为显著。

第二，企业内部因素。企业创新最核心的决定因素来自企业内部能力和特征。现有文献对于企业内部影响因素的研究主要分为三个方面：公司治理因素、企业能力和企业文化。

公司治理是为了缓解所有权和经营权分离所带来的委托代理成本，通过公司治理的手段，使企业经营者与所有者利益趋于一致。企业的所有者更注重企业的长远发展和长期的竞争优势，因此所有者更渴望通过研发创新活动为企业增添活力。而企业的经营者往往更加注重其任职期间企业的经营业绩，如果将有限的资本金用于投资回报期较长的研发，可能会降低任职期间的能力表现，因此经营者往往不愿意进行研发。为了解决股东与经营者目标不一致问题，引入了公司治理因素。通过公司治理手段，将经营者的收入声誉更多地与股东利益相关联，从而促进研发创新。基于上述逻辑，学者通过实证发现，第一大股东持股比例越高，企业技术创新越多，此时大股东行使权力，能够控制企业，作出有益于创新的决策。为了使经营者或管理者与股东利益一致，采用高管持股的激励方式，高管持有股份越高，与股东目标行为越统一，技术创新越多；高管激励减少了经理的机会主义行为，使其更有动力为企业的长期价值而奋斗。股权制衡较好的企业，中小股东更有动力监管企业，降低了企业的第二类代理成本，减少内部交易和内部人控制等不公平行为，从而促使企业朝着价值最大化的方向进行投资研发决策，因此股权制衡促进了企业创新。此外，企业高管的变化也会影响企业的研发，当企业高管变更频繁时，很难将期限较长的研发进行下去，因此高管变更阻碍了企业创新，但是这种负向影响在国有持股集中的企业中较弱，这是因为国有持股和对企业的控制贯彻了企业的战略决策。

企业内部影响创新的能力包括组织学习能力、吸收能力、营销能力、创新编排能力、资源获取能力和协同能力。组织学习和吸收能力是影响创新效率的重要因素，技术创新到成果的产出过程因企业的学习能力而异。学习能力能够帮助知识转移和扩散，吸收能力可以促进知识转化为专利，企业学习吸收能力越强，其创新效率越高，创新成果越丰富。营销能力与创新能力是相互促进的，营销决策影响企业创新的方向及战略，创新的成果也反过来影响营销的方式。近期学者发现企业研发网络的编排能力对创新影响非常显著，主要通过提高企业吸收能力和网络稳定性促进合作创新，通过关系编排促进内部创新。

企业文化及领导风格对企业创新氛围进而企业创新产生重要影响。企业中活跃轻松的氛围或者以关系导向为重的文化[①]，有助于员工发挥优势进行创新；尤其是魅力型领导者和变革型领导者，他们不仅可以激发人才的工作热情和积极性，而且能够识别出市场中的机遇与威胁，

---

① 肖忠意、林琳、陈志英等：《企业金融化与上市公司创新研发投入——基于董事会治理与创新文化的调节作用的实证分析》，《南开经济研究》2021年第1期。

共同冒险产生新奇的想法，从而促进企业创新。当企业倾向于集体主义文化时，个人忠于集体，个人价值在集体价值中体现，因此以企业整体力量进行的创新往往容易达成，有助于突破式创新；而在个人主义文化的企业中，员工工作的自主性较大，员工更有可能有动机改善其工作内容或工具，因此容易出现渐进式创新；这两种创新还受到信任度的调节。

第三，企业网络与合作因素。不仅企业共同所处的环境、市场因素等对其创新有显著影响，而且企业所拥有的外部资源、外部网络或合作伙伴等因素也会导致同一环境下不同企业的创新差异。依据社会资本理论，企业或企业家所构建的外部网络是一种隐性资源，企业在网络中的位置、嵌入程度、网络关系等因素直接影响创新合作、资源来源，例如企业所嵌入的网络范围若仅为地方网络，那么其所获取资源相较于全球网络的企业就十分匮乏，创新的程度也会降低；不仅如此，企业在网络中的嵌入程度越深，网络关系越密切，那么企业获得技术资源、研发经验就更加丰富，网络内知识和人才的流通更加频繁，这些都会促进企业的创新活动。总而言之，企业社会网络及其关系的强度、持久度和质量对创新具有正向影响。这种正向影响会受到信任、规范等的调节，由于社会网络是隐性的没有法律法规正式的规定，因此当网络中彼此更加信任，研发成果的使用更加规范时，社会网络对于创新的促进作用就会增强。国外学者还研究买方与卖方社会资本，通过承诺、准则和信任影响了顾客知识的发展，进而影响创新。

在市场全球化和竞争激烈的背景下，单个企业独自的研发已经成为过去式，企业与其他企业（甚至是竞争者）或科研机构等组成研发联盟，进行合作创新[①]。这种联盟可以是市场联盟、技术联盟和战略联盟等。通过市场联盟，共享市场中的有效信息，为创新提供参考；通过技术联盟实现资源和知识的共享，提高组织研发的效率。

---

① 黄灿、徐戈、沈慧君：《获取创新衍生价值：企业内部知识—合作网络动态视角》，《科研管理》2023 年第 2 期。

以上分别从企业外部、企业内部以及企业网络与合作研究了对技术创新的影响,如图2-2所示。

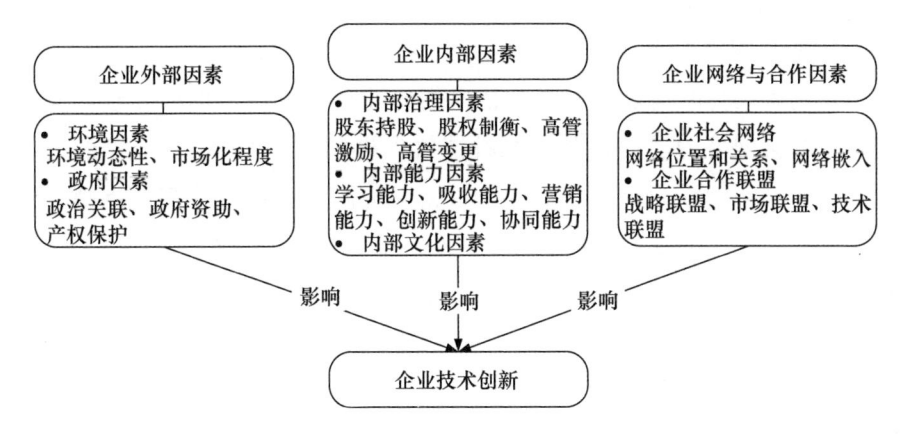

图2-2 技术创新影响因素框架

资料来源:笔者手工整理。

5. 研究评述

以上对技术创新类型、能力、作用效果及影响因素研究进行综述,发现已有企业层面技术创新相关探索已经比较丰富,例如探索了企业外部制度环境、市场化程度等,可以为企业研发提供更好条件;企业内部能力、治理水平和文化是技术创新的原动力,内部能力越强,越能够整合资源形成创新。然而,上述研究多集中于单个因素对技术创新的影响,涉及企业之间关联关系和相互位势的研究较少。实际中,多个因素共同作用于企业创新,并且与企业所处的社会网络和联盟高度相关。企业嵌入网络的程度与内部能力共同影响其研发决策。网络嵌入直接影响企业研发资源的获取,同时对企业自身动态能力具有提升作用。新时代的技术创新早已摒弃了单个企业独立研发,更多的是企业之间的合作与交流。

因此,尽管已有研究做了部分探索,但对互联网新经济下影响企业创新投入的复杂原因或组合原因解释不足。由此可见,深入探析联盟和网络的作用、聚焦于新兴市场所涌现的集团化经营模式及集团内部网络结构与子公司和集团整体技术创新,是十分必要且重要的。

(五) 社会网络与技术创新研究

1. 企业家社会网络与技术创新

企业家社会网络是影响企业技术创新的重要方面。例如姜红等发现企业家社会网络的广泛性和关联性能够促进创新绩效[①]。企业家通过个人和工作网络能够为企业获取创新机会、获得信息资源等实质支持。吴俊杰等从企业家的政治网络、异质网络、关系网络及网络规模四个方面,论述了企业家多重网络在权力转化、非冗余资源、信任互惠和机会获取等方面对创新的促进作用[②]。亦有研究发现企业家社会网络有利于促进劣势环境中的合作研发。企业家在企业重要决策中发挥重要作用,企业家丰富和高端的社会网络提升了其对创新机会的识别和把握,有助于企业对研发投入及联盟作出正确判断。企业间关系的建立在较大程度上依赖于企业家形成的个人关系网络,特别是在合作复杂的领域。此外,企业家通过私人关系建立的信任能够在研发合作中降低交易成本、推动劣势环境下的技术创新。

2. 企业社会网络与技术创新

仅关注企业家社会网络可能会减弱创新联盟和组织间动态关系对创新的解释,因此学者逐渐关注整个企业所处的社会网络。企业在社会网络中的位置、嵌入程度[③]、强弱关系、可获得的资本等成为影响技术创新的直接因素。从嵌入的网络范围看,嵌入网络的规模越大、拥有的网络关联越多,可能获得的资源越丰富,因此技术创新也会增加。尤其在发展中国家,企业所嵌入的网络是知识流通的主要渠道,故可能产生更多的商业关系与创新关联。冯军政等则证实企业制度、技术、商业和信

---

① 姜红、高思芃、刘文韬:《创新网络与技术创新绩效的关系:基于技术标准联盟行为和人际关系技能》,《管理科学》2022年第4期。

② 吴俊杰、盛亚、姜文杰:《企业家社会网络、双元性创新与技术创新绩效研究》,《科研管理》2014年第4期。

③ Granovetter M., "Economic Action and Social Structure: The Problem of Embeddedness", *American Journal of Sociology*, 1985, 91 (3).

息网络的异质性引致知识异质性,从而促进突破性创新[①]。以政府和国有金融为主体的制度网络可以为创新提供制度保障,以研究机构为主体的技术网络可以为创新提供理论知识,以外部商家和集团子公司为主体的商业网络可以为创新提供市场和方向,以软件和媒体公司为主体的信息网络可以为创新提供机遇与知识。

从网络嵌入程度看,企业与网络的关系强度、持久度以及网络质量均对创新产生促进作用。研发活动依赖于企业自身资源与控制,更依赖于网络间的合作以及伙伴企业资源。孙国强等认为企业对网络的嵌入可通过联系的紧密度来衡量,联系的紧密性表现在股票相互持有、交易的频率和持久性[②]。企业与网络紧密性越高,越有助于知识交流效果和资源共享层次,进而促进企业技术创新。李随成等证实供应商创新性及网络能力对制造企业产品创新具有正向影响。网络关系强度影响了企业知识吸收能力,进而对创新绩效产生影响[③]。网络关系区分为强关系和弱关系。强关系下企业通过网络获得创新需要的社会资本,弱关系下则通过网络提供了新知识和新机遇。强关系在一定程度上产生的从众心理和相近效应降低了网络内资源或知识的非冗余性,但强关系通过增加信任、情感支持扩大了知识传播,因此在规模越大的网络中,强关系比弱关系对创新的促进作用更显著。

3. 研究评述

已有关于网络的文献涉及企业外部政治、制度、技术甚至供应商网络对研发的研究,然而却未重视集团背景企业享有的集团网络对研发的影响;充分探索了企业外部社会网络类型、规模、结构中心性和关联紧密性对技术创新的影响,却未区分不同网络所产生影响的差异。例如跨国企业相关研究中,区分了东道国和母国网络不同特征对跨国子公司研

[①] 冯军政、刘洋、金露:《企业社会网络对突破性创新的影响研究——创业导向的中介作用》,《研究与发展管理》2015年第2期。

[②] 孙国强、郭文兵、王莉:《网络组织治理结构对治理绩效的影响研究——以太原重型机械集团网络为例》,《软科学》2014年第12期。

[③] 李随成、李勃、张延涛:《供应商创新性、网络能力对制造企业产品创新的影响——供应商网络结构的调节作用》,《科研管理》2013年第11期。

发作用机理的不同，却鲜有人关注日益庞大的集团网络。随着企业集团在新兴经济中的地位和数量的增加，集团网络作为企业有边界的最亲密的社会网络，其对研发的影响不容忽视，然而仅有零星关于母子公司关系网络以及母子公司距离对企业价值的探索。王世权等就指出现有文献忽略了母子公司之间客观存在的关系以及母子公司呈现的网络特征[①]。对集团内成员之间网络关系的忽视，可能导致无法清晰揭示集团作用和功能，不能充分认识到集团对于子公司的重要性，从而忽略了研发创新过程中子公司与集团的互动，在理论上也无法真实反映实践影响因素。此外，从社会网络研究出发，由于网络边界界定的模糊性，导致整体网络（Whole Network）视角研究的缺失。

因此，本书以企业集团网络为整体网络研究视角，揭示集团内部复杂结构以及关系对子公司研发动机、资源和决策的影响，深入研究子公司在集团网络中的位置中心性和关系紧密性的表现形式及作用效果，不仅丰富了集团成员间的网络特征研究，也为拓展网络研究提供了新路径。

（六）企业集团与技术创新研究

18世纪末以来，企业集团逐渐登上市场经济的舞台。在新兴经济体国家（如中国、印度、韩国等），企业集团发展迅速且非常普遍；在发达国家（如意大利、法国等），企业集团也占有一席之地。作为市场与企业形式的中间组织，集团对生产经营、产业发展乃至社会福祉等产生重要影响，逐渐成为实践界与理论界关注的焦点。

由于制度背景和市场环境的差异，各国对企业集团的定义莫衷一是。但各国企业集团呈现出一些共同特点：企业集团由多个具有独立法人资格的企业组成；集团成员企业之间通过多种形式的纽带连接，且信任度较高；集团内通常存在核心企业，负责集团整体声誉和战略协调。具有以上特征的企业联合体成为学术界企业集团的研究对象。维系集团稳定

---

① 王世权、王丹、武立东：《母子公司关系网络影响子公司创业的内在机理——基于海信集团的案例研究》，《管理世界》2012年第6期。

的纽带不同决定了企业集团发展模式不同，纽带包括所有权持股、董事高管相关性、财务和产品关联等，如中国企业集团以资本为主要控股方式，意大利企业集团以家族关系为主要连接纽带。

企业集团遍布各国且形式多样，促使学者对其存在原因与演变路径产生探索。以新兴市场企业集团为研究对象的学者认为，集团是制度漏洞和不完善市场的产物，企业聚合成集团形成内部资本市场，在信息和资源的获取与匹配上产生协同、降低成本；也有一些学者认为发展中国家的企业集团是为了产生规模经济效益、提升竞争优势、在政府力量的促使下形成的。以发达市场企业集团为研究对象的学者则认为，构建企业集团的终极目的可能是形成垄断和分散风险。

在中国，企业集团兴起于政府推进的横向经济联合，越来越多的企业以资本或产权为纽带形成集团[1]。政府推进企业集团发展的目的在于提升规模效益、加快技术创新和增强国际竞争优势[2]，例如由油气和炼化等公司组成的中国石油天然气集团在世界500强中排名第四（2022年），由宝钢、上钢和梅山联合组建的上海宝钢集团在世界钢铁行业排名第三，中国南车北车合并为中国中车后成为世界第二。国际市场的竞争逐渐演变为国家与国家、企业集团与企业集团之间的角逐。数据显示，世界500强企业集团每年新技术和新工艺产出占全球的70%[3]。可见，企业集团在研发与创新上确实存在优势。那么在企业集团内部究竟哪些因素对研发产生影响？企业集团对个体企业创新与对行业创新影响的差异是什么？这些问题仍没有清晰的答案。近年来在实践的启迪下，不断有学者进行探索。虽然已有研究探索了企业集团与技术创新的关系，但仅从企业集团的单独特征入手，并未提供企业集团与技术创新研究的整体视角，笔者在总结了涉及的理论基础之后，提出一个清晰完整的研究框架。

企业集团特征对成员技术创新的影响综述主要分为：集团隶属特征、集团成员特征、集团整体特征以及集团行业特征对成员技术创新的影响

---

[1] 徐飞、杨冕：《企业集团内部创新架构与创新绩效》，《经济管理》2022年第8期。
[2] 武常岐、钱婷：《集团控制与国有企业治理》，《经济研究》2011年第6期。
[3] http://news.eastday.com/epublish/gb/paper139/11/class013900018/hwz384980.htm.

及边界条件。

1. 集团隶属特征对成员企业技术创新的影响及边界条件

随着企业集团在市场经济中扮演的角色逐渐重要，早期学者开始探索"企业是否背靠集团好乘凉"。"集团化经营"（集团附属或集团隶属，Business Group Affiliation）这个概念逐渐走入人们的视野，即一个企业是否隶属于某企业集团，是集团中的一个成员企业[①]。与"集团化经营"对应的是独立企业，即企业独立经营，并不存在与其他企业股权或资本上的控制与被控制或其他认定为集团的关系。许多学者试图比较隶属于集团的企业与独立企业在研发上是否存在差异，以及这种差异的产生和作用边界。

依据制度理论和交易成本理论，企业集团是制度漏洞和不完善市场的产物。企业集团通过资本或契约方式，将成员企业联系为一个整体，形成内部资本市场。通过内部资本市场，集团降低了信息不对称程度、减少了交易成本、弥补了市场漏洞，促进成员企业之间信息传递、技术溢出、资金筹备和人才交流。为了验证该理论解释的合理性，基于集团内部资本市场完善制度基础、增加技术资金从而促进研发的作用，学者试图比较独立企业与集团成员企业在研发与创新方面的优劣。学者以意大利、法国、韩国、中国台湾和中国大陆企业等为研究对象，发现以上地区集团成员企业比独立企业技术创新更多。

然而单独对集团企业与独立企业技术创新的比较略显粗糙，并不能揭示集团化经营对研发的影响路径。因此学者探索了集团成员企业与独立企业研发差异程度的边界。倘若企业集团通过提供制度基础、弥补不完善市场、保护研发成果不被模仿，从而促进成员企业研发；那么在制度基础较差、市场化程度较低[②]、产权保护较弱的地区，集团成员企业比独立企业的研发优势应当更明显。倘若企业集团是通过内部资本市场，发挥"多钱""活钱"效应，缓解成员企业融资约束，从而为其研发提供资金支持；

---

① 林洲钰、林汉川、邓兴华：《集团化经营对企业技术创新的影响研究——基于人力资本视角》，《科学学研究》2015年第3期。

② 邓兴华、林洲钰：《集团化经营、技术创新与企业业绩》，《山西财经大学学报》2014年第10期。

那么在资本依赖程度高的行业中,集团成员企业比独立企业的研发优势应当更明显。倘若企业集团是通过知识共享和信息交流,缓解信息不对称,从而为成员企业研发提供技术和信息支持;那么在信息严重不对称的行业中,集团成员企业比独立企业的研发优势应当更明显。根据这一逻辑,学者选择了以上变量作为调节并加以验证,间接揭示了集团化经营对技术创新的促进机理。

虽然通过比较不同制度、环境和行业下,集团成员企业与独立企业研发的差异,间接验证以上理论解释的正确性,但是并未从正面直接构建相关变量进行路径检验。这是因为实践的步伐总是超越理论的演变,理论的设想也总是先于命题的验证。对于集团内部制度基础、内部资本市场效率、信息对称程度的具体化还未得到很好的测量,这也是未能全部掀开集团技术创新面纱的原因之一。

2. 企业集团成员特征对技术创新的影响及边界

既然企业集团作为一个整体,那么集团成员之间是否也"一方有难八方支援"呢?是否因成员所处位置和绩效差异而受到"偏爱或冷落"呢?学者对成员企业集团特征、成员企业与其他成员企业之间互动及其对技术创新的影响进行了探索,主要包括以下方面:集团其他成员企业的盈利能力和现金流水平、其他成员企业研发能力以及成员企业在集团层级中的位置。

黎文靖和严嘉怡发现,内部资本市场规模越大、越活跃,越能更好地发挥"活钱"和"多钱"效应,这些具有社会主义性质的资金来源于集团总部或其他成员企业的资金周转[①]。例如韩国三星集团旗下的三星电机,在遭遇严重资金问题时,就获得了家族私有资产资助和其他成员的慷慨解囊。黄俊和陈信元发现,集团其他成员的现金流和盈利能力对集团上市公司技术创新存在显著影响[②],尤其是在创新制度基础和法律环境较差的地

---

① 黎文靖、严嘉怡:《谁利用了内部资本市场:企业集团化程度与现金持有》,《中国工业经济》2021年第6期。
② 黄俊、陈信元:《集团化经营与企业研发投资——基于知识溢出与内部资本市场视角的分析》,《经济研究》2011年第6期。

区，这一结论进一步证明了集团内部资本市场对成员资金的调配功能。

基于知识溢出的视角，刘斌斌和李梅羲子研究发现，FDI投资采用的技术可以对当地企业形成知识溢出，那么在集团内部成员之间是否存在知识溢出，这种溢出效应对技术创新产出是否产生影响？[①] 黄俊和陈信元证实了集团其他成员企业的技术创新对企业技术创新具有正向影响[②]；Chang等发现在韩国，其他成员专利产出对集团企业技术创新的影响达到7%[③]。通过数据表明，集团内部确实存在知识溢出，且这种溢出促进了知识向技术转化、增加了成员之间研发协同深度，对成员企业技术创新具有积极影响。

企业集团内部知识溢出程度因子公司所处层级不同而呈现差异。子公司出于自身企业利益考虑，而非以集团整体利益为出发点，不愿意将技术成果共享，因而平行子公司之间知识溢出较少；母公司相对而言更愿意形成溢出，因为子公司研发转化的利润可由母公司获得相应份额。基于该理论逻辑，成员企业层级差异对技术创新存在影响，处于较高层级的成员企业技术创新较多，集团内部溢出的规模效益最大。

3. 企业集团整体特征对成员技术创新的影响

关于企业集团整体特征对技术创新的影响，已有研究主要关注了三个方面：企业集团多元化程度和类型、企业集团所有权及政治关联、企业集团管控程度。

企业集团采取多元化的动机主要包括两种：一是基于委托代理理论，集团实际控制人为打造商业帝国扩大声誉，尽可能涉及多个行业，或者将不同成员企业放在不同的"篮子"里，以减少集团经营风险；二是基于资源基础观视角，企业集团为了探索正向的知识溢出，在不同产品或技术中寻求转换和协同，从而采取多元化战略。这两种动机的结果不同，前者多

[①] 刘斌斌、李梅羲子：《政府质量、FDI进入方式与区域技术创新》，《经济问题》2022年第12期。

[②] 黄俊、陈信元：《集团化经营与企业研发投资——基于知识溢出与内部资本市场视角的分析》，《经济研究》2011年第6期。

[③] Chang S. J., Chung C. N., Mahmood I. P., "When and How does Business Group Affiliation Promote Firm Innovation? A Tale of Two Emerging Economies", *Organization Science*, 2006, 17 (5): 637–656.

为不相关多元化集团，后者多为相关多元化集团。不相关多元化目的在于扩大声誉或减少风险，成员企业之间联系较为松散、产业距离较大、知识溢出较少[1]，因而集团不相关多元化程度与成员企业技术创新呈不相关甚至负相关关系。相关多元化集团致力于协同运作和资源分享以获得协同效应，产业之间的关联为知识溢出提供了可能，内部资本市场为知识溢出提供了平台，因而集团相关多元化与成员企业技术创新之间呈正相关关系。

学者发现企业集团的政治关联比独立企业能发挥更大效用。在中国特殊的新兴经济中，集团兴起与政府力量推动有着紧密的关联。政府持股比例较高或控股政府层级较高时，企业集团便于获得优惠政策和稀缺资源、更易与国际市场接轨，高层级政府往往鼓励集团走出国门、追求技术领先，因而更加支持研发活动。低层级关联的政府更关注集团对地方GDP和政府业绩的贡献，鼓励集团扩大规模、增加营业收入、增加就业员工，从而忽略了研发。此外国有持股与政治关联的影响存在差异，例如苏宁电器集团实际控制人为张近东，尽管苏宁为民营企业，但张近东为全国政协委员，与更高层级政府存在关联，苏宁集团并没有因民营持股而在技术创新上落后，反而名列前茅。Hsieh等发现，集团化经营在国有持股较低的企业中，集团作用更加显著[2]。

集团资本关联促使集团内部存在一个核心企业或集团公司，依据集团公司管理其他企业的范围和程度，可将集团管控分为集权型、分权型与集分权相结合型管控。集团属于分权管理时，能够给成员公司更多的研发自主性，加强其研发动机。集团属于集权管理时，能够利用内部资本市场统筹配置资源，从而提供研发支持[3]。因而集团管控模式对于成员企业研发也存在影响。

---

[1] Chang S. J., Chung C. N., Mahmood I. P., "When and How does Business Group Affiliation Promote Firm Innovation? A Tale of Two Emerging Economies", *Organization Science*, 2006, 17 (5): 637–656.

[2] Hsieh T. J., Yeh R. S., Chen Y. J., "Business Group Characteristics and Affiliated Firm Innovation: The Case of Taiwan", *Industrial Marketing Management*, 2010, 39 (4): 560–570.

[3] 陈志军、徐鹏、王晓静：《研发战略一致性与研发协同关系研究——沟通机制的调节作用》，《财贸研究》2014年第3期。

4. 企业集团行业特征对成员技术创新的影响

企业集团作为市场的主体之一，其行业特征对成员技术创新产生影响。企业集团能够充分利用网络关系，与上下游企业交换资源形成协同，从而促进产业创新升级。企业集团作为制度的弥补机制，一方面为成员企业提供制度建设，保障研发活动；另一方面因为这种建设产生了进入壁垒，阻碍了潜在进入者，削弱了行业竞争，减少了新思想、新工艺对行业创新与变革的冲击。企业集团数量越多，对独立企业创新的挤出效应越明显。在这种情况下，行业升级依赖于集团垄断产生的利润而非生产力变革，因此企业集团反而损害了行业创新。

对上述企业集团与技术创新关系及其边界进行整合（见图2-3），本书提出企业集团技术创新现有研究框架。同时企业集团技术创新重要文献如表2-2所示。

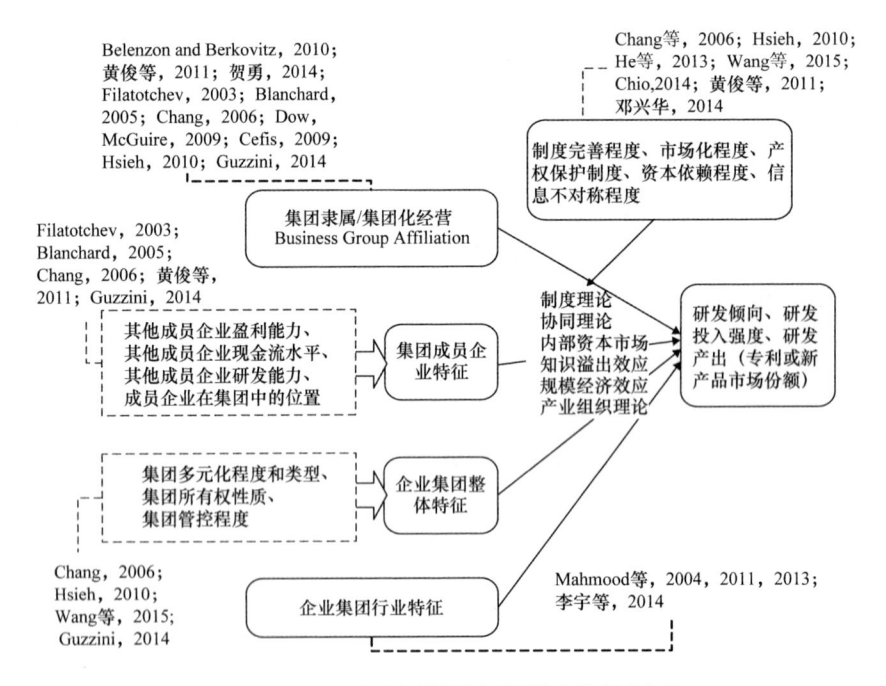

图2-3 企业集团对技术创新影响的研究框架

表2-2 企业集团技术创新重要文献列表

作者	理论	分析数据	因变量	自变量	主要结论
Filatotchev, 2003	资源共享理论	1992—1994年意大利制造业企业（2002个）	研发支出/员工人数	集团虚拟变量、在集团中的位置（母公司或子公司）	集团隶属与研发投入强度正相关，在集团科层级结构中所处的位置越高，研发投入强度越大；除了集团水平因素和市场环境，网络资源的临界值越小，集团建立行业壁垒不利于新创新
Mahmood, 2004	产业组织理论	1981—1995年中国台湾工业企业	行业创新	集团化市场份额	集团所占市场份额对行业创新呈倒"U"形影响；某国创新资源越多，集团市场份额的临界值越小；集团建立行业进入壁垒不利于新创新
Blanchard, 2005	知识外部性理论/知识溢出理论	1994—1998年法国集团隶属企业（3141个）	价值增值	企业研发、集团研发、1998年法国民营集团隶属比例约15.9%	集团内部研发对子公司的效率有正向影响；其他子公司的研发对子独立进行研发更加有益（相较于研发进行业已进行的子公司而言）
Chang, 2006	资源共享理论，集团是对市场制度的替代	1991—1999年中国台湾企业集团（500个）	美国专利	集团虚拟变量、集团多元化程度、国别和时间的调节	在韩国集团研发对研发有促进效应，中国台湾基础较弱的国家；集团企业的创新性高于独立企业，其他电子公司的盈利和技术促进成员企业创新；在中国台湾，集团多元化水平对子企业研发有负向影响，中国台湾的资本市场发达程度优于韩国
Cefis, 2009	知识溢出理论	1990—1992年意大利制造企业（3696个）	研发支出	集团虚拟变量	相较于独立企业，集团成员企业的技术创新更多；集团隶属企业的研发组合在产品研发方面更多

· 65 ·

续表

作者	理论	分析数据	因变量	自变量	主要结论
Belenzon, Berkovitz, 2010	内部资本市场理论、知识溢出理论	1979—2004年欧洲企业（11645个）	EPO欧洲专利和美国专利	集团虚拟变量，集团多元化程度，产业对于外部环境的依赖，知识溢出	集团隶属企业的专利比独立企业或者小集团隶属企业的多（在更多资本来源的较为依赖企业的行业），集团与创新之间的关系更强；对外多资产对创新的影响在独立企业中更加显著；流动加显著；同一集团的子公司研发集团中研发焦点不同，彼此之间不太可能引用他人专利
Hsieh, 2010	资源共享理论、内部资本市场理论	2001—2003年中国台湾企业（4170个）	专利	集团虚拟变量，集团多元化程度，所有权类型，产业对于外部融资的依赖	集团促进了子公司的创新；对外多资金较为依赖的行业，集团与创新之间的关系更为显著；集团多元化与企业创新正相关；集团成员绩效创新有正向影响，联对创新绩效有正向影响
Mahmood, 2013	产业组织理论	1981—1998年中国台湾企业集团（263个）	专利授权、申请数目	买方—卖方密度、市场发展	集团内部的买卖方最初有利于创新，但后期来限制了创新；集团内部结构对技术创新产生影响
Guzzini, Iacobucci, 2014	内部资本市场理论、知识溢出理论、资源分享理论、制度理论	2001—2003年意大利制造企业（3200个）	研发倾向、研发强度、成员企业独立性、知识溢出	集团隶属，集团多元化程度，母公司对子公司	相较于独立企业，集团企业呈现更高的研发度；多元化程度较低的集团委托代理问题降低；由于家族企业管理的独立性低，因而集团多元化与子公司间知识溢出正相关。相对于母公司而言，子公司更能够从知识溢出中获益；研发管理的独立性能够促进子公司研发

第二章 研究综述与相关理论

续表

作者	理论	分析数据	因变量	自变量	主要结论
Wang, Kafouros, 2014	制度理论、交易成本理论、资源基础观、政治经济理论	2005—2007年中国工业企业数据库	创新产出	集团隶属、政府层级、国家持有比例、地区市场化程度	隶属于更高层级政府的企业集团对研发的正向影响较高的企业集团对研发的正向影响更显著；政府持股比例较高的企业集团对研发的正向影响更显著；市场化程度较高地区的企业集团对研发的正向影响更显著
Choi, 2014	制度理论、内部资本市场理论、信息不对称理论	1994—2006年韩国制造业86家企业集团和359家独立企业	研发密度	集团隶属、制度变迁的两个阶段	制度变迁改变了独立企业在研发方面的融资约束，这比集团企业更明显。独立企业不能有效转化制度变迁带来的优势，更好理解了制度演化对研发的影响
Manikandan, 2014	制度漏洞视角	1994—2010年印度制造业企业（13765个）	子公司成长机会	集团隶属、集团多元化程度、多事业部	集团两个特征：多样化投资组合和多主体组织结构。多元化投资给子公司更强的感知和获取机会的能力，制度变革也使得集团子公司获得资本能力更强
Chittoor, 2015	内部资本市场理论、制度漏洞理论	1994—2009年印度企业（10452个）	绩效	集团隶属度、资本市场参与程度、资本市场发展	资本市场参与程度与绩效之间的影响在集团隶属企业中更加显著；随着资本市场的发展，集团隶属度与绩效之间的关系增强

· 67 ·

5. 研究评述

企业集团是扮演多个角色的市场主体，可以是制度基础、经营方式、组织结构或中间组织等，不同的角色发挥不同的作用。在分析了相关解释理论及已有研究后发现，企业集团与内外部环境因素共同作用于企业技术创新，不能孤立地探讨两者之间的关系。已有研究多关注在集团公司不同管控模式下，内部资本市场、知识溢出以及资源配置等对成员企业研发活动的影响，而忽略了嵌入在社会网络之中、与成员关联最紧密的集团网络。已有研究首先从内部资本市场缓解成员融资约束、降低信息不对称、提升资源配置效率等角度论证了集团隶属的研发优势；其次分析了集团成员企业之间的知识溢出对成员企业研发的促进作用；最后阐述集团整体层面多元化战略、政治关联和集权程度对成员研发的影响。循着已有研究脉络发现，尽管关注了集团化经营特性，却未能揭示集团内资本契约之外的其他关联，并且由于关联的隐性特征，现有研究已进入瓶颈。随着成员数量日益扩张和集团经营复杂化，现有理论的解释已呈现不足。因此，需要以新的更符合实际的理论视角来研究集团内部成员之间的关系及运营。

社会网络与技术创新研究亦呈现缺陷。由于网络边界界定的模糊性以及测量的复杂性，导致鲜有文献从整体网络视角分析结构嵌入与技术创新关系，大都以自我中心网络视角关注以某个企业为中心的辐射网络。因此从整体网络结构嵌入特征来看，仍呈现不足。

企业集团因各国制度和经济差异而呈现不同，中国学者更应关注中国情境下，企业集团与技术创新的特殊问题。例如中国企业集团较国外相比，集团层级控制明显，且控股股东持股比例较高，该治理结构对技术创新的影响有待探索；另一个研究现状是，研究中国企业集团的文献选取样本的时间过早，而现今中国上市公司普遍为集团附属，因此未来研究不在于企业集团是否促进创新，而在于集团内部结构和机制如何导致成员企业技术创新差异。

第三章 企业集团网络特征和作用

企业集团相关研究涉及了企业集团产生原因与结构、集团控制权分配及管理模式、集团与政府和市场等其他群体的交互作用、集团内部资本市场分析、集团优势产生机理和影响中介等。然而已有文献并未注意到,随着企业集团经营形式的发展和与市场的磨合,越来越多的成员企业之间呈现股权持有之外的信任和互动,呈现网络结构和关系等特征。子公司不只是部门式的任务接受者和执行者,而是能动影响集团公司决策和集团发展的独立行为主体。集团公司与子公司之间存在客观相互依存网络关系,但关注这种关系的研究凤毛麟角。基于此,本书有必要深入分析企业集团的网络特征和作用机理,形成对企业集团系列研究的有益补充。

一 集团整体网络与子公司双重网络嵌入

网络研究最大的不同之处在于,不仅关注行动者的个体属性(公司的能力、资源、盈利等),更集中于行动者与个人、群体和组织之间的关系及其形成的网络。在企业集团中,即探讨集团公司与子公司的决策和行为如何受到子公司在集团网络中的位置、结构及关系等的影响。

依据张闯的观点,将网络分析分为三个视角[①]:自我中心网络(Ego-

[①] 张闯:《管理学研究中的社会网络范式:基于研究方法视角的12个管理学顶级期刊(2001—2010)文献研究》,《管理世界》2011年第7期。

centric Network）、整体网络（Whole Network）和二元关系（Dyadic Relationship）分析。自我中心网络是以某企业为核心行动者，研究以该企业为中心辐射出去的社会网络，如研究与企业相关的社会关联、董事网络、利益相关者关联、形成联盟的数量等。例如，企业研发合作关系网络，是将所有与企业有过研发合作的组织统计出来，而这种具体化测量会受到认知范围和主观模糊性的限制，即从企业主观角度了解和认识的关系中去寻找。二元关系则考察两个企业之间关系的性质和内容对企业决策和行为的影响，如关系嵌入、政治关联、关系强度、信任程度等。杨震宁等研究了在创业过程中企业与合作方、投资者、债权人等在关系四个维度上的嵌入程度对创业资源获取的影响[1]。整体网络研究则弥补上述两种视角的不足，自我中心仅以企业为核心去观测网络，存在偏差；二元关系只探索了两个企业主体之间的关联，不够完善。整体网络研究则可以通过较为清晰的网络边界，深刻分析企业在整体网络中的网络中心度、嵌入程度，同时也可以从整体网络视角研究网络规模、密度和中心性对网络节点成员的影响。然而整体网络的研究并不成熟，因为整体网络需要明确网络边界，Provan 等研究了地区某产业所有企业形成的整体网络特征，这个边界是以产业来界定的[2]。事实上，许多研究网络中心度、网络嵌入的文献并没有清晰的网络边界，只是简单对已有量表的"拿来主义"运用。例如，范志刚等研究了 276 家制造企业网络位置中心度和网络规模对战略柔性的影响，却没有解释清楚在什么网络的中心度以及网络的规模[3]。深入分析已有关于网络中心度、嵌入性和网络密度等的研究，从整体网络视角进行的

---

[1] 杨震宁、侯一凡、吴若冰：《风险投资机构的网络嵌入位置、地位对风险投资阶段选择的影响——基于中国风险投资行业的实证研究》，《研究与发展管理》2021 年第 5 期。

[2] Provan K. G., Fish A., Sydow J., "Interorganizational Networks at the Network Level: A Review of the Empirical Literature on Whole Networks", *Journal of Management*, 2007, 33 (3): 479 – 516.

[3] 范志刚、刘洋、吴晓波：《网络嵌入与组织学习协同对战略柔性影响研究》，《科研管理》2014 年第 12 期。

可靠性分析验证较少。

企业集团作为一个边界清晰的联合体，不仅具有网络的显著特征和功能，而且能够弥补其他视角研究中的模糊性和不确定性。企业集团不仅是具有经济意义的组织，而且是具有社会意义的网络组织。故以企业集团整体网络为基础的研究能够推动整体网络机理的揭示，具有重要意义。企业集团整体网络具有以下特征：集团整体网络是正式建立的、具有目标导向的；由三个及以上成员企业相互联结，促进集团共同目标的实现；集团成员之间的关系并非是分层级的，成员必须有实质的经营自主权；集团网络成员之间的联结是多样的，可以是正式的（如股权、契约）或非正式的（如亲属、交易、人员或财务）。企业集团整体网络边界清晰，按照《企业集团登记管理暂行规定》：集团公司注册资本5000万元以上，并至少拥有5家子公司；集团总资本1亿元以上；具有稳定的联结纽带。整体网络视角下更聚焦于集团网络的结构和进程，包括集团网络对单个子公司的影响、单个子公司对集团网络的影响以及网络之间交互影响。

在从集团整体网络视角进行分析后，从子公司视角来看集团网络。对子公司而言，其所嵌入的社会网络包括两个：一个是在有边界的企业集团中的集团网络嵌入，另一个是对外部没有边界的社会网络的嵌入。内部集团网络嵌入，子公司作为集团成员之一，可以享受集团提供的信息和优质资源、同集团内其他子公司进行业务往来或合作、通过内部资本市场进行资金融通或借贷。以上集团网络嵌入带来的优势，可在较大程度上弥补子公司所处外部市场不完善、信息透明度差、交易成本高昂等问题。显然如果混淆了内部集团网络和外部网络，则会忽视集团机制对子公司的影响，让子公司产生对待集团其他成员与外部独立企业一致的错误认知，将会制约子公司从集团获取机会和资源。因此，有必要区分集团网络嵌入与外部网络嵌入。图3-1为子公司双重嵌入示意图。

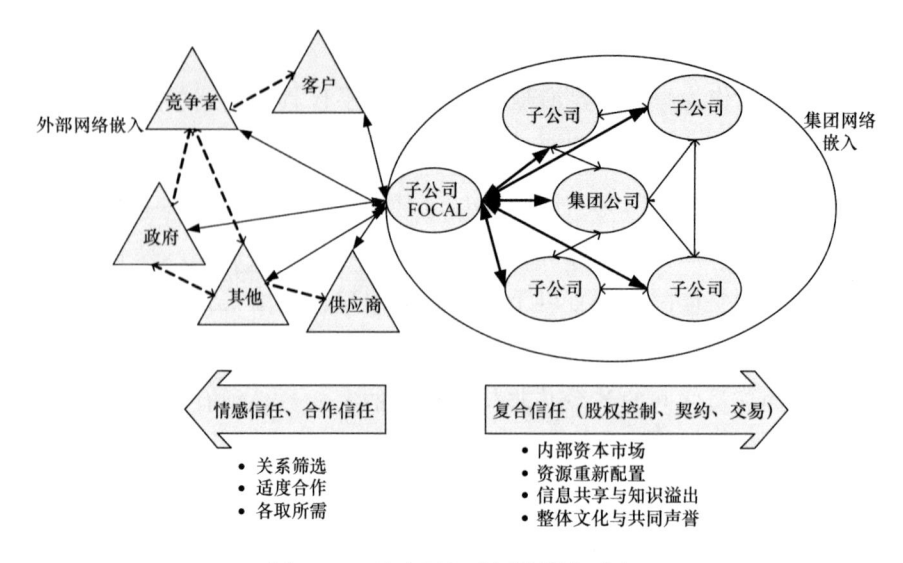

图 3-1　子公司双重网络嵌入示意

注：箭头表示企业与内部其他成员、外部网络主体之间的关联关系。

资料来源：笔者手工整理。

二　企业集团网络关系和结构

节点、节点之间的关系以及由此形成的结构是网络的主要组成部分。企业集团网络的节点是集团公司与子公司。子公司与子公司、集团公司与子公司之间的关系呈现多元化，同时在实践中由于国家制度环境和市场规则的差异，形成了多种多样的集团网络结构。

（一）企业集团网络节点之间的关系

企业集团网络之间的关联关系包括：产权关系、市场交易、董事兼任、亲属和朋友关系、技术关联和其他契约关系。Guillen 认为，集团网络多样性的关联关系不仅影响子公司的角色和作用，还影响组织内部资源和控制权分配[①]。

[①] Guillen M. F., "Business Groups in Emerging Economies: A Resource-based View", *Academy of Management Journal*, 2000, 43 (3): 362-380.

产权关系反映了集团内部成员之间的股权持有关系，是企业集团最普遍、最稳定的联结纽带。该网络关系下成员之间的信任程度最高，目标一致性明确，集体文化最强。股权持有在一定程度上促使成员相互依赖、促进信息和资源的交换。公司之间股权持有形成了互惠，使高层级公司能够通过控制权对子公司形成影响。产权关系的捆绑效应将集团成员置于共同声誉之下，可一起抵御市场的不确定性以及竞争威胁，共同完成独立企业难以实现的经营或研发目标。Yiu 等认为，股权持有增强了成员之间的监督，在既有的信任基础上，完善的监督提高了子公司运营效率，进而提升了集团整体利润[1]。当然，产权关系的劣势在于，资源总是掌握在股权所有者手中，限于社会人决策的有限理性，难以掌握全面信息，在资源配置方面可能呈现主观偏差。

董事连锁也是企业集团主要纽带之一。董事连锁指子公司的董事同时担任集团公司或其他子公司的董事或高管的情况。陈仕华等发现隶属于集团的上市子公司之中，一半以上存在高管同时在成员企业中兼任的情况[2]。董事连锁现象被称为企业之间的网络。尽管董事连锁是非所有权控制，但在集团网络协调和控制力方面发挥了重要作用，包括共同行动、子公司之间的接洽和监管、合法性运营、管理经验互享和集团凝聚力。例如，周建等发现具有董事连锁的集团，能够显著促进集团网络中的信息流动和知识溢出，有效促进集团研发[3]。在海信集团中，周厚健同时兼任集团董事长、海信电器董事以及海信网络科技有限公司董事长。在总部和网络科技中的兼任，使得作为新兴产业的网络科技公司在资源和技术方面获得了集团的充分理解和大力支持，同时网络科技公司的发展又为海信电视等网络智能化提供了便利。以海信集团为例，部分董事连锁如图 3-2 所示。

---

[1] Yiu D. W., Lu Y., Bruton G. D., et al., "Business Groups: An Integrated Model to Focus Future Research", *Journal of Management Studies*, 2007, 44 (8): 1551-1579.

[2] 陈仕华、姜广省、卢昌崇：《董事联结、目标公司选择与并购绩效——基于并购双方之间信息不对称的研究视角》，《管理世界》2013 年第 12 期。

[3] 周建、秦蓉、王顺昊：《连锁董事任职经验与企业创新——组织冗余的调节作用》，《研究与发展管理》2021 年第 5 期。

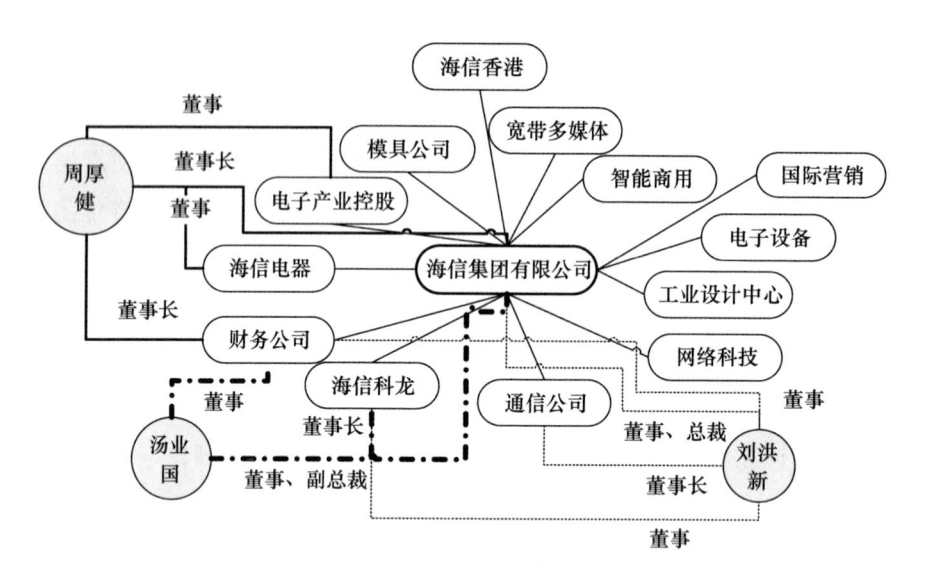

图 3-2 集团俱乐部式网络结构和部分董事连锁示意

注：椭圆为海信集团内的子公司，圆圈内为兼任高管。
资料来源：笔者手工整理。

社会关联形成的企业集团中，社会关联是子公司之间交易、合作、信任和协同的基础。社会纽带为集团资源共享、产品交易提供了便利渠道。通过既有的交易和关系，建立子公司之间稳定的信任关系；通过社会关联组成企业集团，进而有利于子公司共同面对市场风险、有利于降低成本。社会关联与产权持有不同，管理者更需要协同彼此利益和行为，实现共同利润或成长。社会关联形成了一种类似团体或俱乐部式的网络关系，促使成员企业积极参与、作出贡献。例如，Guzzini 和 Iacobucci 发现，在意大利和德国，许多企业集团基于家族血缘关系形成，真正激发集团网络活力的并非产权关系，而是蕴藏于显性关系之下的社会关系[1]。社会关系不仅能使子公司优先接触资源，还能促进集团内部规章制度的建立与推行。不同子公司高管之间的个人友谊、合作或竞争经历、同乡

---

[1] Guzzini E., Iacobucci D., "Business Group Affiliation and R&D", *Industry and Innovation*, 2014, 21 (1): 20–42.

同村同校关系等都有助于子公司之间构筑社会关联。

(二) 企业集团网络结构

从组织结构视角分析，企业集团网络可分为俱乐部式和金字塔式的网络结构；从战略发展来看，企业集团网络分为多元化网络和一体化网络。基于企业集团概念，集团网络内部节点可分为以下层次：第一层为核心企业（Parent/Core Company），即集团公司（或母公司或控股公司）；第二层为紧密层企业，即控股子公司，由集团公司直接或间接控股的所有子公司，这是形成集团网络并决定网络结构的主体；第三层为半紧密层企业，包括集团参股企业以及其他受集团章程约束与集团有稳定协作或契约关系的成员企业。

Khanna 和 Yafeh 认为，金字塔结构是企业集团区别于其他组织最显著的特征[1]。企业集团网络呈金字塔结构的特点包括：集团公司控制 1 级子公司，1 级子公司控制 2 级子公司，依此类推，所有成员形成自上而下的控制权，同一层级子公司之间联系较少，子公司层级越高，控制的子公司越多。根据已有研究来看，韩国、泰国、土耳其、马来西亚和墨西哥等地企业集团均为金字塔网络结构。集团采用金字塔式的网络结构，主要连接纽带为股权持有，其优势在于集团公司能够通过有限的资金控制更多的企业，从而控制更多资源，形成"多钱"和"活钱"效应。这种结构能够有效弥补不发达市场下信息不对称及融资困难等问题。金字塔网络能够使位于集团上层的企业更关注行业信息变动，而这些行为有利于下层企业。集团金字塔网络结构如图 3-3 所示（以中国南方航空集团为例，为便捷略去子公司之间的关联关系）。

与金字塔网络结构不同的是俱乐部式的集团网络结构，包括交叉持股、环状持股、契约联盟等。俱乐部式集团网络特征为：集团公司几乎与每个子公司直接关联，不通过较长的控制链。日本财阀体系形成的集

---

[1] Khanna T., Yafeh Y., "Business Groups and Risk Sharing around the World", *The Journal of Business*, 2005, 78 (1): 301–340.

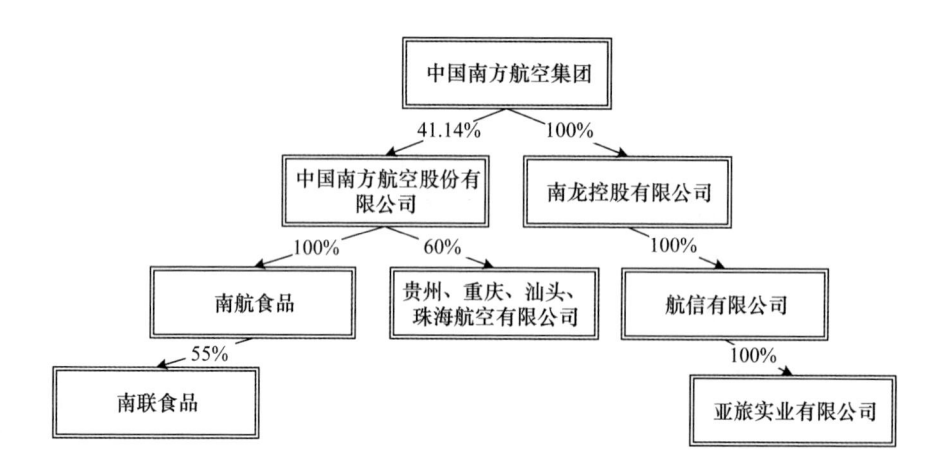

```
                    ┌──────────────────┐
                    │  中国南方航空集团  │
                    └──────────────────┘
                     41.14%↙      ↘100%
          ┌──────────────┐    ┌──────────────┐
          │中国南方航空股份│    │ 南龙控股有限 │
          │   有限公司    │    │     公司     │
          └──────────────┘    └──────────────┘
         100%↙      ↘60%            ↓100%
   ┌────────┐  ┌──────────────┐  ┌──────────┐
   │南航食品│  │贵州、重庆、汕头│  │航信有限公司│
   │        │  │ 珠海航空有限公司│  │          │
   └────────┘  └──────────────┘  └──────────┘
      ↓55%                            ↓100%
   ┌────────┐                    ┌──────────────┐
   │南联食品│                    │亚旅实业有限公司│
   └────────┘                    └──────────────┘
```

图 3-3　集团金字塔网络结构示意

注：图中箭头上的数字表示上级公司对下级公司的持股比例。
资料来源：笔者手工整理。

团包括三井、三和与三菱等均呈现交叉持股的结构，集团成员遵守市场交易准则，较少利用内部市场。在欠发达地区，企业集团更为普遍，俱乐部式的企业集团网络，更可以催生"信任"，以弥补制度不完善和契约不完备。汤谷良等调研发现，华润集团总部直接管理25个子公司，对子公司战略、人事、资金、评价和协调实施统一管理，是典型的俱乐部式集团网络[①]。集团俱乐部式网络结构如图3-2所示（以海信集团为例，为便捷略去子公司之间的关联关系）。

从战略角度来看，企业集团选择多元化发展结构，不同子公司涉及不同产业，由集团公司统一规划。多元化是集团降低风险的一种手段，当集团的企业家资源、技术资源足够丰富，且在主营业务范围之外仍能够有效配置时，那么多元化对集团是有益的。市场越不发达，多元化结构的企业集团就会越普遍。与制度不完善的外部市场相比，多元化结构有效改善了内部市场、降低了风险、提供了劳动力培训、形成资金融通，

[①] 汤谷良、王斌、杜菲等：《多元化企业集团管理控制体系的整合观——基于华润集团6S的案例分析》，《会计研究》2009年第2期。

人财物在不同产业的子公司之间形成合理配置，降低了冗余。在美国等发达国家，集团多元化结构在一段时间内呈现折价；但在新兴经济体中，集团多元化结构往往比外部资本市场更有效，表现为促进绩效。

与企业集团多元化结构相对应的是纵向一体化。不完善的法律制度、高昂的签订及履约成本、透明性差的政府以及低效的市场是促使集团采用纵向一体化结构的主要原因。当与供应商交易成本不断攀升时，家族、朋友或其他社会长期关系能够有效降低交易成本。但对智利的研究发现，集团采用纵向一体化的原因在于获得垄断优势和垄断利润。在对阿斯特拉（Astra）集团的访问中，Khanna得知Astra集团采用纵向一体化的原因也在于成为制定行业规则的垄断者。可见，当企业集团试图克服外部市场问题或意欲占据行业垄断地位时，往往会采用纵向一体化的结构。

三 企业集团网络分析维度

上述分析中提到现有网络研究主要分为"自我为中心的网络"和"整体网络"两个维度，其中"自我为中心"的研究是以单独企业为中心，探索其社会关系和结构等产生的影响。沿此脉络，本书将企业集团网络的相关研究分为2×2个维度，表明存在四种不同类型的集团网络研究（见表3-1）。

表3-1　　　　　　　　企业集团网络分析维度

影响因素维度	被影响因素维度		涉及的变量
	子公司/集团公司	企业集团/集团网络	
子公司/集团公司维度变量	Ⅰ.子公司之间、集团公司对子公司的影响	Ⅱ.单个成员对集团网络的影响	子公司结构/关系嵌入、中心性、关系强度/多样性、信任和承诺
集团内关系或集团网络结构	Ⅲ.集团网络对子公司的影响	Ⅳ.成员关系或结构对企业集团/集团网络的影响	集团网络规模、密度、连接数量、结构洞

第一维度，通过子公司或集团公司个体特征解释对其他子公司现金流、绩效、创新、合作、跨地区经营的影响。例如，集团公司对子公司的信任解释了资源分配倾向，子公司资源或盈利能力解释了所获得的优先合作和联盟的机会。Chang 等研究发现，A 子公司（Focal Subsidiary）技术创新受到 B 子公司技术创新能力和融资约束的影响[①]。同样地，集团其他子公司的现金流和盈利能力显著对集团上市子公司绩效产生影响。

第二维度，通过子公司或集团公司水平的特征变量和行为解释对企业集团或集团网络的影响，例如集团网络的结构、稳定性和效率。集团公司政治关联越强，与其关联的政府层级越高，整个企业集团的业绩越好。该类研究涉及跨层次分析，文献较少，其中子公司要素和特征对集团网络的影响研究几乎处于空白。

第三维度，更加聚焦网络维度特征，具体为集团网络的不同结构和关系对子公司或集团公司的影响。集团网络规模越大越活跃，子公司面临的融资约束越低，成长性越好。在制度环境差和市场落后的地区，集团网络发挥缓冲作用，能够提升子公司对风险的应对能力。鉴于集团整体网络特征的描述较为困难，因此该维度研究还处于初级阶段。本书聚焦于子公司在集团网络中的结构和关系，探索了子公司与集团公司关系差异，对子公司研发的影响，属于该维度研究。

第四维度，研究多层次企业之间的互动以及结构变化对集团网络的影响。例如，集团不同的关联关系对网络结构形成与演变的影响，产权关联形成的集团是否更倾向于金字塔结构，社会关联形成的企业是否更倾向于俱乐部式结构。已有的类似研究如张会丽等发现集团公司与子公司之间现金分布越分散，企业集团整体的过度投资越严重[②]。

从集团网络分析维度来看，已有研究多聚焦于第一领域且较为成熟，

---

① Chang S. J., Chung C. N., Mahmood I. P., "When and How does Business Group Affiliation Promote Firm Innovation? A Tale of Two Emerging Economies", *Organization Science*, 2006, 17 (5): 637–656.

② 张会丽、陆正飞：《现金分布、公司治理与过度投资——基于我国上市公司及其子公司的现金持有状况的考察》，《管理世界》2012 年第 3 期。

而对于集团网络结构是由哪些因素影响、并如何作用于子公司的分析还较少,限于研究工具和数据,可通过大数据探索来验证第二、第三维度的机理,通过案例研究分析其影响。

四 企业集团网络作用

企业集团网络作用主要包括制度互补作用、风险缓冲作用、动态协同作用。

(一)集团网络的制度互补作用

早期研究认为,企业集团应不完善制度而生、弥补了制度缺失、解决了制度不一致和不完善。制度包括法律、政治因素、规则、道德规范和文化。

当企业所处地区法律较为落后、知识产权保护不够、反不正当竞争条例欠缺、法务透明性较低或执法不严、效率低下时,企业常暴露于被模仿、被侵犯的外部威胁中。此时集团网络形成规模较大谈判力较强的系统,可通过集团网络的保护[1],采取更多手段预防侵权行为,集团公司也能为子公司提供诉讼支持等,从而形成对制度的补充。

集团成员所具有的政府关联,能够通过集团网络形成放大效应,从而形成对政治制度的补充。例如在中国政府促进大企业联盟和兼并的过程中,成立了许多企业集团。政府掌握一些重要技术和稀缺资源。企业集团将优先获得这些资源,进而通过内部市场在子公司之间配置。越是在政治不透明的新兴经济中,企业集团越能通过寻租和网络建立竞争优势。

文化环境影响企业经营。如果一个地区的文化和道德水平低下、企业履行社会责任意识淡薄,则企业可能争相无节制开采资源、无视生产对环境的污染、员工福利和获得感难以实现。企业集团网络的存在,会

---

[1] Chang S. J., Chung C. N., Mahmood I. P., "When and How does Business Group Affiliation Promote Firm Innovation? A Tale of Two Emerging Economies", *Organization Science*, 2006, 17 (5): 637–656.

将好的文化氛围和道德意识在网络内部传播，从而在集团内建立和谐的文化氛围、环境友好的生产机制以及效率和幸福感并存的经营模式。此外集团网络文化本身就是一个群体文化，在得到客户和消费者认可之后对整个行业的影响力也可见一斑。

在资本市场中，落后的资本市场将导致企业获取信息成本增加、财务报告真实性难以确认。刘亚伟等的研究表明，投资者不愿意将资金投至不了解或不熟悉的企业。因此不完善市场的外部融资变得困难[①]。此时集团网络可在一定程度上缓解子公司融资约束。集团网络形成的内部资本市场比外部市场更能获得精确的信息、享有更平等的地位和更公允的价格。集团整体谈判力较强，子公司筹资时可获得集团担保，比独立企业更容易获得外部投资者的认可。从内部来看，集团网络形成资本再配置，将子公司闲置资本配置到亟须资金的项目或成员中，发挥"多钱""活钱"效应。

在产品市场中，由于市场发展的不完善，企业可获得信息严重匮乏。表现在企业之间沟通渠道和基础设施不完善、信息真假难辨、消费者意见没有渠道反馈等。信息不对称引致市场交易成本进一步增加，同时形成品牌影响力需要付出更多的代价。而集团网络则可以利用共同声誉，摊薄每个子公司的宣传费用。此外，由于声誉损害造成的影响波及网络中每个成员，也会使得成员因损害成本过大而更加维护集团声誉和品牌。

在劳动力市场上，企业集团网络起到一定替代作用。劳动力市场缺失表现为市场难以提供有价值的劳动力，难以真实反映劳动力供给情况、劳动力市场价格等。例如 Khanna 和 Yafeh 发现 21 世纪初美国每年有 600 所职业学校向市场供给人才，而泰国仅有寥寥十几所[②]。集团网络则可以通过内部培训和内部人力资源流转，弥补外部缺陷。企业集团举行大规模的培训，使每个子公司受益，同时产生培训的规模效益，降低单位

---

① 刘亚伟、张兆国：《股权制衡、董事长任期与投资挤占研究》，《南开管理评论》2016年第1期。

② Khanna T., Yafeh Y., "Business Groups and Risk Sharing around the World", *The Journal of Business*, 2005, 78 (1).

成本。此外，集团网络也可扩散子公司用人需求，优先录取或晋升集团内部人员。笔者访谈时发现，海信集团形成了良好的内部人力资源流动市场，平均每年流动人员达到3万人，是对外部人才市场的有益补充。

(二) 集团网络的风险缓冲作用

如同蜘蛛网可以抵御风暴和剧烈挣扎一样，集团网络亦能够发挥缓冲和避风港的作用。当处于金融波动或危机时，独立企业没有足够的防范措施，往往会受到极大影响。2008年国际金融危机爆发，市场资金匮乏，许多企业因资金链断裂不得不宣告破产或被收购。集团网络则能够为子公司提供第一层防御，集团成员共同面对危机，子公司之间互相帮助，向最困难的子公司形成资源倾斜。Khanna和Yafeh在分析韩国和泰国企业集团特征时就提出，集团的另一重要功能在于风险共享，集团网络增加了子公司风险承担能力。通过集团网络从经营状况良好的子公司向困境子公司转移资源，可将困境子公司隔离在风险之外[①]。Prowse早在1992年证实子公司存在相互帮助以实现集团的长远发展。财务危机更能体现子公司团结应对外部风险。企业集团发挥网络作用、应对风险的主要方式包括集团内部交易、现金注入、债务担保、权益投资以及社会关系共享等。因此本书认为，集团网络避免子公司直面风险，增强了子公司风险承担和抵御能力，起到了缓冲作用。

(三) 集团网络的动态协同作用

集团网络还发挥了动态协同作用。通过集团网络，可实现子公司之间对资产资源的共同使用，形成规模经济。陈志军等将集团网络动态协同分为互补型协同和共享型协同[②]。互补型协同主要体现在纵向一体化网络以及研发生产匹配的子公司之间。例如即时生产模式下，通过集团

---

① Khanna T., Yafeh Y., "Business Groups and Risk Sharing around the World", *The Journal of Business*, 2005, 78 (1).
② 陈志军、徐鹏、王晓静：《研发战略一致性与研发协同关系研究——沟通机制的调节作用》，《财贸研究》2014年第3期。

网络实现信息的无延迟传递、物流运输与生产组装的配合，从而实现协同效应，降低仓储成本和库存。此外互补型协同还涉及子公司之间分工协作研发或生产产品的不同组成部分。例如海信电器电视机显示屏、模组以及智能操作系统是由不同子公司分别生产，通过海信集团网络，将不同的生产或客户需求发送至海信电器、海信模具、网络科技公司，再由集团网络进行过程监管与信息反馈，最终由其他子公司配合、由海信电器完成组装和销售。集团网络为内部协同提供了平台和支撑，使得动态协同成为集团优势的主要来源。

共享型协同主要是通过集团网络实现子公司之间资源的共享，包括共同和协同使用生产设备、厂房、统一信息和财务管理系统，从而减少资源浪费、降低管理成本。冯自钦通过中国制造业企业集团财务系统分析发现，使用统一财务核算和控制系统的集团，能够消减账务冲突、减少财务风险、促进内部协调，实现长期和短期、整体与部分的财务协同[①]。集团网络发挥动态协同作用在子公司之间存在差异，位于中心地位的子公司能够成为网络协同的核心，最大限度获取协同收益。由此可见，集团网络不仅增加了稳定性，更发挥了灵活协同的作用。

五 本章小结

深入分析企业集团网络结构，揭示了实践中子公司互动的特点和规律。本章中，集团清晰的边界范围为整体网络研究开拓了一个新视角。集团网络节点之间的关系包括产权关系、市场交易、董事兼任、亲属和朋友关系、技术关联和其他契约关系。集团网络结构可以划分为金字塔式、扁平式或俱乐部式结构。从影响与被影响因素的不同层次出发，集团网络分析包括四个维度。集团网络发挥了制度互补作用、风险缓冲作

---

① 冯自钦:《企业集团多维价值效应矩阵评价研究——基于财务协同控制的模型设计及实证分析》,《科研管理》2013 年第 7 期。

用和动态协同作用。对子公司而言，子公司不同于独立公司，既嵌入于集团网络，享受集团网络可能的优势，又嵌入在外部网络，在不同网络中受到不同影响。通过本章分析，更加清晰地理解和认识集团网络，并揭示集团网络发挥作用的机理。

第四章 理论模型与假设

一 子公司在集团网络中的嵌入动因分析

已有文献充分阐述和验证了子公司嵌入的多重后果,然而鲜有文献涉及子公司内部嵌入的前置影响因素。这会存在一个问题:即使我们知道增加对企业集团网络的嵌入有助于子公司获取资源、共享知识和提高绩效,可是,子公司在何种情况下以及如何增加其嵌入却无法获得回答。

依据 Granovetter 的嵌入理论[①],参考张闯所提出的观点:"网络结构受到网络内部与外部因素、相互嵌入的不同层面的网络结构要素,以及行动中自身的属性等因素相互作用"[②],本书将影响子公司嵌入程度的因素分为集团外部因素(包括市场因素以及不同层面的网络因素)、集团内部因素以及子公司自身属性。集团外部因素包括子公司行业地位、子公司本地市场嵌入、子公司面对的供应商议价能力和客户集中度。集团内部因素包括集团的集权程度、集团规模、集团行业重叠程度。子公司层面因素包括子公司比较盈利能力、融资约束和冗余资源。基于五力竞争模型分析集团外部因素,主要指子公司所面对的集团外部的环境因素,如本地市场、同业竞争者、供应商和客户。外部的竞争环境会对企业资

[①] Granovetter M., "Economic Action and Social Structure: The Problem of Embeddedness", *American Journal of Sociology*, 1985, 91 (3): 481–510.

[②] 张闯:《管理学研究中的社会网络范式:基于研究方法视角的 12 个管理学顶级期刊 (2001—2010) 文献研究》,《管理世界》2011 年第 7 期。

源和运营产生影响，进而逼迫企业寻找新的途径改善外部劣势，在这种逻辑下，子公司会增加对企业集团网络的嵌入程度。此外，子公司存在多重网络嵌入（本地网络、国内网络和海外网络等），企业集团只是其中的一个网络。子公司精力有限（注意力有限理论），当其对本地市场网络的嵌入增加时，会降低对企业集团网络的依赖，进而降低集团网络嵌入。从集团层面因素来看，集团网络黏性（集权程度）会增加子公司对集团网络的嵌入；集团网络资源的多样性能够提供资源或提升合作的质量，进而提升子公司嵌入的意愿；集团网络内子公司的相对地位也决定了子公司在集团网络中的话语权，因而改变子公司嵌入所能获得的收益。从子公司层面因素来看，子公司自身能力的增强会减少对外部的依赖，包括集团网络，进而降低集团对其控制，降低子公司对企业集团的嵌入。此外，子公司对愿景的规划和创业的导向也会影响子公司所希望嵌入的环境，进而影响子公司嵌入决策。内外部因素对子公司集团嵌入程度的影响模型如图4-1所示。

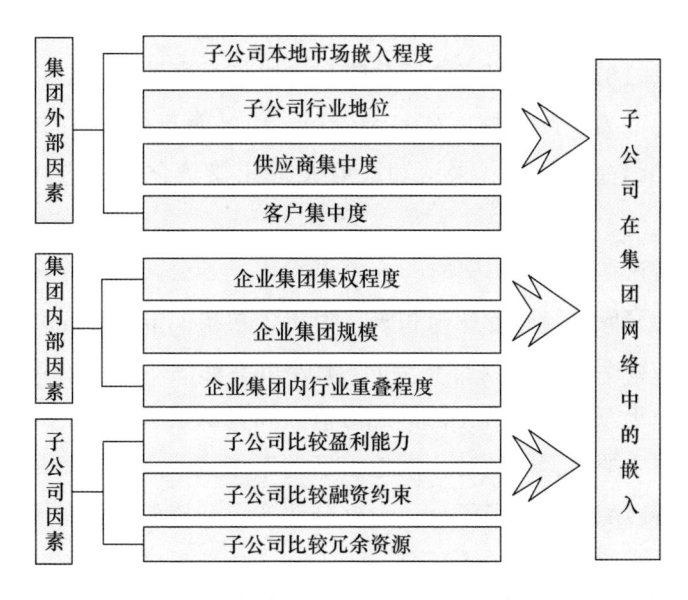

图4-1 内外部因素对子公司在集团网络中嵌入程度的影响

(一) 集团外部因素对子公司嵌入的影响

1. 子公司本地市场嵌入与子公司嵌入

企业处于多重网络之中,如外部供应链网络、合作研发网络、产业联盟网络、协会网络和企业集团网络等,其中有的网络密度高、关系密切且张力大,能够给子公司带来更多经营利益。对于上市子公司而言,同时嵌入在本地市场和企业集团网络中。这两个网络既有相同又有相异。子公司在本地市场的份额,反映了子公司对外部当地市场的投入程度。本地网络可以帮助子公司发现、吸收和利用本地知识与资源,能够为子公司提供接触市场需求的一手信息并帮助子公司提高核心竞争力。例如,张竹等发现,通过对本地网络的渗入,子公司可以充分了解当地市场环境、潜在机会和本地客户需求,进而对当地资源进行有效利用,对子公司内部资源进行优化配置,为子公司决策提供依据①。此外,Li 发现,子公司的总部在东道国(当地)中享有很高的地位时,东道国政府将对外国子公司给予高度评价,同时由于较高的地位会使得子公司具有较高的声誉和信誉,了解这一点的东道国政府将热切希望与这样信誉卓著的企业建立联系②。故而在本地市场中嵌入程度高的子公司,还可能获得较多的政府支持。这些本地的信息、资源、渠道和政府关系往往是企业集团网络无法提供的。

子公司在本地和集团中的嵌入可以看作是子公司的两个角色,虽然两个角色的完成都与商务往来相关,但子公司集团嵌入还受到了行政和战略义务的影响(如股权持有等)。子公司本地嵌入对子公司集团嵌入的影响来源于三方面。第一,子公司精力和资源是有限的。当本地市场是子公司主要的经营区域时,本地市场的市场变动、需求和供应、技术研发与市场匹配等占据了子公司大部分注意力和资源,此时子公司难免

---

① 张竹、谢绚丽、武常岐等:《本土化还是一体化:中国跨国企业海外子公司网络嵌入的多阶段模型》,《南开管理评论》2016 年第 1 期。

② Li A., "Foreign Subsidiaries' Status: Distinctive Determinants and Implications for Subsidiary Performance", *Thunderbird International Business Review*, 2018, 60 (4): 699 – 708.

顾此失彼，较少维系与集团成员之间的关系，减少对集团网络的嵌入。Ciabuschi 等认为，子公司在外部市场投入越多，越没有精力嵌入在集团网络之中①。Helble 和 Chong 认为，子公司嵌入在外部市场程度较深时，它从集团中获得资源的动机和需求都会减弱②。

第二，本地市场和集团网络能够提供的资源、业务和利益均有不同。彭伟等发现嵌入本土市场能够帮助子公司获得非公开的政策和潜规则，以便于建立政治关系、获得政府资助或政府订单③。子公司对两个环境中的这些不一致进行协调、管理和融合时，需要投入较多的时间资源，尤其是这些融合涉及公司的长远发展和研发活动时，就会给子公司产生巨额的协调成本。为了降低这种协调成本，当子公司在本地市场投入较多时，就会降低对集团网络的嵌入。公司同时保持对本地网络和企业集团网络的深度嵌入是一项挑战，维系两者之间关系的变化会给子公司带来极大的压力④。本地网络嵌入与企业集团网络嵌入属于双元关系，子公司对本地网络的嵌入必然会降低对集团内部的投入。如同杨敏利等的发现"风险投资机构嵌入维护不同网络关系时，需要耗费巨大的成本，其承担的压力会大于品质信号的价值"⑤一样，子公司嵌入本地与集团网络时，过度要求同时嵌入两个网络，子公司所承担的压力和成本也会高于其可能获得的价值增值。

第三，本地市场和集团内部形成的市场，拥有不同的制度壁垒（合法性规则、运营规则），那么子公司在两个市场中获取资源，就要遵循

---

① Ciabuschi F., Holm U., Martín O. M., "Dual Embeddedness, Influence and Performance of Innovating Subsidiaries in the Multinational Corporation", *International Business Review*, 2014, 23 (5): 897–909.

② Helble Y., Chong L. C., "The Importance of Internal and External R&D Network Linkages for R&D Organisations: Evidence From Singapore", *R&D Management*, 2004, 34 (5): 605–612.

③ 彭伟、符正平：《联盟网络、资源整合与高科技新创企业绩效关系研究》，《管理科学》2015年第3期。

④ Gammelgaard J., McDonald F., Stephan A., et al., "The Impact of Increases in Subsidiary Autonomy and Network Relationships on Performance", *International Business Review*, 2012, 21 (6): 1158–1172.

⑤ 杨敏利、丁文虎、郭立宏、Marcus Feldman：《双重网络嵌入对联合投资形成的影响——基于网络信号视角》，《管理评论》2018年第2期。

各自市场中的规则。当子公司依赖于本地市场时，就会降低从集团网络中获得资源的需求。此时，子公司已经形成了获得外部资源的一系列流程、规范和经验等，而这些可能不适用于集团内部，因此子公司很难从集团获取资源。倘若子公司再建立一套适用于集团内部的规则流程，则会较大程度增加子公司管理成本。同时追求两种网络特征会导致管理上的困难和低绩效。因此，为了降低管理低效，子公司不会长期维持两种网络特征，当本地网络嵌入程度较深且能为子公司带来良好的绩效时，子公司会限制与企业集团进行往来的项目和交流，进而降低对集团网络的嵌入。综上所述，子公司在本地市场份额较高时，更倾向于嵌入在本地市场中，而减少对集团网络的嵌入。故提出假设：

H1：子公司在本地市场的销售份额与子公司嵌入程度负相关，即子公司在本地市场投入得越多，子公司在集团网络中的嵌入越少。

2. 子公司行业地位与子公司嵌入

社会网络理论认为，网络中节点的行为规则来源于位置而非动机，现有研究缺乏网络内部关系类型和关系强弱（节点间关系的异质性、嵌入的其他网络特征）对整体嵌入的影响。子公司行业地位指子公司在同一行业的等级序列中所处的位置和获得的声望。子公司在行业网络中的位置会对企业集团整体网络中子公司的嵌入产生影响。具体来看，子公司嵌入以集团网络为核心，受到内外力的影响，表现为网络中"拉"和"推"的力量。"拉"的力量会加深子公司在集团中的嵌入，如集团对子公司重点关注、较多管控、增加业务往来、增加合作和资金拆借等，都会产生被动拉力增加子公司嵌入。当子公司想通过集团获取经验或帮助时，会增加与集团沟通的频率或进行寻租等，会增加主动拉力提升嵌入。"推"的力量一部分来源于子公司自身，子公司想要将自己推出集团网络以降低嵌入，例如子公司认为集团提供的资源不能满足子公司成长需求或研发需求，而外部市场环境则可以提供异质性资源和市场机遇等，那么子公司想减少对集团网络的嵌入，则会增加推力。当集团减少与子公司的往来或选择性忽略该公司,也会产生推力降低该子公司嵌入。子公司发展嵌入程度不仅取决于自身的主动性意愿,还取决于集团允许的余地。内外部要素就是通过影响这两种力量,改变子公司嵌入的。

从集团网络内"拉"的力量来看,子公司所处的行业地位越高,集团内部的网络拉力就越大。当子公司处于行业中"领头羊"的地位时,意味着子公司具有较强的盈利能力,与之相应,子公司能够较好地安排资源、具有丰富的管理经验等,集团及成员想要学习子公司这些经验和获得资源,就会主动地与该子公司有更多的交流,增加它的嵌入。Zaheer和Soda认为,子公司的行业地位是产品质量和企业实力的有效信号,可以吸引政府目光,增加获取资源的可能性[1]。子公司行业竞争优势意味着子公司能够及时获得行业信息动态,是产业中的结构洞,集团渴望通过对子公司的控制,帮助集团获取信息。因此,集团通过多种途径来强化子公司的嵌入。此外,较高的行业地位还意味着较高的公众知名度,吕斐斐等发现处于行业领先地位的家族企业往往具有良好的长期声誉[2]。当子公司是行业标杆时,会吸引集团总部更多的注意力和关注度,集团亦会通过增加对子公司的控制,来获得"声誉"扩散效应。子公司的行业竞争优势是集团考虑是否对该子公司进行重点管理的主要因素,标杆管理、最佳实践管理的对象被要求贡献的机会最多。在一些集团中,子公司行业地位决定了集团总部的注意力投放。当子公司业绩良好且在行业中处于较高地位时,势必会增加集团(母)公司的关注。集团为了能够利用子公司所拥有的资源或信息,可能会要求子公司进行反哺,增加与集团内部成员的业务往来或者资金拆借,即集团公司会努力维持与该子公司的关系,增加其对集团网络的嵌入。Ghoshal和Bartlett很早提及,子公司与当地市场中的合作者的交换密度

---

[1] Zaheer A., Soda G., "Network Evolution: The Origins of Structural Holes", *Administrative Science Quarterly*, 2009, 54 (1): 1–31.

[2] 吕斐斐、朱丽娜、高皓等:《"领头羊"效应?家族企业行业地位与绿色战略的关系研究》,《管理评论》2020年第3期。

决定了子公司在集团中的权力①，子公司甚至能够影响集团内的资源分配。因此，当子公司行业地位较高时，集团网络内的被动拉力增强，促使子公司嵌入程度增加。

从网络中子公司产生的"推"力来看，子公司的推力是降低的。这是因为根据资源依赖理论，当子公司行业地位较高时，其所拥有的能力和资源成为其他成员企业的依赖，子公司获得集团重视，那么就会增加子公司在集团中施加影响和进行决策的权力。Najafi-Tavani 等指出，在集团内部资源再分配的过程中，被重视的子公司拥有更多话语权和"寻租"便利，有更多的声音被听到，更容易接触到集团的稀缺资源，也更容易在集团的协作中培养综合能力②。基于高行业地位带来的网络内的权力和便利，子公司不愿意减弱对集团嵌入。

当子公司所处的行业地位较低时，子公司渴望能够从集团获得支持和帮助，因此网络推力会减弱，子公司想要主动嵌入在集团中，从中以低于市场交易成本的价格获得资金或资源。但与此同时，集团能够从该子公司获得的资源和机会有限，因此会减弱对其关注，采取战略忽视，降低集团网络中的拉力，形成子公司的低嵌入。综上所述，提出假设：

> H2：子公司行业地位与子公司嵌入程度正相关，即子公司具有行业地位越高，在集团网络中的嵌入越深。

3. 供应商集中度与子公司嵌入

依据 Porter 的五力模型，供应商的集中程度反映了供应商对企业的控制权，间接影响了企业利润③。以往对于供应商议价影响的研究分为

---

① Ghoshal S., Bartlett C. A., "The Multinational Corporation as an Interorganizational Network", *Academy Of Management Review*, 1990, 15 (4): 603–626.

② Najafi-Tavani Z., Zaefarian G., Naudé P., et al., "Reverse Knowledge Transfer and Subsidiary Power", *Industrial Marketing Management*, 2015, 48: 103–110.

③ Porter M. E., "Competitive Strategy", *Measuring Business Excellence*, 1997, 1 (2): 12–17.

两个流派,包括对子公司正向和负向的影响。基于交易成本假说,黄千员和宋远方认为供应商过于集中对子公司而言是一种风险,会加剧公司融资约束,面临"敲竹杠"的威胁[①]。基于供应链管理理论,供应链上的集中是协作优势,对整个产业来说,能够极大地提高生产效率,并有利于产业更新升级。这两种不同影响是基于对不同对象的结果,对子公司个体而言可能是威胁,对产业整体而言可能是机遇。基于此,应专门分析供应商议价能力对企业集团网络嵌入的影响。Foss 和 Pedersen 提及子公司的本地供应链关系可以作为其在跨国公司内部创建和转让知识的能力的解释变量[②],子公司个人关系是嵌入性的重要方面,应用到跨国公司环境分析中,子公司个人关系是指本地市场中与供应商、客户、竞争对手等之间的关系。

延循五力模型与产业议价能力视角,过于单一的采购渠道会使得子公司在外部关系中处于劣势,对应的供应商选择范围较窄,更换供应商的成本较高。供应商议价能力使子公司在博弈中处于劣势地位,限制了子公司的自主决策,使得子公司对自己公司生产经营的控制程度减弱,子公司管理者被迫同意供应商增加的要求,在制订生产计划时遵循供应商的交货期限,或丧失对原料价格或采购数量的谈判能力等。供应商议价能力过高不仅会导致子公司短期内生产成本增加、原材料质量下降、资金周转不灵、商业信用运用降低,在长期内还会导致子公司惯性路径依赖和关系锁定效应。为了缓解这种依赖和锁定,子公司必须求助于其他网络(如企业集团网络),以突破供应商导致的现有惰性,改善经营提升利润。

供应商导致的外部威胁增加,促使子公司通过其他途径或者网络寻找可替代的供应商,或提升自身实力以减少供应商约束,增加子公司的

---

① 黄千员、宋远方:《供应链集中度对企业研发投入强度影响的实证研究——产权性质的调节作用》,《研究与发展管理》2019 年第 3 期。
② Foss N. J., Pedersen T., "Transferring Knowledge in MNCs: The Role of Sources of Subsidiary Knowledge and Organizational Context", *Journal of International Management*, 2002, 8 (1): 49 – 67.

自主经营权。这时子公司可能采取以下措施：第一，更换供应商。更换其他供应商需要从集团内部或者集团外部寻找新的原材料供应者。当集团内部有产业相关的成员企业能够为子公司提供价值链前向一体化合作方案时，子公司对企业集团的嵌入程度就会显著增加。当集团内部产业不相关时，子公司需要将视野转至集团外部寻找新的供应商，这时集团已建立的社会网络关系或政治关联共享给子公司，可以极大地降低子公司搜寻成本，拓展现有的供应商名单，增加选择供应商的自主权，降低转换成本，这种情况下也会导致子公司对集团的嵌入程度增加。第二，通过创新内部实现产业链一体化。Tidd发现，公司为了解决其所面对的外部威胁时，往往会采取创新战略改变现状[①]。子公司可以通过利用式创新改变原材料或产品的标准化程度，以增加可选择的供应商范围；子公司可以提高生产效率以减少生产过程中的耗损，在不具有原材料价值制定的情形下，降低成本；子公司可以通过增加设备和人员，促进流程创新，将自己的生产过程进行前向一体化整合。以上这些可采取的创新战略，往往在短时间内需要大量的资金资源支持和人力辅佐，此时子公司为了以较低成本获得支持，可能会向集团求助，进而增加对集团的嵌入。第三，子公司在短时间内无法改变现状时，可能面对供应商威胁导致的融资约束、资金链断裂、盈利为负等情形[②]，从而威胁到子公司的成长甚至生存，这时子公司更有动力增加对集团的嵌入，通过集团内部资本市场及集团共担机制，缓解上述威胁，为长远战略的实现赢得时间和金钱。综上所述，以上三种途径均会增加子公司对集团网络的嵌入程度。因此提出假设：

H3：子公司所面对的供应商集中度与子公司嵌入程度正相关。

---

① Tidd J., "Innovation Management in Context: Environment, Organization and Performance", *International Journal of Management Reviews*, 2001, 3（3）：169 - 183.

② 李振东、马超：《供应商集中度与企业外部融资约束》，《经济问题》2019 年第 8 期。

4. 客户集中度与子公司嵌入

客户是企业重要的非财务利益相关者，是企业价值链网络和供应链网络中的重要一环。包晓岚等提到客户集中度同时也是一种外部治理机制，会对公司的资源整合和信息流动产生影响①。已有文献对于客户集中度对融资约束、投资效率、费用黏性、风险承担、存货效率和产能风险等产生的后果进行了丰富研究。当子公司向较少的客户销售较多份额的产品时，对这部分客户的依赖程度增加，客户集中度较高，导致客户议价能力提高。在该情形下，客户可能增加对产品质量的要求和改进、压低产品售价、延长付款期限（增加商业信用期限），而子公司为了锁定现有客户，不得不让渡出更多的权力和利润，支付更多的网络资源。谈判能力弱的子公司为了增加市场竞争力并保住市场地位，不得不让渡更多信息或价格上的利润。但是，这些研究仅局限于对子公司内部资源配置和能力发展的影响，对于子公司网络嵌入战略决策与其他外部关系管理的研究还呈现不足。

从多个网络嵌入或网络经营的视角来看，子公司处于企业集团网络和当地市场网络。从价值链管理来看，子公司处于供应链网络。这些网络会有交集，例如子公司的供应商或客户，可能来自集团也可能来自当地网络。对于子公司，Rugman 和 Verbeke 强调了这类子公司具有特定优势（Subsidiary Specific Advantages），主要表现在多重网络的缓冲效应②。当客户集中度过高对子公司生产经营造成威胁时，基于特定优势下，子公司可信赖的集团网络可以帮助子公司缓解其所面对的威胁。比较外部网络和集团网络两种嵌入途径，学者发现对子公司而言，增加集团网络嵌入的边际成本更低、可行性更高、更加稳定。因此，子公司可以通过增加对企业集团的嵌入，从集团网络中建立更多途径，缓解客户议价压力。

---

① 包晓岚、宋明亮、李思呈：《客户关系对企业风险承担的影响》，《科学决策》2020 年第 8 期。

② Rugman A. M., Verbeke A., "Subsidiary-specific Advantages in Multinational Enterprises", *Strategic Management Journal*, 2001, 22 (3): 237–250.

依据客户集中度产生影响的路径不同，子公司增加对集团嵌入的动因也不同。从融资约束来看，当子公司面临的客户集中度增加时，银行提供的贷款利率相应地提高。吴兴宇等提到，客户集中度增加使得子公司专有投资增加，会产生现金流风险，进而导致融资成本增加①。可见当子公司与客户不能形成稳定价值链关系且客户议价能力较强时，子公司面临较大的融资约束。此时子公司特定优势发挥作用，子公司可以向集团网络增加嵌入以获得低于市场的贷款利率和款项，从而帮助子公司缓解融资约束。从经营风险来看，包晓岚等认为，当客户较为集中时，一旦主要客户主动取消交易或因客观因素被动中止交易，子公司将面临销售途径中断的经营风险②。此时，如果子公司增加集团嵌入，与集团建立业务往来、资金往来或者人员沟通，集团网络的风险共担机制将会通过集团社会关系、集团资金和资源等，帮助子公司寻找新的客户、共享其他成员企业的销售渠道、建立新的销售网络、利用集团网络进行产品直销，从而使子公司摆脱对垄断客户外部依赖和降低经营风险。故子公司会增加对集团网络的嵌入。

此外，当子公司面对客户集中程度较高时，可以选择增强自身在行业中的地位或市场地位，以增加自身的议价能力。为了达到提升子公司自身竞争力的目标，子公司也会增加对企业集团网络的嵌入。王龙丰等验证了子公司市场竞争地位较高或处于朝阳行业时能够极大降低客户议价能力③；王丹等发现，子公司自身议价能力较强或在行业中市场份额较高时，大客户集中程度导致的效率损失将会得到缓解④。子公司在行业垄断程度较高的情况下，客户议价能力对融资成本的影响变得不显著。可见，子公司提升自身竞争力和行业中的话语权是应对

---

① 吴兴宇、王满、马勇：《客户集中度只会加剧债务融资成本吗？——来自我国上市公司的经验证据》，《商业研究》2020年第1期。

② 包晓岚、宋明亮、李思呈：《客户关系对企业风险承担的影响》，《科学决策》2020年第8期。

③ 王龙丰、马忠、胡蕴赟：《客户集中度与企业产能利用率》，《广东财经大学学报》2020年第3期。

④ 王丹、李丹、李欢：《客户集中度与企业投资效率》，《会计研究》2020年第1期。

客户集中程度的必然选择。为了实现竞争力的提升，子公司必然会利用集团经验、优化生产流程、增进市场份额，在所在行业中拥有重要地位，进而巩固价值链中的地位，从而将买方垄断压力转移至上游供应商或者减少客户可以选择的其他供货商。综上所述，当子公司为应对客户想要提升自身的议价能力时，会进一步增加对企业集团的嵌入。故提出假设：

H4：子公司面对的外部客户集中度与子公司嵌入程度正相关。

（二）集团内部因素对子公司嵌入的影响

1. 企业集团集权程度与子公司嵌入

集团公司对子公司的管控可以分为集权、分权和统分结合的管控。集团管控按集分权程度可以划分为战略控制型、战略规划型和财务控制型，这三种类型企业集团的集权程度依次增加。陈志军提出了基于子公司治理的企业集团集权管控类型，分别为行政管理型、管理型和治理型，这三种类型对应的集团集权程度依次减弱[①]。已有研究充分探索了对集团集权程度产生影响的前置变量，如集团类型、集团战略、控股程度、集团文化、外部环境、子公司分布、母子公司差异等；对集权程度后果变量的研究包括：对创新、投资、绩效、国际化和集团成长的影响。谭洪涛和陈瑶还从权力的类型：事权、财权和人权三个方面对权力的配置及其后果做了研究[②]。本书试图基于社会嵌入理论，分析集团集权程度对企业集团整体网络、子公司嵌入程度的影响。

集权管理下的集团公司，有着最集中的权力，更加注重子公司对集团整体战略业务发展的影响。集权的管理不仅包括对资源的控制权，还包括对人事和运营的控制权。集团公司从部门设置、产品生产、人员选聘到战略制定与执行，都对子公司的活动进行严格的管理，最终实现子

---

① 陈志军：《母子公司管控模式选择》，《经济管理》2007 年第 3 期。
② 谭洪涛、陈瑶：《集团内部权力配置与企业创新——基于权力细分的对比研究》，《中国工业经济》2019 年第 12 期。

公司与集团战略的一致性。基于集权的管理，集团公司会统一进行网络内资源的匹配、分战略的制定、信息一体化的共享、技术联合研发与转移等，这都会增加企业集团与子公司之间信息、技术和资源的流动，提高集团总部与子公司联系的频率，增加子公司与集团成员企业的交易往来和业务合作，形成网络间深度的关系，因此，子公司嵌入程度增加。集权控制下母子公司之间不断地相互适应、磨合，在此过程中建立了亲密的惯性。外派人员越多（越集权）的集团对当地的嵌入程度越弱，对集团嵌入越强。此外，集权管理最有利于集团激发内部市场的活力，配置不同子公司之间的资源，形成互补资源和冗余资源的流动，这在一定程度上客观增加了子公司嵌入的意愿。此外，在集权管理的企业集团中，子公司对集团资源的依赖程度较强，长期的依赖惯性也逐渐增加了子公司的嵌入。

集团公司管理属于分权时，集团公司不参与子公司的运营活动，子公司之间往来较少。基于自愿性质，子公司具有充分的自主性，集团公司以财务性指标为依据对子公司进行考核，对子公司更多关注的是投资收益。例如分权管理下的子公司，在做经营层面的决策时，不需要提前向集团汇报，只需要达成一致意见后向集团报备即可。汇报是双向的沟通，而报备则是单向的信息流动，不涉及互动。那么子公司在此过程中，就没有与集团有过多的联系，此时的嵌入较为松散。由于分权情形下，子公司自主性较强，各自发展，不同子公司之间所形成的"工作语言"和文化氛围也不一样，这为彼此之间交流带来了障碍，不利于子公司在集团内关系的建立。在该种情形下，企业集团与子公司之间的关系较弱，子公司与企业集团的交流和互助也较少，形成较为松散的集团网络，故子公司嵌入程度较低。此外，分权的集团中资源的流动和整合更多的是市场机制触发，而不是集团宏观配置，因此，集团内部的资源吸引力下降，集团成员分享知识和信息的意愿也下降，子公司嵌入集团网络的需求相应地也会减弱。综上所述，当企业集团为集权的管理时，子公司的嵌入程度更深；为分权的管理时，子公司的嵌入程度减弱。故提出假设：

H5：企业集团管理的集权程度与子公司嵌入程度正相关。

2. 企业集团规模与子公司嵌入

企业集团规模或企业集团中成员的数量在很多研究中，例如对绩效、创新、国际化、战略变革等的研究中，作为控制变量。这说明集团规模对上述要素产生了有效的影响。集团规模作为集团网络重要构成要素，不仅影响了整体网络功能的运转，也影响了嵌入在网络中个体子公司的嵌入决策。

集团规模最显著的优势在于能够形成规模经济。规模经济在极大程度上提高了生产效率，摊薄了单位生产成本。子公司处于较大规模的集团中，越容易搭上集团规模经济的顺风车，同时提升子公司内部的生产效率。Feenstra 等发现企业集团规模越大，产品的质量就越高，尤其是终端产品[①]。集团规模经济的另一个效果就是能够产生较多的溢出效应。规模较大的企业集团会履行更多的社会责任，形成较高的商誉，子公司作为集团一员可以通过增加嵌入共享商誉，节约营销费用。因而集团规模越大，子公司从集团中收益越多，集团网络互惠效应越大，子公司越倾向于嵌入在集团之中。

集团规模反映了集团资源的丰富程度。集团规模越大，表明成员企业的体量较大或表明集团包含的成员企业较多。其他成员的资源冗余程度越多，表明集团越可以发挥内部网络功能，实现集团资源的重新配置，嵌入在集团中的子公司不仅可以在数量上获得更多资源，也可以在与其他成员的交换中获得多样化的资源，并且集团内资源的交换和流动成本要远低于外部市场或行业间的资源交换。张保仓提及网络规模越大，企业可获取、匹配与更新的资源存量就越多，越有利于提高子公司绩效[②]。

---

① Feenstra R. C., Yang T. H., Hamilton G. G., "Business Groups and Product Variety in Trade: Evidence from South Korea, Taiwan and Japan", *Journal of International Economics*, 1999, 48(1): 71-100.

② 张保仓：《虚拟组织网络规模、网络结构对合作创新绩效的作用机制——知识资源获取的中介效应》，《科技进步与对策》2020年第5期。

因此，集团规模越大，子公司嵌入在集团网络中的动机越强。

集团规模越大，子公司之间协同的可行性越强。子公司之间协同的实现需要满足动机、资源和过程三个条件。子公司在产业链上有交叉或者在保障业务上有重叠，那么就会产生协同的动机。企业集团较大的规模则为协同的资源提供了前提。集团企业规模的增加可以为成员带来更多的成长机会，较大规模的集团更容易将内外部企业聚集在一起，促进公司之间的交流，增进了信任、承诺与分享，增进了子公司嵌入。集团规模为协同过程提供了条件，统一规模下的规则制定和模块设计将有利于复杂知识进化为产品。由于子公司能够在协同中节约成本或获得创新，因此集团规模越大，子公司越愿意增加对集团的嵌入。

集团规模的大小通常还与其中成员企业的创新能力正相关。集团规模较大意味着有较多的选择、较强的知识覆盖能力和知识存量，网络规模决定了企业能力的高低，大集团有利于网络中的成员广泛接触相关知识，以激发创新过程。较大的集团规模提高了网络中信息利用率，缩短了子公司与其他成员企业之间的距离，有利于建立常态稳健的沟通，共同在知识溢出中获益。综合以上四个方面，集团规模越大，子公司嵌入程度越深。故提出假设：

H6：企业集团规模与子公司嵌入程度正相关。

3. 企业集团行业重叠程度与子公司嵌入

企业集团行业重叠程度指企业集团内不同子公司所涉及行业的共通程度，决定了企业集团内资源的多样性程度。行业重叠程度较低的企业集团会给成员带来更多的潜在资源选择、更丰富的渠道和更广阔的行业动态。行业重叠是网络关系异质性的基础，会导致网络内群体信任的模糊性。王兆群等在研究孵化网络时亦指出，行业重叠是行动者网络位置和相互凝结关系的主要衡量变量[①]。它影响了网络中资源交换的频率、交换的深度和行动者沟通的次数。相应地，当企业集团行业重叠程度较低时，内部资源、知识、技术的异质性程度较高，将会产生资源和知识的势差，如同水位差可以促进流动一样，资源势差同样也会促进资源流动，进而提升了子公司之间的互动和沟通，子公司更倾向于增加对集团网络的嵌入。

集团行业重叠程度影响了集团成员的创新水平。马双和邹琳认为，知识的数量并不足以促进创新，知识的质量和多样性才是提升创新效率的重要影响因素[②]。行业的多样化带来了知识的多元化，从而有利于集团成员在研发中获得灵感。与其他合作形式不同，企业集团固有的资本关系使得成员之间的信任远高于外部，这为异质性资源的流动提供了保障。因而子公司会通过增加嵌入，来构建行为信任，进而从集团多样性的技术中获益。同时，集团行业重叠度低还可以降低研发风险与收益的波动性，当某个行业出现了技术导致的衰退时（如胶卷行业、随身听行业），子公司能够从其他行业中获得弥补，而不至于全部面临困境。基于行业低重叠度带来的创新效率和风险规避，子公司倾向于增加嵌入。

此外，根据竞合理论，集团行业重叠程度较低，意味着集团内部的竞争张力较弱，对同质性资源的切割和争夺较为和缓，更有利于子公司之间建立合作和协同关系。依据企业特定优势理论，公司具有独特性是保持竞争优势的来源。行业重叠程度较低的集团中，子公司可以从独特成员的经验或成果中进行学习和转变，而不会直接运用于相同的市场，故子公司之间很少产生潜在敌对的态度。此外，由于行业重叠程度较低，集团难以对不同产业下子公司绩效的绝对值进行直接对比，因而子公司之间比较的压力也减弱，即竞争压力减弱。Madhavan 等发现，公司之间

---

① 王兆群、胡海青、李浩等：《孵化网络契约与信任关系研究——基于技术重叠的调节效应》，《科学学研究》2018 年第 4 期。

② 马双、邹琳：《知识重叠、知识库特性与创新绩效——来自机械制造企业技术并购的实证》，《科技进步与对策》2020 年第 1 期。

的关系亲密程度取决于竞争风险和合作收益的权衡①。在行业重叠程度较低的集团中，竞争压力减弱；异质性知识带来的新鲜信息又有利于突破性创新；不同行业之间的启迪往往也是促进子公司产业升级的重要刺激因素。综上所述，这些均有利于子公司之间建立频繁的沟通与深度的信任，进而增加了子公司对集团的嵌入。故提出假设：

H7：企业集团行业重叠程度与子公司嵌入程度负相关。

（三）子公司层面因素对子公司嵌入的影响

1. 子公司比较盈利能力与子公司嵌入

比较盈利能力指焦点子公司（Focal Subsidiary）相较于企业集团内部其他成员企业的盈利能力，当焦点子公司的业绩高于其他成员企业时，比较盈利能力强，反之比较盈利能力弱。能力决定了地位和关系。上文比较了子公司的外部本地网络、行业网络和供应链网络中的地位、集团内部网络结构要素对子公司嵌入均衡实现的影响，接下来分析集团内不同子公司之间差异的影响。

子公司嵌入在集团网络之中，网络中存在着资源交流与交换。当子公司比其他成员盈利能力强时，意味着子公司能够给集团带来持续稳定的现金流，集团会给予其重点关注和管理，以强化子公司的承诺，增加其嵌入。同时盈利能力强还意味着子公司有更丰富的经验和实践，当集团成员出现困难时，子公司可以提升协商共同解决问题的能力，增加其他成员对该子公司的依赖。Li 在跨国企业研究中发现，盈利能力较强的企业被认为是可靠和可信的，东道国政府热切希望与卓越的企业建立联系②。谢洪明等提及，资产的专用性、任务的复杂性以及交易的频繁程

---

① Madhavan R., Gnyawali D. R., He J., "Two's Company, Three's a Crowd? Triads in Cooperative-competitive Networks", *Academy of Management Journal*, 2004, 47 (6): 918–927.

② Li A., "Foreign Subsidiaries' Status: Distinctive Determinants and Implications for Subsidiary Performance", *Thunderbird International Business Review*, 2018, 60 (4): 699–708.

度是影响公司嵌入的决定因素①。子公司较好的盈利能力，吸引了集团内其他成员与该子公司进行更多的交换，不仅包括实物或服务的交易，也包括信息的流动和机会的共享，这些都会增加子公司与集团网络交易的频繁程度，进而增加子公司的嵌入。

当子公司具有较好的运营能力时，意味着资金充足、信息获得性强。子公司的良好业绩带来更高的集团地位。依据注意力理论，当子公司相对比较优秀时，能够吸引到集团总部更多的注意力。注意力的倾斜会使子公司更容易获得集团资源、集团机会和支持（资金拆借、人员培训与改善、业务引导与交往等）。故子公司可能增加对集团网络的嵌入。另外集团注意力的投放可能要求子公司分享其成功的经验，增加与集团成员的沟通和互动。子公司可以通过增加对企业集团网络的嵌入，增加与其他成员的联系，提高自己的核心竞争力。Blanchard 等提到比较盈利能力为集团网络中子公司的地位和内部网络金字塔提供了依据，地位高的子公司集团对其依赖更强②。

从子公司的影响力来看，当具有盈利能力的相对优势时，子公司在集团网络中的话语权加重。自主权和影响力是子公司的两个正交需求，具有盈利优势的子公司渴望在集团中获得影响力。集团网络中的信任契约高于外部，是降低交易成本的有效途径，因此能力强的子公司会积极增加嵌入，通过信任降低获取资源的成本，同时信任还可以降低关系风险的感知，从而帮助子公司控制网络关系，这些在知识转移和协调合作等活动中更为显著。此外，人力资源之间的知识传播仅在信任度较高的网络中有效，子公司的丰富经验在集团内形成共享，能够降低其他公司人力资本的专用性，从而降低子公司在网络中进行协同的难度，提升协同效益，因此子公司会增加对集团网络的嵌入。综上所述，提

---

① 谢洪明、蓝海林：《战略网络中嵌入关系的决定因素及其特征和影响》，《管理科学》2003 年第 2 期。

② Blanchard P., Huiban J. P., Sevestre P., "R&D and Productivity in Corporate Groups: An Empirical Investigation Using a Panel of French Firms", *Annales Economie Statistique*, 2005: 461 – 485.

出假设：

> H8：子公司比较盈利能力与子公司嵌入正相关，即子公司与集团其他成员相比，盈利能力越强，子公司嵌入越深。

2. 子公司比较融资约束与子公司嵌入

在新兴经济体中，企业集团的迅速发展主要原因在于集团内部网络机制弥补了市场不完善和制度欠缺。Byun 等证明，企业集团具有缓解融资约束的作用[1]。主要机理在于：集团利用内部资本网络实现了资金的重新配置和流动，发挥了"多钱""活钱"效应；子公司隶属于集团，共享集团良好的声誉，更容易获得融资；集团隶属属性对银行、投资机构等债权人而言，本身就是对子公司借款的一种担保，虽然不具有法人关系上的连带效应，但企业集团的互助机制和共担风险机制是一种隐形的支持，因而子公司更容易获得融资。故内部资本市场理论和已有结论的一个共同前提是集团的共担风险机制大于攫取效应，集团总部作为家长式的管理者愿意对集团中困难的成员施以援手。

子公司在集团网络中嵌入程度的影响来源于两个方面的力量，一是集团总部对子公司嵌入的干预，二是子公司自主嵌入意愿的选择。基于上述分析和前提，我们可以认为，集团总部对子公司嵌入总是持有积极态度，其共助动机大于攫取动机，即集团为了长远发展更愿意子公司增加嵌入，尽管短期内子公司可能面临融资约束。基于子公司自主意愿，本书分两种情况进行解释。

当子公司比较融资约束较低时，即相对于集团其他子公司而言，焦点子公司的资金断裂的可能性不大，子公司现金流较为充沛，那么子公司对外部资金的需求较低[2]，对集团公司的依赖程度也较低。此时子公

---

[1] Byun H. Y., Choi S., Hwang L. S., et al., "Business Group Affiliation, Ownership Structure, and the Cost of Debt", *Journal of Corporate Finance*, 2013, 23: 311–331.

[2] 吕越、罗伟、刘斌：《异质性企业与全球价值链嵌入：基于效率和融资的视角》，《世界经济》2015 年第 8 期。

司会减少对企业集团的嵌入，来获得更高的自主性。但集团总部是以共助机制为主，故集团总部可能要求现金流充足的子公司积极参与到内部资本市场中，与集团其他成员形成资金上的互动，以提供基本资金保障"活钱"效应，故子公司可能被要求增加嵌入。两种力量作用方向相反，故当子公司比较融资约束较低时，对子公司嵌入的影响不明确。

当子公司比较融资约束较高时，即相对于集团其他子公司而言，焦点子公司面临较严重的融资约束问题。此时融资约束问题直接限制了子公司的投资、运营与研发[1]。新兴经济体中，基于市场不完善导致的信息透明性低以及特有制度下的国有银行占据金融市场主位，这些公司难以获得外部信贷。在这种情形下，作为外部融资的替代途径，内部资本市场对集团内资金的再配置，可以将资本流向最急需的子公司。为了获得集团内资金的倾斜，子公司会积极维护与集团公司的良好关系，贯彻执行集团的命令与战略规划，增加与集团公司的沟通，甚至进行寻租行为，使得集团公司能够更加信任子公司，因而从子公司嵌入的意愿上来看，比较融资约束较大的子公司倾向于增加嵌入。此时，集团仍然是以互助和风险共担为前提，因而集团也会积极响应融资约束较高的子公司，积极提供替代资金或进行担保，这些过程显示集团对子公司的干预是增加的，此时两种力量的方向相同，故子公司嵌入程度增加。综上所述，提出假设：

H9：子公司比较融资约束较低时，其融资约束与子公司嵌入不相关；子公司比较融资约束较高时，其融资约束与子公司嵌入正相关。

3. 子公司比较冗余资源与子公司嵌入

冗余资源是超过企业平时采购、生产、销售、研发所需的，用以

---

[1] 于晓红、王玉洁、王世璇：《融资约束与非效率投资的关系——基于股权结构的调节效应》，《当代经济研究》2020年第6期。

缓冲外界环境变化的缓冲资源，是公司的资源池。冗余资源是一种暂时闲置资源，可能被转移或者重新利用以转化为绩效的潜在资源。依据定义可知，冗余资源与价值资源是不同的。冗余资源是剩余资源或未被配置的资源，短期内对公司而言，不具有稀缺性和难以替代性，对执行公司战略、提高效率和研发成功率的影响较小。依据资源管理理论，管理者需要对资源进行构建、整合和利用[1]，才能实现资源价值。冗余资源就是企业拥有而未被整合利用的资源，是资源管理的起点。

子公司比较冗余资源是指，与集团其他成员企业相比较，子公司冗余资源的富余程度。邹增明等提到公司的管理者在管理资源时并非是孤立的，而是常常与公司外部伙伴进行交换，这可能会影响到子公司对资源的自由处置[2]。郭文钰等提出，当资源重叠度加大时，在既有途径上资源产生的边际价值降低，则会减弱公司利用该途径[3]。在企业集团中，当子公司相对冗余资源较多时，意味着子公司内部资源重叠程度较大，这时子公司的既有网络为集团网络，由于网络内呈现同类资源过剩，与子公司的冗余资源重叠较高，子公司则会弱化现有的关系嵌入，以增加外部嵌入获得外部非冗余资源。

当子公司相对冗余资源较少时，会激发子公司管理层的危机意识。如同银行备用金不足会担心过多客户取现一样，当子公司相对冗余资源不足，子公司在进行高风险项目投资或创新活动时会缺乏足够的试错资本。此时子公司为了降低危机心理、克服资源瓶颈，可能会从最近的社会关系（集团网络）中搜寻可借用资源。由于集团中其他成员相对冗余资源富足，焦点子公司可以借助集团市场共享资源的备用池，以缓解生产中资源的捉襟见肘。故当子公司相对冗余资源较少时，会增加对企业

---

[1] 于晓宇、陈颖颖：《冗余资源、创业拼凑与瞬时竞争优势》，《管理科学学报》2020年第4期。

[2] 邹增明、刘明霞、邹思明：《冗余资源、CEO产出型职能经验对企业二元创新的影响》，《管理学报》2019年第8期。

[3] 郭文钰、杨建君、李丹：《企业关系对企业绩效的影响研究——资源冗余与环境不确定性的调节效应》，《科学学与科学技术管理》2020年第2期。

集团网络的嵌入。综上所述，提出假设：

H10：子公司比较冗余资源与子公司嵌入负相关。

二 子公司在集团网络中的嵌入后果分析

（一）子公司嵌入对子公司技术创新的影响

嵌入性概念由 Granovetter[①] 提出，是指被过去和未来交易影响的企业间关系，是构建信任的前提。企业的外部嵌入或本地嵌入是基于市场交易或者相关利益者关系，而子公司对集团网络的嵌入不仅涉及子公司与其他集团成员的市场交易，更是股权交叉持有或其他资本契约的固有关系，由此形成的互惠和信任高于市场交易。已有文献探索了外部联盟网络、产业集聚、本地网络、创新合作网络对公司技术创新的影响，但是从市场、技术和契约标准来看，异质性网络对创新的影响是不同的。因此需要对子公司在集团网络中的嵌入与创新关系进行专门研究。子公司可通过集团内部网络，与集团成员亲密互动、交换信息资源和进行业务往来，获得机会和支持，从而提升子公司的绩效或运营。Dellestrand 对23 个跨国公司 85 个创新项目研究发现，子公司网络嵌入对其自身战略与母公司战略都有显著影响，随着嵌入程度的增加，可以避免个体行为和整体利益的冲突[②]。

子公司内部嵌入对技术创新的影响有以下三个方面。第一，子公司高嵌入性增加了研发资源（资金）的获得性。当子公司在集团网络中嵌入程度较深时，母子公司依赖性更强，子公司与集团的交流更加频繁，信息沟通更充分，子公司信息透明性更高，故集团公司更愿意将稀缺的

[①] Granovetter M., "Economic Action and Social Structure: The Problem of Embeddedness", *American Journal of Sociology*, 1985, 91 (3).

[②] Dellestrand H., "Subsidiary Embeddedness as a Determinant of Divisional Headquarters Involvement in Innovation Transfer Processes", *Journal of International Management*, 2011, 17 (3): 229-242.

资源给予该子公司，更倾向于通过重新配置解决子公司研发的资源短缺和资金约束问题。故子公司嵌入程度的增加有利于研发资源获得。第二，子公司高嵌入性增加了知识流动与知识溢出，进而有利于技术创新。技术创新来源于相异知识的碰撞和知识的持续投入。子公司嵌入程度越深，其与集团进行的知识传播和共享程度就越大，其产生的创新成果对企业集团影响也越显著。当集团稳定的网络嵌入为知识溢出提供安全途径时，集团和子公司都可以从中获益。因此，子公司更容易获得集团的技术和信息支持，同时也可以充分利用其他成员的创新成果，实现最大程度的知识共享和协同。此外许多外部创新合作或联盟难以长久持续的原因还在于技术产出的利益难以在不同参与者中公平分配，集团特有的总部控制可以在一定程度上保障子公司研发投入后能够获得的创新收益。故子公司嵌入的增加提升了技术创新的动机。高层级成员企业（高嵌入）知识溢出规模效益更大，研发投入更多。第三，企业集团网络比外部网络更有利于形成企业间合作。技术创新合作的一个重要制约因素就是知识产权保护和收益分配问题。企业集团的资本纽带产生的内部信任程度更高，没有了后顾之忧，子公司更愿意和成员企业进行合作研发、头脑风暴、纵向一体化创新等，因此子公司嵌入程度越深，这样的研发合作越多，进而促进子公司和集团技术创新。

子公司内部嵌入对技术创新的影响与绩效不同。因为技术创新合作涉及信任与产权问题，并且技术创新资源相较于生产资源，更多嵌入在无形资产和人力资本之中，通过外部网络（低信任和低约束）很难进行密切合作，也很难计算投入与产出的公平性以及知识溢出的回报性。因此，相较于外部网络，子公司在进行研发合作或研发讨论时更倾向于选择集团网络。到了研发的高级阶段，大多数公司都不会选择嵌入外部网络，而当子公司在集团嵌入程度不断增加时，并不会影响子公司与外部联系的创新，即集团嵌入的负向锁定效应减少，正向影响不断增加。由此可见，子公司嵌入与技术创新并不会出现与绩效类似的下滑关系，故提出假设：

H11：子公司内部嵌入程度与技术创新正相关。

（二）子公司嵌入对子公司成长的影响

根据内生增长理论，公司成长取决于三个要素：生产性资源的积累、资源的使用效率和技术进步。在子公司成长的过程中，子公司不仅会从集团外部寻求市场获取资源，也会通过与集团网络交换商品和服务、交流管理经验和研发知识等实现成长。同时嵌入也是一个过程，在这个过程中子公司不会完全被所处环境决定，它是公司与环境互动的结果。子公司通过调整战略决策、经营网络花费的时间、在网络中的投入以及在关系协调中作出的妥协，来改变嵌入的程度。嵌入程度影响了子公司资源积累和技术共享，进而对其成长产生影响。这个影响存在一个均衡区间，在这个区间内，子公司嵌入影响最大，子公司成长最快。

中国属于新兴经济体，企业集团在一定程度上为子公司弥补了制度空缺、降低了融资约束、提供了劳动力市场等。子公司隶属于集团，在集团网络中嵌入程度较低时，表现为不具有核心（或重要）地位，与总部和其他子公司联系松散。松散的关系不利于公司之间人员交流和信息交换，也不能够获得总部足够的关注，那么在集团内生产性资源再分配的过程中，子公司就不具有优势，从而不利于为其成长提供足够的资源积累。另外，企业间的协作可以促进管理效率的更新，例如及时提供原材料、拓宽销售途径、减少生产线无效的步骤等。当子公司在集团中的嵌入程度较低时，可能会错过协作和改进的机会，减缓资源使用效率的提高，阻碍公司成长。此外，技术创新是公司成长主要的推动力。但稀松的集团内部关联降低了集团对子公司的信任、减少了子公司之间的互动。Monteiro 等发现，子公司在集团内的知识交流水平取决于其在网络中的地位[①]。涉及知识转移和技术扩散等对保密性要求较高的活

---

① Monteiro L. F., Arvidsson N., Birkinshaw J., "Knowledge Flows within Multinational Corporations: Explaining Subsidiary Isolation and its Performance Implications", *Organization Science*, 2008, 19 (1): 90–107.

动时，低嵌入的子公司很难参与其中。因此，来自集团的技术更新不易被子公司使用，不利于子公司技术进步。Gölgeci 等认为，嵌入程度直接影响了子公司的互惠沟通和知识流动，随着嵌入程度的增加，集团公司可以提供资源和能力以促进知识转移[①]。但是弱嵌入或者表面关系的双方则不能形成强信任，不能产生知识深度，难以促进创新助力成长。

随着子公司在集团网络中嵌入程度的增加，上述集团提供的优势逐渐明显，帮助子公司在资源、效率和研发上获得支持，助推子公司的成长。但嵌入的促进作用并不是没有边界的。子公司在集团网络中的嵌入程度过高时，会出现"负向锁定效应"。当子公司总是能从集团网络中获得机会和便利时，便会对集团网络产生过度依赖，丧失自我应对外部环境的能力和外部搜寻能力。Nell 和 Andersson 发现，产业集群中的负向锁定效应会导致集聚公司的消亡[②]。过度依赖会削弱子公司对外部市场的敏感性，使子公司不能在早期抓取用户的需求变化，不能敏锐感知市场更新的方向，沦落为行业中的跟随者，进而阻碍子公司的成长。此外，这种负向锁定效应还表现在，子公司失去了决策的自主性。过度嵌入可能使得集团过度参与子公司的战略决策和经营决策。集团总部是以集团整体发展为目标，而子公司是以自我成长为目标，这种目标的不一致导致集团做决策时，并不以子公司最优为判断标准，进而影响了适宜子公司成长的资源配置。当企业间拥有过于紧密的关系时，会囿于一致的价值观和目标，限制其中企业的自由行动。综上所述，子公司在集团网络中嵌入程度过少或过多均不利于子公司成长，故提出假设：

H12：子公司在集团网络中的嵌入与子公司成长性呈倒"U"形

[①] Gölgeci I., Ferraris A., Arslan A., et al., "European MNE Subsidiaries' Embeddedness and Innovation Performance: Moderating Role of External Search Depth and Breadth", *Journal of Business Research*, 2019, 102: 97–108.

[②] Nell P. C., Andersson U., "The Complexity of the Business Network Context and its Effect on Subsidiary Relational (over-) Embeddedness", *International Business Review*, 2012, 21 (6): 1087–1098.

相关，即子公司在集团网络中存在嵌入均衡，该范围内子公司成长最快。

（三）子公司嵌入对子公司国际化的影响

基于社会网络理论，已有关于国际化的研究探索了海外网络嵌入、东道国网络嵌入、母国网络嵌入对国际化的影响。但是，鲜有文献研究子公司在集团网络中的嵌入对国际化的影响。网络具有多元化特性，不同网络行动者在嵌入过程中具有不同的活动和关系、路径依赖以及合作者之间的不同的依存特性。不同网络对其中的企业具有差异化的影响，以不同的方式约束网络中企业的行为。相较于上述网络，集团网络规模较小、联系更加紧密、链接纽带涉及资本和行政命令，因而在网络资源等方面呈现不同，对国际化的影响也不同。

一些学者认为，国际化本来就是子公司嵌入在国际网络中的程度问题，集团网络嵌入与国际网络嵌入是一个双元问题。随着互联网的急速发展，也为公司国际化战略提供了外部条件。企业集团网络可以被视作难以替代的网络资源，相较于独立企业和其他集团的企业，集团网络嵌入成为子公司特定竞争优势的来源之一。

当子公司内部嵌入程度较低时，子公司与集团及成员企业联系松散。依据注意力理论，集团对于边缘企业给予的关注较少，在进行资源再配置和转移支付时，也鲜少考虑该类子公司的战略。这类子公司自主性较高，往往独立经营。由于低集团嵌入性，子公司很难从与集团的日常交流和合作中获益，因而集团具有较强动机对其进行隧道行为或转移利润。控股股东实施"掏空"行为获得的额外收益更多时，尽管存在外部股东监管，但仍无法遏制主观"掏空"行为。子公司很难从集团网络中获取国际化所需的相关资源和战略支持，故低集团嵌入性的子公司国际化程度较低。

当子公司逐渐增加嵌入程度，可能实现集团网络嵌入与国际网络嵌入的均衡时，子公司获得的双重网络异质性资源最多，能够及时获得双重信息与反馈。依据战略联结理论，子公司在国际化的过程中，母国集团网络的嵌入能够提供初进入海外市场所需的战略资源、帮助其了解东道国政策和制度、提供必要的信息和知识，极大地降低了子公司的海外搜寻成本，有利于子公司建立初始优势。例如 McEvily 和 Marcus 提到对已有集团的适度嵌入有利于子公司跨国资源获取能力和资源重构能力，集团的管理经验能够为子公司提供国际化的经验，在面对复杂陌生环境时及时作出调整和适应①。随着国际化进程的深入，子公司并没有过度嵌入在集团中，子公司还有精力和注意力投放至东道国网络，及时抓取东道国客户需求和销售机遇，并与东道国相关利益者（政府、行业协会、供应商、客户、金融机构、中介机构）等建立广泛联系，较快地建立当地的合法性并开展国际业务。当国际市场中呈现市场风险或融资风险时，对集团网络的适度嵌入也能够帮助子公司暂时渡过难关。王益民等认为集团嵌入有利于共同解决问题，当子公司"干中学"遇到瓶颈时，集团有利于其正确识别和评估风险，对现有市场进入作出合理决策，以降低经营风险②。综上，当子公司对集团适度嵌入并有精力投入至国际当地网络时，子公司的国际化速度最快。

但是，对集团网络过度嵌入会产生"负向锁定效应"。当子公司内部嵌入程度过高时，子公司致力于符合集团的组织规则和运行方式，努力获得集团内部的合法性，容易忽略国际化市场的适应性。当国际市场环境发生变化时，子公司难以及时了解信息或调整经营，进而对国际化绩效产生负向影响。子公司的过度嵌入或者集团公司的强权控制，降低了子公司的经营活力和自主性，不利于子公司及时和灵活应对国际市场变革，不利于子公司国际化进程。综上所述，提出假设：

H13：子公司在集团网络中的嵌入与子公司国际化程度呈倒

---

① McEvily B., Marcus A., "Embedded Ties and the Acquisition of Competitive Capabilities", *Strategic Management Journal*, 2005, 26 (11): 1033 – 1055.

② 王益民、梁枢、赵志彬：《国际化速度前沿研究述评：基于全过程视角的理论模型构建》，《外国经济与管理》2017 年第 9 期。

"U"形相关,即子公司在集团网络中存在嵌入均衡,该范围内子公司国际化进程最快。

三 子公司结构嵌入与关系嵌入的影响后果

借鉴 Granovetter[①]提出的嵌入分类,将子公司在企业集团网络内的嵌入分为结构嵌入和关系嵌入。子公司在集团网络中的结构嵌入主要体现为网络行动者之间的多层次结构和位置问题,因此,本书通过接近程度和是否有中介来衡量,包含子公司与集团公司的制度距离、地理距离和控制距离(简称为制度距离、地理距离和控制距离)。以上距离反映了子公司与集团公司的接近程度和位置远近,距离越近,所需经过的其他中介越少。制度距离为子公司所在地与集团公司所在地制度环境上的接近(差异)程度。地理距离为子公司与集团公司所在地地理相隔的远近,反映了两公司空间上的接近程度。控制距离为子公司与集团公司股权控制链上的距离,例如集团公司到2级子公司所有权链条经过2级,那么该子公司的控制距离为2,该变量反映了子公司与集团公司联系所需要通过的中介数量或等级。因此,在子公司结构嵌入后果的研究中,本书从制度距离、地理距离和控制距离三个维度,来衡量公司的结构嵌入。

(一)子公司结构嵌入与技术创新

1. 制度距离与技术创新

子公司与集团公司制度距离作为结构嵌入维度的原因在于,组织嵌入在制度环境之中,集团作为整体网络,其内部的环境会对嵌入的子公司产生影响。制度运行是集团网络内部的规则之一,能够规范子公司行为和文化。因此将制度距离作为结构嵌入的维度能够深入分析在不同制

---

① Granovetter M., "Economic Institutions as Social Constructions: A Framework for Analysis", *Acta Sociologica*, 1992, 35 (1): 3–11.

度差异下子公司研发决策的变化。

制度是统治者设计的约束企业行为和关系的一系列规则。Kostova 首次提出制度距离的概念，认为制度距离是跨国子公司东道国与母国之间的制度环境差别，他将制度距离定义为在规制、规范和认知上的差别[①]。随着研究的深入以及区域发展水平的不平衡，上述制度距离过于狭隘，不宜解释更多的现实问题，例如中国陕西企业经营所面临的制度和市场环境与广州企业相去甚远，这时应当划分更细致的制度距离来分析企业所处经营环境。随之，学者将组织场域作为分析制度中企业行为的基本单元，涉及供应商、顾客、竞争者、潜在进入者以及其他机构。Greenwood 等发现，制度差异对企业的影响源于不同制度环境中的认知以及企业所需遵守的准则或规范[②]。至此，制度距离的研究主要局限于跨国企业研究，包括制度距离对跨国公司东道国选择和进入的影响、制度距离对跨国公司总部外派人员类别和规模的影响、跨国公司并购对象及策略的影响、制度距离对跨国子公司经营业绩的影响等。尽管对制度距离的国际研究比较完善，但真正结合中国地区制度发展不平衡实情、探析国内不同省份之间制度差异对企业在全国布局影响的研究还鲜有涉及。学者逐渐呼吁在重视跨国经营的国家间制度差异的同时，更应关注同一国度下的区域制度不同。

宋渊洋试图研究企业在国内选择开设子公司地点时，所考虑的制度因素。通过实证研究发现，企业与目标市场之间制度距离会增加交易成本[③]。一方面，当制度距离较大时，企业开发新市场就需要投入更多时间和精力来学习新的规则，导致交易成本上升；另一方面，当距离较大时，新设企业维持合法性难度升级，同时由于企业与目标市场存在较大异质性，那么在管理流程和方法上也需要更多协调和改革，导致内部管

---

① Kostova T., *Success of the Transnational Transfer of Organizational Practices within Multinational Companies*, Minneapolis: University of Minnesota, 1996.

② Greenwood R., et al., *The Sage Handbook of Organizational Institutionalism*, London: Sage, 2008.

③ 宋渊洋：《制度距离、制度相对发展水平与服务企业国内跨地区经营战略——来自中国证券业的经验证据》，《南开管理评论》2015 年第 3 期。

理成本上升，即制度差异将会影响资源分配，改变企业决策的资源约束条件。范建红和陈怀超指出制度距离导致子公司合法性受到冲击，当制度距离较大时，子公司为了提升外部合法性需在规则、规范和认知方面作出改进①。当制度环境相似时，有利于企业之间知识、惯例和经验的跨地区转移，因此更容易构建合法性。学者将国家之间的制度距离用于分析企业异地经营发现，制度距离通过影响成本和合法性制约企业跨区域选址与决策。通过以上解释和综述，证实了制度距离对嵌入其中行为主体的影响。然而，已有研究仅从交易成本和合法性获得角度进行研究，未探索制度距离导致的资源获取、产业支持以及法律保护等方面差异；并且其影响结果局限于异地选址、并购选择、进入模式等，未研究投资回报期较长的研发决策问题。

结合已有研究和企业集团内部网络结构，从交易成本、知识转移、产权保护以及资源异质性四个方面论述制度距离对子公司技术创新的影响。本书计算制度距离为集团公司（总部）所在地的制度水平与子公司之差。从交易成本来看，集团公司与子公司制度距离越大，两地在正式制度和非正式制度、市场等方面存在的差异越多。一方面，集团与子公司之间存在强信息不对称性，集团要获得子公司的真实信息变得困难，对子公司监管成本随之增加。李强认为，制度距离会增加监督成本、解决冲突的成本、信息分享成本和资源转移成本，并且使得跨国母公司管控难度升级②。另一方面，由于制度的差异，集团对子公司经营环境缺乏足够了解，在为子公司进行研发战略决策时容易产生偏差，产生不必要的成本。集团在控制子公司时，已有的集团管理经验和流程难以直接转移应用，因此带来管理成本的上升。制度距离增加还可能导致子公司对集团决策难以有效执行，母公司存在协调困难和激励不相容问题。此外，考虑到研发活动本身具有结果不确定性和风险性，当制度距离较大

---

① 范建红、陈怀超：《制度距离影响跨国公司进入战略选择的机制与框架构建：一个权变的观点》，《中央财经大学学报》2015年第2期。

② 李强：《制度距离对我国企业跨国并购绩效的影响研究——基于上市公司数据的实证分析》，《软科学》2015年第10期。

时，集团难以获得子公司研发信息、监管效率低下、管理手段低效，集团更加不愿意将研发委派给制度距离大的子公司。由此可见，制度距离越大，子公司进行技术创新的可能性越小。

在知识转移方面，知识转移通常受到知识势差、传播能力和吸收能力的影响。知识溢出是提升研发的有效手段，许多研发成果都是在成员间的技术交流中获得灵感，产生突破。当集团公司与子公司制度距离较大时，其组织环境、程序及惯性相差越大，不论是正向还是逆向知识转移，转移的惯例对口匹配度降低，使得知识溢出难度增加，降低子公司研发动机；此外，由于距离导致的管理差异也将使集团对子公司的无形资产整合存在困难。陈怀超等证明制度距离使得彼此之间难以获得接受和认可，阻碍了知识的国际转移[1]。制度距离还降低了接受者与传播者之间的信任，从而降低吸收动机，使得知识共享变得困难。然而，当制度距离继续扩大形成较大的知识势差，致使集团公司与子公司所拥有的知识结构多样化，具有不同的知识类型。不同地域之间需求差异以及相互交流有利于子公司明晰创新需求并促进创新行为，从这个角度看，制度距离为集团内知识转移提供了前提，为子公司研发创新提供了条件。

从产权保护来看，制度距离差异导致集团公司与子公司所在地对知识成果的保护程度不同。当制度距离相差不大时，集团与子公司所处环境相似，集团难以为子公司技术创新提供庇护。在制度法律不完善地区，进行大量技术创新取得创新的企业，技术容易受到他人模仿，创新原本应产生的利润被摊薄，技术创新难以获得弥补，恶性循环便不愿意继续研发。当集团公司与子公司制度距离较大时，子公司虽处于创新保护较弱的地区，但由于集团网络存在，子公司可通过集团所在地进行创新成果利益维护，从而为子公司研发提供保障，解决后顾之忧，使其更愿意进行创新投入。

从资源异质性与集团支持来看，制度差距形成集团公司与子公司之

---

[1] 陈怀超、范建红、牛冲槐：《制度距离对中国跨国公司知识转移效果的影响研究——国际经验和社会资本的调节效应》，《科学学研究》2014年第4期。

间的资源异质性和地域性，并影响集团内部网络对子公司的支持。创新活动不同于异地设厂或异地并购，创新突破往往源于不同研发人员的交流和异质性资源的整合。制度提供了不同的法律、市场和经济安排，促进多样性产业的发展和需求，Acemoglu 和 Akcigit 发现，制度决定了市场交易成本和创新活跃程度。[1] 当集团所在地较子公司制度发展水平高时，集团公司可通过内部资本市场，将高制度水平地区获得的资金转移至低制度水平的子公司，以缓解子公司的融资约束。集团隶属企业的融资优势剥夺了其他独立企业的融资机会，而融资约束的降低极大地促进技术创新；集团公司可以通过内部网络，实现知识溢出与信息共享，将研发机会和资源分配至最能实现价值的子公司中；集团公司处于高制度地区，更能够准确把握行业和市场发展方向，了解政府政策和偏好，从而为整体集团发展制定战略，帮助子公司把握研发方向并控制风险。当集团公司所在地制度水平低于子公司时，集团重视子公司所处环境和机遇，倾向于通过优质资源输送实现子公司发展从而带动集团整体发展。当集团与子公司制度距离较小时，则会因为所处环境类似、获得资源相似、信息和资源重复率低，集团网络协同难以产生效果。正如 Granovetter[2] 发现的，弱关系带来的信息或资源更具有异质性和高效能，而异质性资源或知识碰撞更易产生创新一样，同质环境中子公司的合作往往难以产生突破性创新。综上所述，制度距离产生的异质性扩大了集团网络协同作用的发挥，促进了集团公司对子公司研发资源、信息和人才的支持，从而促进了子公司技术创新。

综上所述，由于集团内部网络的存在，集团更多体现互帮互助、共享资源和共渡难关，集团内部网络将不同子公司的研发成果进行扩散和传播，实现了二次创新。此外，制度距离为集团内部形成异质性资源和知识提供了前提条件，促进了知识溢出效果和创新协同。故制

---

[1] Acemoglu D., Akcigit U., "Intellectual Property Rights Policy, Competition and Innovation", *Journal of the European Economic Association*, 2012, 10 (1): 1–42.

[2] Granovetter M., "The Strength of Weak Ties: A Network Theory Revisited", *Sociological Theory*, 1983, 1: 201–233.

度距离越大,异质性越高,对研发的促进作用越强。基于以上分析,提出假设:

H14a:子公司制度距离的增加有利于子公司技术创新。

2. 地理距离与技术创新

20世纪90年代,学者开始关注地理距离对于知识溢出和跨国公司异地经营的影响。地理距离是嵌入在网络之中的行动者之间的距离。本书将集团公司与子公司所在地之间的地理距离认定为地理距离。地理距离远表明,子公司在集团网络的空间嵌入上更为松散,属于低结构嵌入形式。地理距离究竟怎样通过影响子公司在集团网络中的嵌入进而影响到技术创新呢?本书通过知识溢出与技术扩散、集团监管与成本以及集团资源支持三个方面详述地理距离与子公司技术创新之间的关系。

从知识溢出来看,子公司与集团公司之间的地理距离在很大程度上影响了集团内部网络的知识和技术扩散。地理距离首先会影响语言进而影响社会交流。中国幅员辽阔,不同地区有自己的方言,不同方言之间存在交流障碍。阮建青等发现,语言距离抑制了交流质量和深度、扩大了创新差距[①]。双方所处地理距离越远,两者的价值观、交流内容和频率差异越大,群体信任程度越低。当子公司地理距离较远时,与集团在知识交流、信息沟通上存在障碍,抑制了技术创新。其次,地理距离还会直接影响知识传播。地理距离越远,知识扩散所需要付出的成本越高,接受者获得知识越困难。知识溢出和扩散受到地理区域的限制,知识或技术扩散的距离越远,导致的耗损和失真越严重。随着空间距离的增加,技术溢出呈现下降的趋势。随着子公司与集团公司之间地理距离的增加,子公司与集团之间的信息不对称程度上升,信息时滞、损失和阻塞现象加重,知识流动逐渐减少。当企业与技术前沿市场距离越远,企业吸收新技术进行创新的难度就会越大,技术创新水平越低。何文龙和沈睿证

---

① 阮建青、王凌、李垚:《创新差异的基因解释》,《管理世界》2016年第6期。

明,随着嵌入性的降低,社会网络中的技术传播对企业研发的促进作用逐渐减弱[1]。由此可见,子公司在集团网络中的弱地理嵌入进一步影响其对前沿技术的理解和吸收,抑制了研发创新。

从集团监管与成本来看,集团公司负责集团整体战略制定并辅助子公司战略规划,同时引导监督子公司日常运营。子公司与集团公司地理距离的增加,一方面使得信息不对称程度加剧,另一方面则增加了委托代理和交易成本。李彬发现,地理距离的增加,降低了信息传递的可靠性和及时性[2]。信息不对称性越强,委托代理成本更高,集团公司对子公司越难以管理和监督。随着距离的增加,导致子公司与集团公司的网络关联需要经过的节点增加,使得集团公司对子公司管理呈现乏力。当远距离管理存在困难时,集团出于整体风险控制考虑,倾向于将研发活动委派给距离较近的子公司进行。地理距离增加使投资者面对信息缺失严重、行政壁垒增高以及本地关系缺失等问题,进而不愿意进行研发投资。因为远距离投资增加了信息收集成本、延长了沟通谈判时间和次数、增大了投资风险、延迟了回报时间,因而相较于距离远的企业,投资者更愿意选择距离较近的企业。由此可知,当子公司属于弱地理结构嵌入时,集团为了避免风险、减少人力财力耗费、降低委托代理成本,通常倾向于委派地理距离近的子公司进行研发。

从集团资源支持来看,子公司在集团网络结构嵌入中心度越高,所能接触和获得的资源越丰富、能够控制的合作和协同越符合子公司生产需求。一方面,地理距离增加,意味着距离网络核心——集团公司越远。而集团公司是内部资本市场资金配置和资源再次分配的主体,与集团公司距离越远,导致子公司能够获得的研发资源越少。陈光华等通过高校与企业之间的样本,发现地理距离对协同创新具有抑制效果[3]。相较于

---

[1] 何文龙、沈睿:《地理距离、子公司治理与企业内专利分布——基于中国上市公司的实证研究》,《经济科学》2016年第4期。
[2] 李彬:《母子公司距离、内部控制质量与公司价值》,《经济管理》2015年第4期。
[3] 陈光华、梁甲明、杨国梁:《企业吸收能力、政府研发自主与外部知识获取对产学研创新绩效的影响》,《中国科技论坛》2014年第7期。

距离远的研发中心，子公司更容易从附近研发中心获得溢出性知识和互补性资源。集团资源在子公司之间通过共享产生协同效应和互补效应，然而距离越远，能够共享的资源就越少。中间品在行动者之间的运输会增加运输和固定成本，减少行动者之间的合作。子公司如果能够更好地嵌入集团技术网络，将会有更多的研发产出。另一方面，弱位置嵌入往往导致松散的管理，集团网络连接紧密性低，易滋生"各自为政"的状况。当集团与子公司之间的沟通和关联因距离减少时，集团公司机会主义动机增强，易具有逆向选择和隧道转移意图，那么就不愿意在研发资源和人力方面给予该子公司更多支持。由此可见，地理距离伴随子公司嵌入性降低，由此导致可共享的网络资源减少，协同研发的动机减弱，即距离越远，子公司从集团网络获取的研发资源越少，技术创新越低。

综上所述，当子公司与集团公司地理距离较远时，两者之间知识溢出困难，集团公司监管成本增加，委派研发任务动机减弱，子公司获得的资源支持减少，子公司在集团网络中的嵌入程度减弱，故子公司技术创新降低。依此提出假设：

H14b：子公司地理距离的增加不利于子公司技术创新。

3. 控制距离与技术创新

企业集团网络关联最主要的形式是股权持有。集团公司（集团总部）是集团网络内所有公司的最终法人控股股东，其直接控制的子公司为一级子公司，由一级子公司再投资设立的公司为二级子公司，以至三级四级子公司。对于不同层级子公司而言，集团公司需要通过不同的距离和方式进行控制。因此，本书将企业集团股权控制链上的距离定义为控制距离，例如对于一级子公司而言，集团公司可以不通过任何中介直接控制，那么一级子公司的控制距离为1；而对于二级子公司而言，集团公司需要跨过一级子公司间接控制，那么该子公司的控制距离为2，依此类推。

子公司控制距离是集团公司整体安排和子公司能动性交互作用的

结果。一方面，子公司是集团下辖企业，需以集团整体利益最大化为考量；另一方面，子公司作为独立的法人个体，以盈利和发展为目标，以业绩和成长作为集团网络地位寻租的筹码。由此可知，子公司研发投资受到集团宏观布局和子公司应势而动的影响。对制造企业而言，市场需求瞬息万变，互联网 3.0 时代带来客户与企业的直面交流进一步促进了产品的更新换代。肖静华等指出，产品已从需求导向促进技术创新转变为技术创新导向引领创造需求①。巨人诺基亚的坍塌和百年柯达的破产等证明技术创新对于制造企业的重要意义，因而时刻保持创新的视角控制产品生产、参与市场竞争是保持企业优势的必要手段。基于创新的重要性，企业集团从集团层面制定研发战略、协同研发活动、配置研发资源。子公司作为集团研发的参与方和本公司自主研发的主体，其与集团公司的距离一方面是集团公司进行研发决策、协同研发活动时必要的考虑因素，另一方面影响着本公司研发资源和研发动机。

从研发决策来看，由于委托代理成本的差异，企业集团对不同控制距离的子公司研发支持存在偏好。集团公司作为总体研发战略的制定者，发挥宏观配置和中央管控职能，委派不同子公司承担研发任务。当子公司研发资金受限或过程受阻时，集团动员力量为其提供相应的政策、信息、资源和人才，发挥"支持之手"（Propping）的作用。然而随着子公司与集团公司距离的增加，信息上传下达的及时性、准确性和透明性变差，这使得集团对研发进程及资源使用的管控和监督难度渐增。控制距离如同隔离带挡住了集团公司对子公司的监管视线，增加了集团干预成本。控制距离的复杂性也使得子公司研发成果利益向上输送受限，企业集团产生更多的代理成本。与近距离的子公司相比，集团从间隔较远的子公司获得收益的难度更大，因而集团发挥"支持之手"的力量也会减弱。这种代理冲突和信息不对称程度在近距离子公司中能够得到一定程

---

① 肖静华、谢康、吴瑶等：《从面向合作伙伴到面向消费者的供应链转型——电商企业供应链双案例研究》，《管理世界》2015 年第 4 期。

度的缓解。因此，相较于控制距离远的子公司，集团更倾向于委派控制距离近的子公司进行研发。

从研发资源来看，子公司控制距离导致企业获得和控制的人财物、信息和机会存在差异。曹春方等指出，金字塔层级导致集团资源配置的变化，在集团控制链上位置越高、距离越近，子公司获得的长期贷款越多[①]；网络位置差异影响信息和知识的获得，企业通过占据有利地位控制内部资源、通过地位和声誉优势吸收外部资源。子公司与集团在控制链上的距离优势更有助于子公司迅速获取信息、技术和资源。创新活动在本质上依赖于企业对市场需求的判断以及已有资源禀赋的支持，控制距离较近的子公司对资源的获取能力无疑增强了对研发机会的把握与执行，提升了对风险和成本的承担能力。能否获得研发资源往往取决于网络中是否有关键的资源支持者，集团公司是资源协调和配置者，子公司距离集团越近，越能够影响研发资源的正向转移并促使集团各方进行协同研发。因此，子公司控制距离越近，所产生的地位优势使其更易获得集团资源和机会、更易得到集团公司信赖，进而更有能力进行研发。

从子公司自主研发的主观能动性来看，基于知识溢出视角，子公司控制距离远近对研发动机存在影响。集团控制链条是资源和信息流通的渠道，考虑到技术创新知识密集性特点，知识发展、交流与溢出成为促进技术创新向成果转变的重要因素。子公司控制距离越近，意味着其可接触和获得的资源与信息更丰富，将知识融合产生突破的可能性更大，具有产生知识溢出的基础。更重要的是控制距离近的子公司知识溢出动机更强烈。Guzzini 和 Iacobucci 发现，为了集团整体研发效率，集团致力于研发知识溢出范围最大化从而使成果转化利润最大化[②]。这种溢出动机在不同层级成员中呈现差异。对处于较高控制位置的子公司而言，向

---

① 曹春方、许楠、逯东等：《金字塔层级、长期贷款配置与长期贷款使用效率——基于地方国有上市公司的实证研究》，《南开管理评论》2015 年第 2 期。
② Guzzini E., Iacobucci D., "Ownership as R&D Incentive in Business Groups", *Small Business Economics*, 2014, 43 (1): 119–135.

其所控股的多个下级成员形成溢出有利于下级成员研发，下级研发实现的利润可为高层级公司获得，子公司控制的公司越多，知识溢出的意愿越强烈。反之，控制距离较远的子公司进行自主研发，向控制链上级知识溢出并不能获得同等利润；并且其他成员搭便车导致实力提升，可能成为竞争集团内部稀缺资源的强劲对手，如此进一步降低远距离子公司研发动机。因而子公司控制距离越近，信息共享越丰富，知识溢出动机越强烈，技术创新越多。

综上所述，子公司控制距离远近不仅影响集团公司"支持之手"的偏好，而且影响子公司可接触和获得资源的程度，以及知识溢出动机的强弱。子公司控制距离越近，集团对其监管成本越低，越倾向于为其研发输送资金和资源；子公司控制距离越近，在集团网络中越处于核心位置，向集团公司寻租越便捷，越可能获得宝贵机会和稀缺资源；子公司控制距离越近，向其他成员知识溢出的动机越强烈，因此更愿意研发。基于以上逻辑，提出如下假设：

H14c：子公司控制距离的增加不利于子公司技术创新。

（二）子公司关系嵌入与技术创新

网络包括网络结构特征与关系特征，即位置中心性和关联紧密性。企业集团内部网络也具有结构和关系特征，上述子公司距离反映了子公司在集团网络中位置的重要性，子公司关系嵌入则反映了在集团网络中关联的紧密性。已有文献通过关联的强度来衡量关系嵌入，包括关系维持时间、联系的频率、情感的强度和亲密程度。这种通过主观打分评价社会网络关系强度，在个体层面上外部效度较好，但对于企业层面而言，缺乏客观性和稳定性。企业与其他企业的关系，宜通过交易范围、信任程度等评价，而非情感和亲密性。因此，本书将子公司关系嵌入分为子公司与集团公司的业务相关性和高管相关性，客观反映了子公司与网络核心的业务关系（交易范围）和人员关联（信任程度），通过这两个维度连接的紧密性判断关系嵌入程度。业务和高管相关性越高，子公司在集团网络中的关系强度越高。业务相关性是指子公司与集团公司主营业务相关程度,例如集团公司为投资公司,子公司为制造公司,则业务相关性极低;高管相关性描述子公司高管在集团的兼任情况,兼任人数越多、职位越重要,则高管相关性越高。

1. 子公司与集团业务相关性与技术创新

业务相关性指同一企业集团内部,子公司与集团公司主营业务经营范围的相似性。业务相关性高的公司之间,更容易形成共同的价值观与战略目标。已有对企业集团的研究,过多关注集团内部资本市场、知识溢出等对成员公司行为的影响,鲜有关注同一集团内部不同子公司特征受集团作用的影响。本书试图通过业务相关性差异,解释子公司之间虽然共享同一内部资本市场,却在资源配置、研发倾向上存在差异的原因。子公司与集团公司之间的业务相关性不仅影响子公司研发资源的获取,而且制约着知识溢出的效果、影响着协同程度。

从研发资源来看,基于社会网络理论,彭伟和符正平发现,强关系正向影响企业资源整合。同样,子公司业务相关性与研发资源获取密不可分[①]。从集团角度而言,子公司与集团公司业务相关性高,势必成为集团注意力焦点。母公司倾向于给予相关性高的子公司更多资源支持和机会倾斜,通过子公司研发创新占据市场先动,构建集团新的利润点。对子公司而言,业务相关性高不仅意味着与集团建立更多的联系和信任,而且在集团资源配置中占据有利地位、更易获得集团内部稀缺资源。业务相关性高的子公司忠诚度较高,母子公司之间沟通更充分,子公司更具归属感。相关性高的子公司,在集团网络中处于重要地位,不仅与集团共享市场调研信息、了解市场创新需求,而且通过资源依赖和共享产生研发协同与规模经济。由此可知,子公司业务相关性一方面吸引了集团关注、获得更多资源,从而夯实了研发基础、增强了风险承担能力;另一方面提升了子公司归属感,从而以集团新增利润点的研发为己任。

从知识溢出来看,子公司业务相关性能够有效促进信息协同,增加

---

① 彭伟、符正平:《联盟网络、资源整合与高科技新创企业绩效关系研究》,《管理科学》2015年第3期。

对溢出知识的利用，产生二次创新。经营范围的相关性是知识溢出和研发协同的前提。王晓静等指出，业务相关性高的母子公司，可形成共同目标，缩短"行动—纠错"时间，避免知识沟通障碍[①]。相关业务是促使母子公司形成非正式沟通机制的驱动因素，正是因为沟通形成了信任与合作。当子公司与集团公司呈现高业务相关时，两者之间依存度增加。知识溢出促进思想的交流与碰撞、提升相互合作与创新，为技术创新的转化提供了契机。由此可见，高业务相关性通过促进集团知识溢出，提升了子公司技术创新。

从研发协同程度来看，业务相关性越高，集团公司对子公司进行研发管理的过程中，有越多的经验可以直接借鉴，业务相关性高的母子公司，在研发模式和文化氛围上具有相似性，研发人员交流的口径更趋于一致并有更多的知识交叉点。高业务相关性亦能够加强集团公司与子公司之间的沟通，共享市场研发需求信息。通过研发信息的共享，集团更容易实现合作带来的协同研发效应，从而比外部独立企业研发效率和成功率更高。例如，黄俊等证明，集团子公司的科技创新不仅依赖于自身的研发活动，而且受惠于其他成员的技术创新；并且集团业务相关性越高，成员研发的相互影响越高[②]。此外，业务相关性形成的研发协同可以降低多重途径导致的研发成本，从而提高研发动机。笔者团队在对海信集团进行实地访谈中发现，海信集团是以电视机等家电为核心业务，其集团研发中心多以家电类预研为主，海信电器和科龙作为与集团业务相关性高的子公司，与集团关联关系紧密，利用总部模组、屏幕和电机研发，在技术上呈现优势；而海信手机和光通信等业务相关性低的子公司研发则呈现劣势。综上所述，子公司业务相关性不仅有助于研发机会和资源的获取，而且扩大了知识溢出的范围和效果，提高了子公司与集团的研发协同，增强了研发动机，从而促进子公司研发。因此提出如下

[①] 王晓静、陈志军、董青：《基于业务相关性的母子公司文化控制与子公司绩效研究》，《经济与管理研究》2011年第9期。

[②] 黄俊、陈信元、张天舒：《公司经营绩效传染效应的研究》，《管理世界》2013年第3期。

假设：

  H15a：子公司业务相关性的增强有利于子公司技术创新。

2. 高管相关性与技术创新

  高管相关性指同时担任子公司和集团公司高管的人员数量及质量，用以反映子公司在集团网络中的关系嵌入程度（此处高管为广义的高管，包括董事会、监事会以及经理层）。例如，2015年海信电器高管在海信集团总部兼任共有5位，其中海信电器董事长刘洪新兼任集团董事及总裁，海信电器董事周厚健兼任集团董事长，其他海信电器董事（或监事）同时兼任集团董事（或财务部副部长）。同年福耀玻璃与其集团公司三益发展有限公司兼任的高管仅有1位，曹德旺任子公司董事长和集团公司董事。在这两个例子中，海信电器有5位人员在集团兼职，高管相关性较高，表明海信电器在集团网络中的嵌入程度较深；福耀玻璃仅有1位在集团兼任，其高管相关性较低，在集团中的嵌入程度较弱。同时，高管相关性还应当参考兼任职位的重要性，显然，在集团公司兼任董事长和兼任监事对于子公司而言，是不同程度的关系嵌入。之所以选择高管相关性作为关系嵌入的一个维度是因为，子公司在集团网络中的关联关系，不仅局限于股权关系，更多地受到关联业务、信任程度、家族亲戚和高管兼任等的影响，因此应从高管兼任的角度建立构念，衡量子公司在集团网络中的关系强弱。

  已有关于高管相关性的研究，涉及连锁董事较多，包括连锁董事的作用或意义、连锁董事衡量方法，以及连锁董事对企业绩效和行为决策等的影响机理。学者通过不同理论视角解释连锁董事产生的作用。Mizruchi提出了共谋理论，连锁董事是为了给双方带来更多利益的存在[①]。企业之间为了相互利用资源、达成市场联盟、共享投资机会和协调合作关

[①] Mizruchi M. S., "What do Interlocks do? An Analysis, Critique, and Assessment of Research on Interlocking Directorates", *Annual Review of Sociology*, 1996: 271–298.

系等，从而相互派驻了兼任董事（资源依赖理论）。Byrd 和 Mizruchi 通过金融行业企业研究，发现同时兼任多个企业的高管，可以有效发挥管理和监督作用，尤其是金融机构对企业派驻的董事[①]。这一点从金融控制和管理控制理论解释了连锁董事的作用。除了信息和资源导向的作用，连锁董事还有利于企业之间的合作，连锁董事网络的中心企业可以采取共同行为抵御恶意收购。连锁董事差异化的知识结构有助于监督其他人员的非效率投资，降低企业决策风险。当然，连锁董事的过度嵌入也会对企业价值形成损害。由于关系黏性的存在，连锁董事网络为兼任企业提供了路径惰性，总是依赖连锁企业进行市场开拓，丧失了创新性，同时可能存在嵌入寻租导致网络正向作用的损耗。虽然已有研究取得了一定进展，但是，集团内部高管相关性所产生的影响将显著大于独立公司之间的连锁董事，呈现新的特征和影响未进行研究。子公司与集团公司的高管相关性从资源和机会、信息传递及沟通、管理和监督成本三个方面对子公司技术创新的动机、资源和决策产生了影响。

从资源和机会来看，所处网络关系嵌入越深，越有利于资源和机会的获得。子公司高管相关性高，意味着有更多或者处于更重要位置的高管，能够充分及时地获得集团的决策信息和可供分配的资源，那么子公司为了解决研发资源问题，则可以通过关联高管向集团提出诉求并优先获得。张祥建和郭岚提到存在高管关联的公司之间可以相互利用资源、获取信息并协调关系[②]。对企业创新而言，需要更多知识积累量变，董事兼任的企业可以通过当面交流使得知识充分交换。在集团中高管关联进一步增加了子公司与集团公司之间的信任，使集团充分了解子公司的研发现状，降低了认知成本，实现了知识扩散。此外，兼任高管作为纽带，可使子公司及时利用集团机会与决策，促进子公司研发资源吸收。兼任高管有利于子公司向集团公司寻租，从而获得稀缺的研

---

① Byrd D. T., Mizruchi M. S., "Bankers on the Board and the Debt Ratio of Firms", *Journal of Corporate Finance*, 2005, 11（1）: 129 – 173.

② 张祥建、郭岚:《国外连锁董事网络研究述评与未来展望》,《外国经济与管理》2014年第5期。

发资源。高管兼任是母子公司能力转移的一种途径。由此可见,子公司与集团公司高管关联性越高,越有利于子公司研发资源和机会的获取,从而促进创新。

从信息传递与沟通来看,高管兼任作为桥梁连接子公司与集团公司,形成信息沟通的渠道。董事之间的联系可促进并购双方的交流,从而增加对经营状态和文化氛围的了解,有助于并购双方作出最优决策。与之类似,集团中高管关联缓解了集团公司与子公司的信息不对称,成为信息流通的一个途径。集团通过关联人员对子公司的研发能力、研发需求、研发困难充分了解,从而给予其相应的资源和人才支持。高管关联能够增加集团公司对子公司的信任程度,从而将研发任务委派给子公司。集团与子公司之间双向持续的沟通,可有效促进知识的转移,从而有利于子公司进行深度且长期的创新活动。

从管理与监督成本来看,兼任高管在为集团公司提供子公司经营状况、研发实力和研发进展信息的同时,节约了集团公司的管理与监督成本。例如,陈运森认为,子公司研发的决策权力往往掌握在高管手中[①]。当集团公司进行研发任务委派以及资源分配时,可以充分了解关联子公司的资源使用效率和研发进展信息,进而节约了监督成本,保证了资源高效投资。另外,由于兼任高管的存在,当集团公司与子公司进行研发协同时,更便于协调与磋商,可与其他子公司进行合作研发,节约协同成本,兼任高管减少了公司之间的矛盾与误会。此外,兼任高管在集团公司更多的话语权和决策权促使子公司研发项目通过审批,增加了子公司研发积极性。

综上所述,高管相关性提升了子公司与集团公司的关联关系,增强了其在网络中的嵌入程度,通过稳定关系获得稀缺资源和机会、增加了与集团的信息沟通、节约集团管理和协同成本,从而使得集团更支持子公司技术创新。故提出如下假设:

---

① 陈运森:《独立董事的网络特征与公司代理成本》,《经济管理》2012 年第 10 期。

H15b：子公司高管相关性的增强有利于子公司技术创新。

（三）子公司结构嵌入与子公司成长

子公司结构嵌入对成长的影响，从制度距离、地理距离与控制距离三个维度进行分析。制度距离研究最早源于跨国企业在不同制度环境国家设置或兼并子公司或者对外投资等国际商务领域。但随着制度经济学的发展与完善，同一国家不同地区或省份中的类似企业，也呈现了经营绩效或战略的差异性。外部制度环境距离可以部分解释上述差异。故制度距离被用于解释跨地区子公司的绩效差异。

对本书而言，如果集团公司与子公司制度环境上的差异较大，从组织惯例和合法性来看，可能会增加集团对子公司管理的成本，进而不利于子公司利用集团资源。但从异质环境带来的消费市场差异、资源差异等来看，异质性能够带给子公司异质资源、提供给子公司开辟新的细分市场的契机等，进而有利于子公司成长。综合这两个方面，前者的阻碍作用是短期影响，后者的促进作用是长期影响，而子公司成长是一个长期绩效。

中国地区间制度差异较大，市场分割严重，即使有互联网带来的全域销售，地方的隐性政策和消费者需求也存在较大不同。现有文献认为制度距离会造成子公司合法性难以获取、组织认同和集团惯性实施的降低。与之不同，本书认为，制度距离的差异能够促进集团内部资源或产品流动，能够帮助集团拓展对制度的全面了解和对市场的深度认知，从而有益于集团和子公司的长期发展。正如 Jackson 和 Deeg 对制度差异的观点[①]，制度差异是比较优势的来源，不同地区为当地发展制定了相应的政策和奖励，为企业集团进行制度套利提供了前提，同时帮助当地子公司建立内部独特优势，以弥补集团对该目标市场的竞争劣势。李元旭和刘飀也指出，在制度形成的区位优势下，子公司将为集团提供更匹配

---

① Jackson G., Deeg R.,"Comparing Capitalisms: Understanding Institutional Diversity and its Implications for International Business", *Journal of International Business Studies*, 2008, 39 (4): 540–561.

的价值链环节（如偏远地区土地价格在生产环节中的优势），进而提升集团对子公司的重视、促进子公司的成长[①]。当集团向制度差异较大的国内区域扩展市场时，子公司可以充当市场中介和信息搜寻者[②]，使信息流动得到改善，减少产品开发和销售中的不确定性。因此，集团与子公司的业务往来增加、信息交换增加，子公司在集团网络中的嵌入程度提升，进而有利于子公司成长。故提出如下假设。

H16a：子公司制度距离有利于子公司成长。

成长意味着企业的持续性，这种持续性与短期内的绩效提升或者市盈率不同。成长注重公司的长期竞争力、创新能力、社会责任的承担以及可持续发展能力。较近的地理距离有利于母子公司更频繁的沟通、走访，建立管理层之间的个人关系，一方面，有利于集团及时对子公司监督、减少监督成本、提升治理效果；另一方面，有利于子公司向集团进行议价、争取项目审批、争取研发机会等。故地理邻近的便利，会促使集团将更多资源配置到焦点子公司，将更多项目分配给子公司，进而促进子公司成长。

此外，地理空间的邻近能够创造信息优势。地理上邻近有利于集团与子公司增加信息流通、人员交流，促进与其他子公司的沟通往来，有助于提升信任、增加子公司在集团网络中的结构嵌入。同时集团能够便利获得子公司信息、及时准确了解其经营状况，当子公司在遇到经营困境时，更容易获得集团的支持和帮助，进而有助于子公司成长。

随着集团与子公司地理距离的增加，集团对子公司的管理程度、关注程度也会产生变化。李欣融等就提到，企业与监管组织的地理距离越

---

① 李元旭、刘飖：《制度距离与我国企业跨国并购交易成败研究》，《财经问题研究》2016年第3期。

② 王琳、陈熙、毛婷等：《制度距离与跨国并购：基于制度套利逻辑的研究》，《国际经贸探索》2022年第12期。

远,企业的发展和社会责任承担越差①。同理子公司与集团公司地理距离越远,越容易"脱轨"集团管控,与集团声誉维护等一致性降低,更有可能为了短期利益,损害子公司和集团长期发展。张广玲等认为,地理距离过远不利于集团与子公司之间的隐性关联,集团在助力子公司成长方面有很多非显性因素发挥作用,如研发人员流动、知识溢出、相互学习、共同决策等②。过远的地理距离降低了隐性关联,减弱了集团支持,进而不利于子公司成长。故提出假设:

H16b:子公司地理距离不利于子公司成长。

企业集团主要是金字塔层级式的构建。集团总部对子公司持股的间接程度影响了总部与子公司之间的沟通和交流。本书将集团在所有权控股上、从集团到子公司的距离称为子公司控制距离。从社会网络理论角度来看,地理位置上的疏远、结构上关联的复杂性等均增加了母子公司之间沟通的频率、沟通的程度和可能互惠的程度,因而控制距离不利于子公司从集团总部获得资源和支持。此外,当子公司控制距离较远时,集团通常两权分离程度更大,那么集团更有进行"隧道行为"的倾向,从而降低了对子公司的支持。可见,子公司控制距离不利于其成长。

H16c:子公司控制距离不利于子公司成长。

(四)子公司关系嵌入与子公司成长

从知识溢出理论角度来看,当子公司与集团总部业务相关性较高时,两者之间的知识重叠程度高。这意味着知识和经验在扩散、传递、吸收和学习过程中,损失较少,从而促进了总部与子公司之间合作的良性循

---

① 李欣融、孟猛猛、雷家骕:《地理距离对企业社会责任的影响研究》,《管理学报》2022年第2期。

② 张广玲、王鹏、胡琴芳:《供应链企业间地理距离与组织距离对合作创新绩效的影响》,《科技进步与对策》2022年第9期。

环。当子公司成长需要投入大量资金进行研发、市场调研、提升公司文化、改善组织结构的时候，这种知识体系和结构的相似性，使得集团信任并愿意支持子公司。同时，集团也希望能够从类似子公司的成长过程中获得反哺。因此，集团总部可能加大对子公司的支持，而子公司也更有动力进行上述活动，以进一步促进子公司成长。

子公司在企业集团网络中的关系嵌入越深，越有利于子公司获取网络中的资源。子公司成长除了来源于技术创新、知识学习以外，还需要感知市场变化、满足市场需求、有效配置公司资源。当子公司与集团总部业务相关性较高、业务往来较多时，子公司在集团网络中的嵌入程度会增加。子公司通过关系嵌入增加了与其他子公司互动，有利于子公司从中学习并获得成长。子公司通过关系网络获取资源和贷款，比从外部获得节约成本并且迅速便捷。因此，从资源利用有效性和低成本方面考虑，业务关联促进了子公司成长。故提出假设：

H17a：子公司业务相关性有利于子公司成长。

子公司高管关联指子公司高管同时在集团担任高管的情形，体现了管理层的关系强弱。具体而言，子公司高管关联通过以下三个方面发挥作用。

第一，当子公司高管相关性较高时（表现为兼任的职务较为重要或兼任的高管数量较多），这将有助于子公司建立信息优势，从而有更多途径获取内外部融资、获得行业发展趋势预测、了解集团内部相关产业消费者偏好与市场导向等。当子公司能够感知环境变化并能够应对这种变化时，这就降低了子公司的经营风险，从而促进子公司成长。

第二，当子公司高管相关性较高时，子公司在集团网络中将会处于较为中心的位置，这对于获取隐形资源和知识具有优势，在增强企业动态能力、创新能力方面有所裨益，进而促进子公司成长。学者们认为，关联高管的链接越紧密，越能够与其他董事进行交流和学习，避免失败风险，同时能够以较低成本获得集团资源，帮助子公司进步。

第三，当子公司高管相关性较高时，焦点子公司在集团网络中能够成为多个子公司的结构洞，拥有控制优势。这是指能够进一步促进与其他企业的合作和协同，在产业链上具有更强的议价能力，对于类似并购、投资新建、多元化和海外拓展这种战略愿景的构建与实施具有优势。"桥梁"作用致使子公司掌握更多信息和资源，降低企业对其他行动者的依赖，增强子公司的自主性，从而促进企业成长。综上提出假设：

H17b：子公司高管相关性有利于子公司成长。

（五）子公司结构嵌入与子公司国际化

子公司与集团总部的制度距离引致后果包括"外来者劣势""合法性"风险以及管理经验转移。当子公司的制度与集团制度差异较大时，子公司要进行国际化拓展，将会面临外来者劣势。例如子公司对当地市场需求调研预测不准确、与供应商接洽阻碍、供应商议价能力强等，可能会降低国际化业务的利润。"合法性"风险则更多表现为对正式制度内涵实践的不准确、对非正式制度的不了解。例如在一些海外地区，子公司对当地法律、经济和社会制度安排的错误解读，对民俗、语言、潜在经营规则不熟悉，导致经营困境或产品生产偏差。在管理经验转移方面，如果子公司所在地外部制度环境与母公司相差较多，那么集团总部的经营惯例、企业文化、价值观等如果直接照搬到子公司，则会产生不一致、不适用的问题。由此可见，子公司应根据当地的习俗、惯例构建新的管理流程，这将会产生较多的管理成本，因此降低了子公司的国际化收益。

从以上三个方面逻辑路径来看，有学者得出：为了获取"合法性"，集团不得不投入更多时间成本和物质成本来减少制度距离约束；管制、规范以及认知距离产生的合法性问题，还会波及海外子公司研发投入强度，降低海外子公司的竞争力；在海外并购方面，也发现当子公司与集团母国制度距离越大，并购之后要进行的变革和整合就越多，不仅表现在规章制度还包括隐性规则，由此并购失败的可能性就越大。

从母子公司之间的非制度距离来看，子公司所在地潜在的社会行为规范、价值观等也会对企业经营产生约束。而这些非正式制度透明性低、传递慢，需要子公司长期处于该制度环境下进行学习。例如，美国文化权利距离较低，崇尚创新和实用，因此其生产厂商将更愿意和具有创新精神和自由氛围的企业合作；日本文化权利距离较大，在生产制造过程中对细节要求较高，因此其厂商更愿意与严谨务实的企业合作。综上所述，当子公司制度距离与集团存在较大差异时，基于合法性、外来者劣势和管理惯性的困难，子公司国家化进程将会减缓。故提出假设：

H18a：子公司制度距离不利于子公司国际化。

尽管远程技术与虚拟团队等线上工作方式不断发展，但地理距离依然是制约企业国际化的主要因素。学者早期发现，地理距离导致沟通障碍、信息传递受损、运输成本和机会主义成本增加等，这些交易成本的增加会降低集团和子公司国际化的意愿。

地理距离对子公司国际化的影响有三个方面。第一，集团与子公司地理距离越远，两者之间的贸易流量就越少，且地理距离的影响程度达到75%。进一步地，学者们发现随着地理距离的增加，子公司国际化贸易的广度和深度、产品价格等均受到负向影响。只有少数生产能力较强的企业或国内市场萎靡的企业，会冒险性地采用国际化战略。

第二，地理距离增加会降低母子公司间知识溢出。地理差异会导致行政边界效应、语言差异、知识流动模式差异等。知识溢出取决于知识的适用性与传递渠道。当地理距离增加时，彼此研发或技术创新模式差异较大，集团母公司的知识能够有效指导子公司的可能性降低；当地理距离增加时，鉴于软信息标准性弱、容易失真、更加依赖面对面传递的特点，较长的传递距离和高价维系的有限传递路径，会降低软信息的贡献与使用。基于此，集团不倾向于支持地理距离较远的子公司进行国际化拓展。

第三，地理距离阻碍了资源的流动。子公司实施国际化战略之前，会考虑公司现有资源以及可能获得的资源。学者们发现，集团中出现"邻近偏好"，即与地理距离较近的子公司贸易往来更多，与地理距离较远的子公司贸易往来更少。地理空间按照区域的划分打破了市场分割，影响了区域间资源流动。同理，集团总部与子公司地理距离的远近，也影响了子公司获取目标资源的难度，且地理距离越远、难度越大。当子公司想要进行国际化拓展时，对目标市场的调研、产品设计和生产的调整、供货和销售渠道等都需要人、财、物的投入。但由于地理距离导致子公司丧失了利用集团内部资源的可能性，降低了集团对子公司的资源支持，那么子公司进行国际化拓展的意愿可能会下降。故提出假设：

H18b：子公司地理距离不利于子公司国际化。

子公司控制距离影响了子公司在集团内资源获取、与其他企业建立链接、学习等方面。本书借鉴闫海峰等提出的LLL模型[①]，分析子公司所处金字塔层级对链接（Linkage）、撬动（Leverage）和学习（Learning）的影响，进而影响子公司国际化。从链接角度来看，子公司所在的金字塔层级越低，控制距离越远，与集团总部的链接越少。链接和沟通的减少可能会减少集团对子公司各项活动的支持和信任；但从自主性角度来看，较远的控制距离使得集团总部对子公司的控制降低，子公司自主性增加，可以将更多注意力匹配到所处的经营环境中，更能感知到国际市场的风险和机遇。

从撬动来看，子公司层级越低，对集团内部的资源撬动能力越弱。由于控制距离的增加，子公司与集团总部疏远，在企业集团网络中很少处于核心地位、话语权降低。因此，在内部资本市场进行资源再分配时，子公司难以撬动集团内部资源。但从集团总部来看，子公司控制距离越远，总部的控制权和现金流权越分离，那么越有可能让子公司尝试风险

---

① 闫海峰、钱嘉怡、雷玮：《企业数字化水平对国际化速度的影响研究：基于LLL模型》，《软科学》2023年第2期。

性较大的活动，因为当活动失败时产生的利润损失较少。集团用较少的控制权，控制了较多资产。此时，当子公司能够从市场中获得发展空间、整合外部资源时，就会更倾向于开展国际业务。

从学习来看，子公司控制距离导致链接和内部撬动能力降低，故集团内部学习资源也减少。当子公司开拓国际化业务的地区与母国差异较大时，这种松散的制度约束可能会帮助子公司摆脱原有惯性，减少集团管理惯例、文化约束、研发生产习惯束缚。同时，子公司自主性的增加将促使其进行外部自主学习，依据外部优劣资源和机会进行国际化战略决策。故从学习角度来看，子公司控制距离越远，外部学习能力越强，进而有利于国际化。

H18c：子公司控制距离有利于子公司国际化。

（六）子公司关系嵌入与子公司国际化

高度的业务相关意味着子公司与集团总部有更多业务往来，有更相似的知识结构和运营流程，与总部交流沟通更多，在集团网络中关系嵌入程度更深。关系嵌入能够促进知识的融合与创新，进而为子公司获取海外市场提供技术支持。开拓海外市场时，子公司在短期内难以获得高质量低价格的生产要素，搜寻成本较高。此时，良好的母子公司关系，有利于集团总部借助内部资本市场，为子公司国际化提供稀缺资源、知识组件，有丰富和流动的创新知识，帮助子公司在国际化过程中更好地减少交易成本、降低机会主义风险。子公司有更宽裕的时间整合与自身发展相关的资源、技术和供应商，扩大国际市场影响力和知名度，突破壁垒，减少国际化阻碍，促进国际化进程。

从动态能力视角来看，子公司与集团业务相关性高，表明集团原有业务的管理经营、人才团队可以嫁接给子公司用于海外市场拓展，同时子公司在海外市场中学习的知识和经验，也可以逆向回流至集团总部进行检验和扩散。因此，集团在制定国际化战略以及委派子公司分工时，更有可能帮助焦点子公司进行国际化探索。同时，高度的业务关联帮助子公司在海外发展时，有更灵活的集团冗余资源作为支持，子公司的动态竞争能力更强、机会感知能力更强。在同一行业长期深入的经营，有助于子公司准确预判行业趋势、敏锐把握海外创业机会、及时加入市场变革，抓住窗口期进行海外发展，将动态能力转化为动态资源。

H19a：子公司业务相关性有利于子公司国际化。

母子公司高管的相关性对国际化的影响有三个方面。首先，高管相关性极大地提升了集团总部对子公司和高管的信任。当子公司制定国际化战略时，因为信任的增加，集团可能给予子公司更多技术和资源的支持。尤其是知识或信息等隐性资产，更容易在信任度高的成员之间形成共享。当集团与子公司之间高管信任程度较高时，集团能更尊重子公司本身的优势和劣势，进行建设性的辩论，减少因为个人或团体视阈偏见而引发的矛盾，从而推动子公司国际化进程。

其次，从社会认同理论来看，高管关联增加了集团对焦点子公司的认同，进而认可子公司的国际化战略。内部董事、外部独立董事等其他非正式群体之间的竞争，会对集团战略资源产生拉扯甚至瓜分，导致子公司获得的资源支持或战略支持降低，有损子公司发展。如果董事之间彼此认同，有共同的价值观和战略愿景，则会提升高管工作的积极性和效率，进而作出对子公司国际化有益的决定。

最后，子公司高管的相关性越高，表明子公司高管拥有的社会资本越多，子公司与集团总部、其他子公司之间的关联更密切。依据资源依赖理论，关联高管是不同公司之间交换信息和资源的渠道，影响到双向企业的战略性信息。关联高管通过拓宽信息获取渠道，有利于企业对国际市场的认知和了解，有利于识别和调研国际市场，进而推动国际化扩张。此外，国际化运营的复杂性要求子公司在未形成东道国合法性时，能够较快地建立组织架构与运营流程。通过关联董事，子公司能够获得更多的备选方案和解决方法，帮助子公司渡过"外来者劣势"的困难期。故提出假设：

H19b：子公司高管相关性有利于子公司国际化。

（七）结构嵌入与关系嵌入的交互作用

已有关于结构嵌入与关系嵌入研究的文献，大都仅从一个方面对嵌入在社会或经济环境中的主体进行分析，鲜少同时分析这两种嵌入。然而，Granovetter[①]在提出经济行为者社会嵌入时，却是同时提出的。关系嵌入更多的是描述企业与其他相关者之间的二元关系，强调这种关系的类型、性质和强弱等，而不能从更高层次观察企业在整体网络中所处的位置和形成的结构，并且这种二元关系研究在同时涉及多个二元关系时也呈现无法整合的情况。结构嵌入则从整体网络视角出发，探索企业在网络中的位置和整体网络结构对企业决策的影响。结构嵌入虽然能同时描述多个企业位置所形成的结构，但在这种分析中，将两个企业之间的关系内容忽略，仅探讨存在与不存在关系，故忽略了关系的特征。因此，将这两种嵌入纳入统一框架下进行研究，同时弥补了各自的缺陷，形成了两种嵌入的互补，更加有利于对网络嵌入性的认识。在此基础上，将两种嵌入进行交互分析就显得十分必要了。

结构嵌入主要关注的是子公司在集团网络中的位置，以及与集团公司是否通过中介关联。当子公司在集团网络中的结构嵌入处于优势地位时，可利用位置优先获得资源、构建多途径沟通、降低集团公司管理成本等[②]，与此同时，如果子公司在关系嵌入上亦占有优势，即子公司与集团公司业务范围相似性高，或子公司与集团公司关联高管更多，那么在形成的集团结构上，每一结构嵌入所呈现的二元关系也更加紧密，子公司与集团公司之间信任程度更高、联系更频繁、情感更稳固和亲密，

---

① Granovetter M., "Economic Action and Social Structure: The Problem of Embeddedness", *American Journal of Sociology*, 1985, 91 (3): 481–510.
② 陈仕华、姜广省、卢昌崇：《董事联结、目标公司选择与并购绩效——基于并购双方之间信息不对称的研究视角》，《管理世界》2013年第12期。

在采取互惠或协同行为时更能够进行良好合作，产生协同效果。与之类似，当子公司在集团关系嵌入中处于优势时，例如通过业务上的合作和关联高管的交情，与集团公司形成了超过股权持有的亲密关系，此时如果子公司还处于集团网络中的有利位置，那么会更加巩固关系嵌入，同时增加高质量二元关系的数量[①]。因此，子公司结构嵌入与关系嵌入优势是相互促进的。

当子公司在集团网络中占据非有利位置，例如距离集团公司空间较远、与集团公司经营环境相差较大或集团公司需经过多个层级控制子公司时，子公司在结构嵌入上呈现劣势，由此带来的资源获取、信息控制和成本优势逐渐消失。在该情形下，如果子公司在与集团公司的二元关系上能够保有高信任、高效率沟通以及亲密的互惠关系，则可在一定程度上缓解结构嵌入带来的劣势。例如子公司与集团公司虽然空间地理距离较远，但由于关联高管较多，那么关联高管经常参与集团公司会议、活动和培训等，成为子公司与集团公司沟通的桥梁，为子公司谋求更多的机会和资源，从而降低了距离较远导致的沟通劣势。实践中，海信科龙距离海信集团有四个控制层级，且海信科龙在广州而集团总部在青岛，海信科龙在地理距离与控制距离上均处于劣势。然而海信科龙的主要产品冰箱、空调和洗衣机等属于海信集团非常核心的主营业务领域，海信科龙高管中亦有五位同时在海信集团任职，包括集团总裁和副总裁等重要职务，由此可见，海信科龙在业务和高管相关性上与集团公司具有亲密关系。在笔者访谈中一位高管提及"正因为存在兼任情况，与集团很多决策人沟通更便捷，更容易说上话，许多科龙的研发项目在经集团总部会议讨论时更加被重视"。依据以上分析提出假设：

H20：子公司结构嵌入和关系嵌入对技术创新和公司成长具有互补作用，即关系嵌入优势能够减弱结构嵌入对技术创新和成长的

---

① 向永胜、魏江、郑小勇：《多重嵌入对集群企业创新能力的作用研究》，《科研管理》2016年第10期。

负向影响，增强结构嵌入对技术创新的正向影响，反之亦然。

四 集团支持的中介作用

社会网络理论表明，企业网络位置及关系决定了其所控制的资源、影响了其获得的信息及战略决策。在探讨子公司结构和关系嵌入特征对技术创新的直接影响之后，本书试图揭示该影响的路径。事实上，子公司的集团网络特征通过影响研发资源和动机作用于技术创新。在集团内部，由网络特征决定的资源优劣势体现在集团对子公司的资金管理和业务支持上，网络特征对研发动机的影响体现在知识溢出上。本书拟从集团支持视角出发，以集团支持为中介，探索集团网络嵌入如何导致集团支持差异，进而作用于技术创新。依据企业资源学说，企业将构建竞争优势的内部资源分为人、财、物、时间、技术和信息。因此，本书将集团支持分为集团资金支持和集团业务支持，研究子公司位置和关系导致的集团支持差异，进而对技术创新的影响。由于位置和关系可能对集团支持方式产生影响，为了进一步揭示究竟是通过何种支持方式发挥的集团网络中介作用，因此区分了资金与业务支持。

资源基础观表明，有价值的、稀缺的、不可模仿的资源是影响企业竞争的重要因素之一。集团网络作为外部制度和市场的弥补和替代，能够为子公司研发提供紧缺资源。然而，由于存在子公司地位和关系差异，集团内部资源和人事配置并非均等，而是受到子公司结构和关系嵌入的影响。集团在进行资源重新配置时通过两种途径给予子公司支持，一种是资金的方式，另一种是通过业务交易的方式，因此称为集团资金和业务支持。已有许多文献证实，集团存在内部资本市场发挥资金再配置功能，降低子公司融资约束，促进研发创新。然而并没有研究解释集团内部具有何种特征的子公司能够受到"偏爱"。随着集团规模的增加，集团内部结构和功能更加复杂，但对于这方面的探索较少。集团十几个甚至二十几个子公司中，在享有有限的集团资源时，何种嵌入程度和方式更能够获得集团支持，是本节试图解决的问题。

(一) 子公司结构嵌入、集团支持与技术创新

按照资源的类别,本书将集团支持分为集团资金支持和业务支持。企业集团内部业务支持表现在:子公司与集团公司(与子公司之间)的商品交易、提供或接受服务、资产交易、委托代理、租赁、托管经营、共同合作项目、研究与开发成果等;集团内资金支持表现在:资金交易、金融产品交易、担保抵押、股权交易、债券债务等。

为了探索子公司在企业集团网络中结构嵌入对技术创新的影响过程中,集团支持是否充当了桥梁作用,拟对子公司制度距离、地理距离和控制距离影响集团支持的路径进行分析。

1. 制度距离、集团支持和技术创新

上文论述了子公司与集团公司所在地的制度距离对技术创新的影响。那么集团支持是否在这种影响中扮演了通道的作用?从社会网络视角对制度距离的研究,认为制度距离是一把"双刃剑"[①]。它既是企业多元化前行、相互补充发展的前提,又是产生管理监督成本、文化差异的源泉。本书认为,子公司制度距离对集团支持的影响主要有两方面。一方面,子公司与集团所在地的制度差异决定了两者在经营环境、顾客需求、资源禀赋和经营战略方面的差异;另一方面,子公司与集团嵌入在不同外部地域网络中,成为彼此的结构洞。

从制度差异来看,当子公司与集团公司制度距离较大时,两者所面临的环境和资源重复性低,可以相互补充。此时集团公司若有扩大战略布局的目标,则会重视差异化环境中子公司的发展,认为由此带来的差异化的经验和资源能够在集团内部形成交流,促进集团共同发展,因此集团公司可能给予该子公司更多的资金支持。此外,集团通过业务关联和交易,与子公司交换资源、信息和技术,两者之间通过业务往来增强了关系,表现为集团给予子公司更多业务支持。何文龙和沈睿指出,集

[①] 曾伏娥、刘红翠、王长征:《制度距离、组织认同与企业机会主义行为研究》,《管理学报》2016年第2期。

团公司和子公司存在委托与代理人关系，集团公司分派研发任务给子公司，而子公司也具有一定的研发自主性。研发资源和内容的差异可以带来协同效应，因而集团愿意为子公司研发提供支持[①]。当然由于制度差异的存在，集团适用的管理经验可能难以在子公司推行，或者集团公司所在地经营环境与子公司差距较大，造成集团公司监管成本上升，从而减少了集团支持。具体是"促进"还是"阻碍"作用，还要进一步检验集团公司的战略愿景与发展方向。

从结构洞优势来看，Arora等认为，子公司与集团公司的制度距离为集团提供了与外界网络进行交流的结构洞（结构桥）[②]。当子公司处于差异化的制度环境时，可以接触到多样化的信息和合作伙伴，从而可能获得更多集团支持，促进技术创新。与跨国公司制度差异导致的管理困境和并购阵痛不同，创新更需要新思想、新需求和新创意。一国地域内适度的制度距离有利于接触高级信息、差异化知识、双边不连接的潜在伙伴，尤其是在创新实现化、创意商业化的过程中。章丹和胡祖光提及两个公司之间的非冗余信息对于建立有效的、促进创新的集团网络至关重要[③]。集团也意识到，在探索式创新方面，多渠道的知识源更有利于质变突破，从而与子公司有更多业务和合作往来。此外，在外部网络与内部网络处于桥梁位置的子公司，更易获得控制优势，从而增加与集团公司的谈判议价能力，获得更多集团支持。

以上论述了子公司制度距离对集团支持的促进作用。当集团给予子公司更多关注、更多资金和业务支持时，子公司更有能力和动力进行技术研发。一方面，集团资金支持缓解了子公司研发的融资问题，给予其充分的后援保障，增强子公司研发失败后的风险承担能力；另一方面，

---

① 何文龙、沈睿：《地理距离、子公司治理与企业内专利分布——基于中国上市公司的实证研究》，《经济科学》2016年第4期。

② Arora A., Belenzon S., Rios L. A., "Make, Buy, Organize: The Interplay between Research, External Knowledge, and Firm Structure", Strategic Management Journal, 2014, 35 (3): 317–337.

③ 章丹、胡祖光：《网络结构洞对企业技术创新活动的影响研究》，《科研管理》2013年第6期。

集团与子公司相关业务的交流与往来，促进了两者之间知识溢出，并且受"厚待"的子公司更愿意进行研发，提高资源使用效率，进一步改善在集团网络中的位置。综上所述，子公司与集团公司制度距离对子公司技术创新的提升，部分是因为制度差异改善了集团对子公司的支持实现的。故提出假设：

H21a：制度距离对子公司技术创新的促进作用，是通过增加集团资金支持实现的，即制度距离的扩大，增加了子公司的多样性和中心性，进而使得集团给予的支持增加，从而促进研发。

H21b：制度距离对子公司技术创新的促进作用，是通过增加集团业务支持实现的。

2. 地理距离、集团支持和技术创新

企业集团被认为是单体企业与市场中间的组织形式，能够在制度欠缺和市场不完善中起到补充作用。为了证明集团内部资本市场支持效应的存在，许多学者比较了集团隶属企业与独立企业的融资约束、技术创新和绩效等的差异。然而，鲜有文献具体说明什么特征的子公司更容易获得集团支持、集团内部结构又是怎样通过组织进路影响技术创新的。李彬指出母子公司在地理距离与制度距离上的影响并非同质的[①]。为了深入了解集团网络不同节点受到"父爱主义"支持偏好的差异，从子公司与集团公司地理距离视角进行分析。当地理距离呈现差异，进而导致在集团网络中的结构差异时，必然影响网络资源配置、集团监督成本和注意力分配。

从研发资源来看，子公司与集团公司相邻越近，在集团网络中越占据结构性位置，不仅与网络的中心连接紧密，还可能成为集团公司与其他子公司的信息桥。子公司结构嵌入有利于同集团公司建立良好的关系，并利用距离优势向集团寻租，以优先获得稀缺资源。曹春方等发现较远

---

① 李彬：《母子公司距离、内部控制质量与公司价值》，《经济管理》2015 年第 4 期。

的地理距离限制了资源传导，在母子公司之中，母公司"支持之手"倾向于将其控制的资源优先分配至距离自己较近的子公司；而"掠夺之手"则会伸向异地子公司①。集团公司不愿意将资源投向异地公司，因为距离导致的市场分割会阻碍利润的回流。可见，较远距离禁锢了利润的流动，集团公司出于投资回报的考虑，更愿意给予距离较近的子公司以资金和业务支持。

从监管成本来看，近距离监管可以缓解集团公司对子公司的信息不对称，从而充分掌握子公司资金使用和研发信息，降低监督成本。集团公司在对资金进行重新配置时，会以信息获得质量为基础，进行"胜利者挑选"（Winner-picking）。近距离子公司可凭借信息和成本优势，成为胜利者，获得集团公司更多支持。徐鹏等也发现集团在选择支持对象时，会将资金投给更安全的项目②。集团公司与子公司合作研发，也需要随时掌握研发动态，从而控制研发风险。因而距离近的子公司更容易获得集团公司支持。例如海信集团旗下有海信电器和海信科龙两个子公司，一个位于距离集团较近的山东青岛，另一个位于距离集团较远的广州深圳。海信集团在对海信科龙进行监管派遣人员时，许多交流人员都不愿意派驻深圳，由此可见，距离集团较远的子公司在监管方面要付出更多成本。基于此，对于投资风险较高的研发活动，集团更愿意将研发资金、项目或机会给予近距离子公司。

从注意力理论视角来看，作为核心的集团公司，不仅是自主经营的主体，更需要负责集团战略制定及子公司管理工作。但由于大量信息和有限精力的矛盾，集团公司对不同子公司所投入的关注和理解、交流和讨论、合作和激励等方面的时间和努力不同，这称为集团公司注意力差异。许晖和郭净发现，管理者在某一方面投入的资源和精力，决定了其

---

① 曹春方、周大伟、吴澄澄等：《市场分割与异地子公司分布》，《管理世界》2015年第9期。
② 徐鹏、刘萌萌、陈志军：《企业集团内部资金支持发生机理与效果研究——基于风险倾向的调节作用》，《软科学》2014年第10期。

资源配置倾斜①。对于集团公司而言，地理距离是影响其注意力的重要方面。近距离子公司不仅与集团交流更密切、信息更透明，而且受到的注意力也更多。因此，从集团公司的行为倾向（即注意力分配）来看，地理距离越近，子公司得到的集团资金和业务支持也越多。

作为集团公司而言，其资金支持充分发挥"多钱"和"活钱"效应，为子公司技术创新提供了财务支援。集团公司业务支持发挥了互补与协同效应，与子公司合作交易等，为子公司研发提供了机遇，帮助其选择合适项目进行研发等，促进了子公司技术创新。综上所述，子公司地理距离优势，通过增加资源的获得性、减少监督成本、增加集团公司注意力等途径，获得了更多集团资金和业务支持，进而促进了子公司研发。故提出假设：

H22a：地理距离优势对子公司技术创新的促进作用，是通过增加集团资金支持实现的。

H22b：地理距离优势对子公司技术创新的促进作用，是通过增加集团业务支持实现的。

3. 控制距离、集团支持和技术创新

控制距离是对股权持有链条上集团公司与子公司之间距离的描述，反映了集团的控制程度。已有关于控制距离的研究着重于解释两个方面，即集团作为缓解融资约束新投资或设立子公司而产生的正向收益，以及通过控制距离进行遮云蔽日的隧道行为而产生的负向损失。由于正反双向的影响，导致控制距离与企业投资、企业价值等的不确定关系。然而研发活动与其他投资不同，研发具有投入大、风险高、投资回报期长的特点，那么控制距离缓解融资约束的正向影响在集团网络中是否会被削弱？本书拟从集团控制和收益、子公司成本与机会主义视角两个方面，

---

① 许晖、郭净：《中国国际化企业能力—战略匹配关系研究：管理者国际注意力的调节作用》，《南开管理评论》2013年第4期。

分析控制距离对集团支持，进而对技术创新的影响机理。

从集团控制与收益视角来看，一方面，控制距离的增加减弱了集团公司对子公司的控制，并且提高了子公司利益回流的困难。控制距离延长无形中增加了集团获取子公司信息、对子公司下达命令以及对其监管的复杂程度。曹春方等认为，金字塔的距离在最终控制人与公司之间形成了隔离带，随着金字塔距离的增加，最终控制人对公司进行干预的成本越来越高[①]。控制距离增加导致集团公司的控制更加复杂、更加不便利，降低了集团与子公司之间信息透明度。而集团也不愿意将资金投入难以控制的子公司支持其发展。另一方面，控制距离阻碍了现金流权的实现。当集团公司具有较少的现金流权收益时，可能利用控制权掏空公司。由此可知对于控制距离较远的子公司，集团公司更倾向于通过关联交易或资产转移进行隧道攫取行为，而不是支持行为。当控制距离延长时，集团对子公司控股比例有限，子公司产生的利润按照现金流权分配至集团公司需要经过层层中间公司截留。与之类似的是，子公司研发获得的新知识或技术，也需要经过较长距离达到集团公司，其知识溢出的边际效应降低，为集团带来的共享知识减少。在政府管控的国有企业中，当政府提取收益的难度增加时，给予企业支持的动机就会减弱。因此，集团公司不倾向于将资金投给利润和知识回流困难的子公司，即控制距离抑制了集团支持。

从子公司机会主义视角来看，控制距离增加为子公司高管行使机会主义自利导向的行为提供契机，增加非理性投资，从而导致集团支持的减少。刘行和李小荣指出，金字塔层级距离的增加会导致严重的经理人代理成本问题，国有集团层级距离在降低政治干预成本的同时，也增加了管理成本[②]。当缺少控股股东监督时，管理者会将现金用于非效率投资，如投资回报期较短、回报率较高的金融投资等。佟岩和刘第文认为，

---

① 曹春方、许楠、逯东等：《金字塔层级、长期贷款配置与长期贷款使用效率——基于地方国有上市公司的实证研究》，《南开管理评论》2015年第2期。

② 刘行、李小荣：《金字塔结构、税收负担与企业价值：基于地方国有企业的证据》，《管理世界》2012年第8期。

更多的现金导致自主经理人利己投资动机增强①。故当控制距离降低了集团公司对子公司的监管和控制时，子公司往往会出现自有收益导向的行为，不利于集团整体利益，集团公司可能会减少支持行为。

上述从理论与文献的视角分析了控制距离与集团支持的关系，事实上从案例中也可以发现两者的影响。上海电气和上海机电分别是上海电气（集团）总公司的1级子公司和3级子公司，两者仅在控制距离上存在差异（控制了制度与地理距离）。上海电气主营业务为新能源及环保设备，上海机电的主营业务则为电梯制造。根据资料发现，上海电气2015年与集团公司关联交易为2.6亿元，而上海机电则与集团公司没有任何关联交易。另外，集团公司为上海电气租赁房屋并协助产权登记事务、提交预付款等，还在上海电气的财务公司存有不高于75亿元的现金存款。进一步研究发现，2015年上海电气技术创新约为24亿元，而上海机电仅为6.8亿元。由对比可见，集团公司对上海电气的资金和业务支持远远大于上海机电公司，控制层级的差异在较大程度上影响了集团支持，且由于集团支持的影响，上海电气研发也远大于上海机电。从这个实例证明，控制距离影响了子公司创新，并且是通过集团支持差异产生的。

综上所述，集团公司与子公司控制距离的增加，会导致集团公司与子公司信息不对称严重、难以控制和监管、难以进行利益提取，从而减少了对子公司的支持。集团公司对子公司业务和资金支持的减少，进一步降低了子公司研发资源，阻碍了技术创新。故提出假设：

> H23a：控制距离增加对子公司技术创新的阻碍作用，是通过减少集团资金支持实现的。
>
> H23b：控制距离增加对子公司技术创新的阻碍作用，是通过减少集团业务支持实现的。

---

① 佟岩、刘第文：《整体上市动机、机构投资者与非效率投资》，《中央财经大学学报》2016年第3期。

（二）子公司关系嵌入、集团支持与技术创新

1. 业务相关性、集团支持和技术创新

已有文献鲜少分析集团内部成员之间的二元关系，在业务相关性对子公司与集团影响方面的研究较少。子公司与集团公司业务相关性既包括产品的互补，也包括纵向产业链上的前向、后向关联。子公司由于业务相关性的不同对集团支持产生影响，进而作用于技术创新。本书拟从业务相关性导致的协同差异和管理差异两个方面进行分析。

从子公司与集团公司协同来看，集团核心竞争优势在于协同效应的产生，而子公司业务相关性有利于协同的进行。子公司与集团经营范围的关联，决定了在市场信息需求和技术获取上的相似性，并且交流的内容也产生重叠和互补，有利于在生产过程中交换经验和教训，形成合作和协同。黄俊等指出，集团成员之间经营业务的关联形成了集团内部相互学习的基础，使得相互之间的联系越紧密，业绩影响的可能性越大[①]。当集团成员之间的业务接近时，可以分销采购和销售渠道，或共同开发新技术等，彼此在资金和交易上紧密相连。基于此，集团公司更愿意对业务相关性高的子公司给予资金支持。此外，业务相关也会影响技术传导和技术支持。主营业务的差异在较大程度上决定了企业技术创新的范式、类型和风险。王耀中和刘舜佳认为，企业后向关联业务程度越强，彼此之间越有能力提供技术支持[②]。技术溢出与企业的吸收程度相关，当业务关联性较强时，企业之间倾向于产生技术支持。公司前向和后向关联有利于企业的成长。在集团中，当子公司与集团业务相关性高时，集团公司越可能与子公司之间形成技术上的交流与合作，为其提供更多的技术和业务支持。

从集团公司的管理差异来看，子公司与集团业务相关性越高，集团

[①] 黄俊、陈信元、张天舒：《公司经营绩效传染效应的研究》，《管理世界》2013年第3期。

[②] 王耀中、刘舜佳：《基于后向关联渠道的技术外溢及其影响因素的实证研究》，《财经理论与实践》2008年第4期。

越容易对子公司进行管理和监控，从而更愿意将资金投资至该子公司。王晓静等指出业务相关性高的子公司，在行为模式、组织凝聚力、制度一致性和管理模式方面，与集团具有高度的相似性[①]。业务相关性程度高的母子公司具有共同的目标和价值观，在文化管理上可以相互借鉴。从集团视角来看，与集团业务高度相关的子公司，大都是集团核心经营业务，本身在战略上就具有重要性，因此集团需要给予该子公司以资金和业务支持帮助其进行创新和发展。此外，业务相关性极大程度上便利了集团公司的监管，管控模式具有高的复制性和透明性，因此集团更愿意将资源和人才分配至该子公司。业务相关性高的子公司与集团更重视非正式的沟通机制，并且具有高忠诚度。由此可见，基于管控上的便利和收益，集团公司更愿意给予业务关联高的子公司以支持，进而促进子公司创新。

从实践中来看，也可见集团支持在业务关联上的偏好。中国汽研（601965）和中国医药（600056）同属中国通用技术集团控股有限责任公司（以下简称中国通用）控制下的上市子公司，中国通用为集团公司。中国通用是国有独资企业，经营范围包括装备生产制造、贸易工程承包与医药产业。其中，集团战略目标为优先重点发展制造业，建设科工贸大型企业集团。由此可见，对中国通用而言，汽车制造相对于医药生产更处于核心业务。反映在集团支持上，2022年中国汽研累计对集团公司的应付项目金额为五亿多元，而中国医药对集团公司的应付项目全额为两亿多元，远小于前者；不仅如此，中国汽研还与集团公司有多笔业务往来、在集团公司旗下的财务公司进行存款和贷款。可见与集团公司业务相关程度越高，获得的集团支持也越多，进而可能产生对技术创新的促进影响（2022年中国汽研研发投入强度为6.88%；中国医药为2.55%）。

通过以上理论和实践分析，子公司与集团公司业务相关性越高，两者的协同效应越大，集团公司管理越便利，对该子公司支持所付出得到

---

① 王晓静、陈志军、董青：《基于业务相关性的母子公司文化控制与子公司绩效研究》，《经济与管理研究》2011年第9期。

的回报越多，因此越倾向于给予资金和业务支持。子公司获得更多支持，越有能力进行研发，从而促进技术创新。故提出假设：

H24a：子公司业务相关性对技术创新的促进作用，是通过增加集团资金支持实现的。

H24b：子公司业务相关性对技术创新的促进作用，是通过增加集团业务支持实现的。

2. 高管相关性、集团支持和技术创新

子公司与集团公司的高管相关性，反映了子公司与集团在关系嵌入上的强度。子公司高管在集团任职与否、职位的重要性程度以及与集团其他高管的关系等，均影响高管相关性。本书拟从高管关联的强弱、高管关联形成的信任以及彼此受益的程度三个方面来分析对集团支持决策的影响，而这三个方面也是关系嵌入衡量的三个重要维度。

从子公司高管相关性的强度来看，关系理论表明，关系强度对资源的获取和整合具有影响。子公司通过高管关联，与集团公司建立稳定、持久的关系，有利于获得集团支持。毕静煜和谢恩发现稳定关系有利于两者之间信息的沟通和资源流动[①]。集团公司给予有高管关联的子公司资金支持时，可以以较低的成本进行有效监督，其支持投资的风险较小，并且可以通过关联高管实现两个公司之间信息和知识的及时传递、降低信息成本、了解子公司技术和市场潜力。Leung等研究表明，资源的所有者不愿意为缺乏合理关系的新企业提供资源[②]。高管强相关性能够传递复杂的信息，这是弱关系网络所不具备的。对于困境中的企业或者风险较高的投资项目，朋友所构成的强关系通常是项目或企业所需资源的主要来源。由此可见，对于子公司研发而言，具有高管关联的子公司，

---

① 毕静煜、谢恩：《研发联盟组合关系特征与企业创新：伙伴地理多样性的调节作用》，《管理评论》2021年第10期。

② Leung A., Zhang J., Wong P. K., et al., "The Use of Networks in Human Resource Acquisition for Entrepreneurial Firms: Multiple 'Fit' Considerations", *Journal of Business Venturing*, 2006, 21(5): 664–686.

能够与集团公司之间形成稳定、频繁和良好的关系，而集团公司也更愿意将有限的资源和人才投入该子公司去。

从高管关联形成的信任来看，信任是合作的基础和前提，尤其是在隐性知识以及创新产权保护弱的中国，信任是促进双方进行研发合作的重要因素。子公司与集团公司的高管关联在两方之间形成了良好的信任关系，都预期对方会采取善意的可信赖的行为。而信任能够形成高情感型合作特征，促进资源的交流，使得集团公司更愿意支持子公司，给予更多资金和业务上的往来。集团内部给予互惠信任和情感纽带的关系，更有利于其克服外部不利环境，帮助企业获取知识资源。许晖和郭净在创新模型中指出，高管关联增强了双方之间理解信任的程度，并减少信任建立所需要的时间和精力，可以使集团公司更放心地作出资源支持承诺[1]。高管关联提升了子公司与集团之间的信任程度，使得集团支持增加，进而促进子公司技术创新。

从高管关联带来的收益程度来看，高管关联形成的关系溢出，对研发合作的双方均产生收益回报。子公司负责研发主要实施过程，而集团公司则负责资金和业务支持，并对资源使用情况进行监督，对研发进行指导。两者之间通过高管关联建立的关系促进了两者在研发活动中的收益。兼任高管可以帮助子公司进行互补支持资源的整合、调整和吸收，集团公司可以通过高管有效了解子公司及时信息，改善支持口径，并更好地共享子公司技术溢出，获得支持补偿。潘秋玥等认为，关系嵌入是因项目而异的动态资源整合与技术创新的中介机制[2]。企业集团内部通过人力资源流通改善关系嵌入方式，以获得解决问题的不同途径以及促进项目的完成。可见，子公司与集团公司的兼任高管担任了信息和关系桥梁，促使集团公司给予更多支持，增加了子公司技术创新。

综上所述，子公司与集团公司的高管相关性越高，两者在关系强度、

---

[1] 许晖、郭净：《中国国际化企业能力—战略匹配关系研究：管理者国际注意力的调节作用》，《南开管理评论》2013年第4期。

[2] 潘秋玥、魏江、黄学：《研发网络节点关系嵌入二元拓展、资源整合与创新能力提升：鸿雁电器1981—2013年纵向案例研究》，《管理工程学报》2016年第1期。

信任程度和彼此受益程度上都有所改善,并且兼任高管促进集团公司对子公司的支持,进而增加了子公司技术创新。故提出假设:

H25a:子公司高管相关性对技术创新的促进作用,是通过增加集团资金支持实现的。

H25b:子公司高管相关性对技术创新的促进作用,是通过增加集团业务支持实现的。

五 子公司在集团网络中嵌入的边界条件探析

企业集团是不完善市场和"空白"制度环境的产物,集团网络的作用与外部环境和制度因素紧密相关。上述分析了子公司在集团中的嵌入对技术创新的正向作用,以及对子公司成长与国际化的非线性关系。非线性的影响表明子公司存在集团嵌入均衡,适当的嵌入程度有利于子公司成长与国际化。但是,均衡的实现可能因为外部环境变化产生移动。例如,当子公司所处的外部条件极其恶劣、外部监管失灵、金融市场秩序混乱时,子公司可能更加依赖集团资源获得发展,此时子公司嵌入与成长之间的倒"U"形关系更加显著,同时子公司可能在更深程度的嵌入上才能达到均衡。为了检验子公司嵌入的边界条件,进一步揭示外部环境对子公司嵌入与子公司发展之间关系的影响,本书试图分析环境的不确定程度与国际贸易争端的调节作用。

(一)环境不确定性的调节作用

1. 环境不确定性对子公司嵌入与创新关系的调节作用

在不确定性较高的环境中,技术动态更迭变快、产品和工艺更新周期变短、技术知识的过时风险较高。而研发又属于投资回报期较长的活动,其研发资源投入结果本身也具有不确定性。因而在面对外部动荡环境时,公司难以承担风险,更多采取观望战略,较少进行技术创新。此时嵌入在企业集团中的子公司，由于具有风险缓冲机制的集团网络作为保障，相较于嵌入程度浅的公司，更容易进行创新活动。具体来看，不确定环境包括几个方面：技术不确定性、客户需求变化较快、竞争者和潜在替代者更新速度快。当行业技术不确定较高时，研发风险增加，对企业集团嵌入越深的子公司，风险的承担能力更强。例如王炳成等发现，借助集团内部资本市场，在面对融资约束和资金借贷等问题时，嵌入在集团的子公司能够获得缓冲[1]。故当技术环境不确定性较高时，子公司嵌入程度为创新带来积极影响。当客户需求不确定性较高时，客户需求改变、客户群体改变、产品面对的细分市场改变等，可能会与现有公司产品的开发方向不一致。嵌入程度深的子公司，可以借助集团更广泛的注意力，关注到这些变化，及时调整研发方向或者重新确立研发项目，从而降低研发不适用性风险。Freel发现，对不确定性关注高的公司，创新水平也越高[2]。当竞争者行为不确定性高或竞争者信息不确定性高时，限制了子公司创新搜索范围和对市场预期的判断。如果子公司依附于集团，则可以通过集团力量，摊销信息搜索成本、扩大信息搜索范围，更加了解竞争者的动态，进而子公司可以将最有用的资源配置到亟须的研发中去，提高研发效率和成果转化。当环境的不确定性下降时，集团嵌入的优势也有所下降，子公司可以在外部环境中获得研发所需资源和信息，子公司嵌入对创新的影响减弱。故提出假设：

H26：环境不确定性加强了子公司嵌入与创新之间的正相关关系。

2. 环境不确定性对子公司嵌入与成长关系的调节作用

前文分析到子公司内部嵌入对成长的影响呈倒"U"形。当子公司

---

[1] 王炳成、郝兴霖、刘露：《战略性新兴产业商业模式创新研究——环境不确定性与组织学习匹配视角》，《软科学》2020年第10期。

[2] Freel M. S., "Perceived Environmental Uncertainty and Innovation in Small Firms", *Small Business Economics*, 2005, 25 (1): 49–64.

内部嵌入程度较低时，意味着母子公司关系疏远，子公司在集团内的地位较低。子公司嵌入对成长的影响有两个途径：第一，随着子公司在集团网络内边缘化，其对集团的贡献亦降低，因而难以从集团获得关键资源和母公司的额外投资，进而不利于子公司的成长；第二，子公司低贡献导致集团不愿意培育其长远发展能力，更倾向于采取隧道行为。这两个机制在环境不确定性程度变高时，会加剧对子公司成长的影响。这是因为：环境的不确定性增加了信息不对称程度，外部投资者难以获得子公司经营研发等信息，降低了投资者的信心，因而子公司更难以从外部获得贷款或债券，即不确定环境加剧了低集团嵌入导致的低成长速度。子公司所在地的行业风险通过影响集团对子公司的资源输入进而降低了子公司绩效。因此，当外部不确定性高时，加剧了低嵌入导致的低成长。

当子公司在企业集团中适度嵌入时，同时可以保证对外部网络的部分嵌入。不确定环境中，子公司可以通过双重途径获取信息，以降低不对称性和市场风险，因此最有利于子公司成长。当环境不确定程度增加时，通过适度嵌入的子公司不仅集团共担风险机制发挥了更大作用，成为子公司成长的缓冲器，外部市场的兼顾也使得子公司能够及时感知环境不确定性，进而灵活应对。这时环境不确定更凸显了子公司内部嵌入与成长的正相关关系。

当子公司在企业集团中高度嵌入时，过于聚焦集团网络可能导致其忽略外部网络资源。当外部不确定性程度较高时，子公司难以及时获得市场信息、难以保持灵活性和适应性，可能被动应对市场变化，丧失快速反应的能力，从而更加不利于子公司成长。在复杂环境中集权下的层层审批将丧失市场反应的先机，集团应当将命令模式转变为参谋模式，给子公司更多自主决策权。由此可见，环境不确定加剧了子公司深度嵌入导致的成长滞缓。综上所述，提出假设：

H27：环境不确定性强化了子公司内部嵌入与成长之间的倒"U"形关系，即加剧了倒"U"形曲线的峰度，当环境不确定高时，子公司低嵌入和高嵌入导致的成长缓慢更显著。

3. 环境不确定性对子公司嵌入与国际化关系的调节作用

子公司在集团网络中的嵌入程度与国际化速度呈倒"U"形关系。当子公司所处的环境不确定性程度高时,两者之间的倒"U"形关系更显著,加剧了曲线峰度。陈胤默等发现,当子公司面对的外部不确定性风险增加时,公司会通过降低内部风险来平衡总的风险①。降低内部风险的决策可能包括减少研发投入、减缓国际化进程、减少对外投资、增加流动资产等。对拥有国内市场的子公司而言,在外部风险较高的同时,如果对集团嵌入程度低而不能获得稀缺资源,那么子公司更可能会暂缓国际化活动,减少对外投资。不确定性高还意味着不可预测性增加、模糊性增加、信息的透明性降低,低嵌入性的集团总部更加难以获得子公司信息,并且对子公司投资的收益变得不明确,因而集团会减少对低嵌入子公司的支持。综上所述,当环境不确定性高时,倒"U"形曲线左侧更低。

随着子公司嵌入程度的增加,集团与子公司之间互动和互惠增加,子公司在集团网络和国际网络中均衡涉入。子公司与集团网络共担风险,在外部不确定性增加的时候,有更强的风险承担能力。子公司高管通过与集团的交流,能够获得更多的经验,有助于其应对不确定环境。任鸽等认为借助于集团的经验,高管在面对变化的环境时,能够帮助子公司快速应对和快速调整,更可能继续执行国际化战略②。子公司在集团的指导下更容易建立不确定性管理能力,使得组织更有弹性,更能与国际市场互动,例如子公司可以运用冗余能力和既有流程来获取和传播信息、开拓市场等。尽管不确定性下的国际化会面对更多威胁,但同时因为进入者的减少,子公司面临的竞争也将减少,获得的收益将更大。因而,适度嵌入的子公司在获得集团支持的情形下,往往会采取冒险但利润高的国际化行为,倒"U"形峰度随着嵌入更加明显。

---

① 陈胤默、孙乾坤、文雯等:《母国经济政策不确定性、融资约束与企业对外直接投资》,《国际贸易问题》2019年第6期。
② 任鸽、陈伟宏、钟熙:《高管国际经验、环境不确定性与企业国际化进程》,《外国经济与管理》2019年第9期。

当子公司对企业集团的嵌入程度过深时，负向锁定效应会在不确定性环境中加剧。Hennart 发现，子公司的国际化行为受到母公司介入的影响，当集团感知的环境风险增加时，会通过施加压力抑制子公司国际化的意愿①。此外，相较于子公司，国际化集团会对国际化过程中汇率变动、国际贸易政策、国际资本管制和国际投资审批等更加敏感，集团为了整体利益，可能会阻止子公司的国际化行为。此外，子公司对集团的过度嵌入导致国际市场的注意力分配不足，并且组织结构更符合集团合法性，从而不利于在多变的国际市场中进行调整和灵活应变，也不利于及时捕捉不确定环境中的新信息，往往导致子公司国际化战略的夭折。故当环境不确定性增加时，子公司嵌入与国际化倒"U"形曲线的右侧更低。综上所述，提出假设：

H28：环境不确定性强化了子公司内部嵌入与国际化之间的关系，加剧了倒"U"形曲线的峰度，即当环境不确定性程度大时，子公司低嵌入和高嵌入导致的国际化程度下降增加。

（二）国际贸易争端的调节作用

国际贸易争端是国际贸易往来和活动中产生的争端、争议、摩擦和纠纷。本书主要研究中国与其他国家在国际贸易中产生的争端，涉及政治干预和贸易壁垒等。21 世纪，中国的主要国际贸易争端对象是美国，其表面上是货物的贸易干预，但实质影响到产业价值链的每一个环节、每一个公司，贸易争端不仅影响到具有国际化业务的子公司和集团，也影响到国内子公司和集团。从贸易争端的手段来看，包括征收关税、禁止提供原材料、禁止技术合作、禁止销售、巨额赔偿和诉讼等。国际贸易争端增加了子公司面对环境的不确定性和动态性，进而对其决策和经营产生影响。

---

① Hennart J. F., "Emerging Market Multinationals and the Theory of the Multinational Enterprise", *Global Strategy Journal*, 2012, 2 (3): 168 – 187.

1. 国际贸易争端对子公司嵌入与创新关系的调节作用

国外的政府可能会突然改变公司运营的"博弈规则",国际贸易风险的不确定性会蔓延至整体制度环境,使得公司不得不审视产品之间关系的变化和创新研究方向变化。例如,中美贸易争端影响了部分的技术国际合作,2018年超过21亿美元的企业间技术合作被美国阻止,包括蚂蚁金服与Money Gram的合作、国投创新与Maxwell的合作①。企业集团在应对这种国际争端事件方面更有经验。当子公司正在进行的研发或国际技术合作因贸易争端受阻时,集团可以帮助子公司应对研发的不确定性,提供给子公司资金周转、帮助子公司确定新的合作对象。子公司在企业集团中嵌入越深,得到的帮助越多,因而国际贸易争端使得子公司与集团关系更紧密,集团弥补了动荡环境中的制度劣势,贸易争端强化了两者之间的关系。

另外,贸易争端往往带给企业危机感。当国际情势变化导致原材料等价格上涨时,公司有更强烈的动机通过创新谋求新的发展方向。例如华为手机是中美贸易摩擦的重要标的,当美国提高了华为获得芯片的成本之后,华为在集团的帮助下,加大了芯片的研发和创新。综上所述,当国际贸易争端激烈时,越拥有集团支持的子公司,越愿意增加研发。提出假设:

H29:国际贸易争端加强了子公司嵌入与创新之间的正向关系。

2. 国际贸易争端对子公司嵌入与成长关系的调节作用

子公司对企业集团低嵌入程度,表明子公司并非处于集团核心子公司的地位,因而获得的资源和支持也有限。当国际贸易争端严峻时,子公司面临的外部环境更加恶劣,不利于在外部市场上获得贷款、资源、渠道等,又难以共享集团内部的缓冲机制,因而对其成长的影响效应更

---

① 李童:《双边关系对中国技术寻求型对外直接投资的影响——以中美贸易争端为背景》,《人文杂志》2019年第8期。

大，倒"U"形曲线左侧成长降低。

在达到最优嵌入之前，子公司嵌入程度越深，越能够从集团中受益，从而有益于子公司成长。尤其当外部环境恶劣，国际贸易争端严峻时，子公司面临严重的金融压力、原料价格波动、销售渠道变动等问题。Kim 研究韩国企业集团的数据发现，融资约束在集团网络内部得到缓解。在恶劣的金融环境下，与集团总部关系越亲密的子公司能够获得的贷款额度越高[1]，国内母子公司之间的联系在减轻出口的财务约束方面起重要作用。国际贸易争端还会阻碍资源和产品的自由流动，导致供应商和客户的变化、原材料和产品价格的波动。当公司在更换或者重新寻找价值链伙伴时，既要付出时间成本、信息成本，也要付出资金成本。嵌入在集团网络中的子公司，嵌入程度越深，能够被分摊的成本越多，在与集团共享信息和渠道的同时，节约了上述成本，从而有利于动荡环境中子公司成长。故国际贸易争端之下，子公司嵌入程度与成长在上升阶段的正向关系更加显著。

在达到均衡之后，子公司嵌入与成长呈负相关关系，主要是因为子公司对集团的深度嵌入引起的锁定效应，其表现有三个方面，第一，过度关注内部合法性，忽略外部合法性；第二，双重网络精力分配问题；第三，环境变化导致的经营活力和应对能力问题。当子公司母国与其他国家出现贸易摩擦时，过度嵌入导致对外部合法性和动态环境的忽略，会使得子公司失去对市场的嗅觉，表现在消费者需求变化的后知后觉、研发未向新需求转化、在动荡时期未预留足够的冗余资源等问题，从而阻碍子公司的发展。因此倒"U"形曲线的右侧会更向下倾斜。综上提出假设：

> H30：国际贸易争端加强了子公司嵌入与成长的关系，加剧了倒"U"形曲线的峰度，但同时整体子公司的成长性降低。

---

[1] Kim M., "Effects of Financial Constraints on Export Performance of Firms during the Global Financial Crisis: Microeconomic Evidence from Korea", *Applied Economics Letters*, 2019, 26 (1): 10 - 15.

3. 国际贸易争端对子公司嵌入与国际化关系的调节作用

国际贸易争端对子公司嵌入与国际化关系的影响尤为显著。国际贸易争端出现的时候，可能出现相关产业的产品出口关税增加、人民币汇率波动、国际合作受阻、国际审批复杂等状况。上述国际贸易争端导致的后果在极大程度上降低了子公司国际化的意愿，不仅包括低嵌入程度的子公司也包括高嵌入程度的子公司。国际贸易争端加剧了市场的不确定性、增加了公司之间的交易成本。周燕认为，国际贸易争端使得公司自主搜寻销售对象、确定比较优势等活动的成本增加，如果集团能够发挥协同作用，促进集团内子公司搜寻不同方向信息以共享，将会极大降低成本①。在这一过程中，嵌入程度高的子公司获得信息相对较多，对国际化影响较低，倒"U"形曲线右侧变化不大。

由于国际贸易争端引起的人民币汇率和关税的变动，会使得短期内企业出口产品产量变化较大。如果既有库存不能通过以往的路径销售，则需要通过内需或者寻找其他国家的客户。这种短期内增加的成本和风险，对低嵌入程度的子公司而言，难以从集团和外部获得支持，因而国际化进程会迅速下降，倒"U"形曲线左侧降低。

面对国际贸易争端后的国际化合作减少、国际审批困难、东道国合法性建立等问题，在集团中适度嵌入的子公司，可以依赖集团支持，得到缓解。集团在一定程度上增加了子公司在国际市场的谈判力，并且通过声誉为子公司提供担保，从而帮助子公司进行既有的国际化活动。总体来看，在集团中适度嵌入的子公司在国际化过程中受到贸易争端的影响小于低嵌入程度的子公司，故提出假设：

H31：国际贸易争端加强了子公司嵌入与国际化的关系，加剧了倒"U"形曲线的峰度，但同时整体国际化程度降低。

（三）外部信息不对称程度的调节作用

子公司嵌入通过集团网络对研发产生影响。企业集团介于企业与市

---

① 周燕：《从交易费用角度看中美贸易争端》，《学术研究》2019 年第 10 期。

场中间,在一定程度上降低了信息搜寻和交易成本,实现了市场不能达到的高效资源配置。然而这种优势对不同集团子公司而言并非同质的,还受到子公司外部环境和内部因素的调节影响。

从外部环境来看,现有文献论述企业集团弥补制度和市场漏洞时,提出集团缓解了信息不对称程度,然而由于信息概念难以测量,一直未进行实证检验。本书拟通过操作化测量,检验集团通过缓解信息不对称、降低交易和融资成本进而影响子公司技术创新的机理。在中国新兴经济体背景下,市场上存在信息不对称的情况较为复杂。在一些偏远地区或者软件等无形资产为主要资本的行业,信息不对称现象尤为严重,其表现形式包括上市公司信息披露不及时、不完善以及选择性披露等问题。

1. 信息不对称对子公司结构嵌入与技术创新关系的影响

(1) 信息不对称对制度距离与技术创新关系的影响

制度距离对技术创新的负向影响是通过交易成本和知识转移来分析的。制度距离增加使得集团公司与子公司之间的监督成本、解决冲突的成本升高,集团公司对子公司相关投资进行决策容易产生偏差,并且由于制度差异带来的管理难度和成本也增加。因此,子公司制度距离对技术创新呈现负向影响。那么加之子公司与外部信息不对称程度较高,子公司资产更多体现为无形资产和声誉,此时获得包括集团公司在内的其他内外部投资者要对子公司进行深入了解和监控就变得愈加困难。屈文洲等指出当公司与外部存在严重的信息不对称时,公司进行融资的成本就会显著增加,表现为融资成本的增加[①]。在信息不对称严重的外部情境下,制度距离产生的难以监督、管理,信息流通困难再次升级,使得集团更加不愿意与子公司进行研发合作,子公司面对融资约束,进行研发投资的动机也降低。由此可见,信息不对称加剧了子公司制度距离与技术创新之间的负向关系,故提出假设:

---

① 屈文洲、谢雅璐、叶玉妹:《信息不对称、融资约束与投资—现金流敏感性——基于市场微观结构理论的实证研究》,《经济研究》2011年第6期。

H32a：信息不对称程度加剧了子公司制度距离对技术创新的负向影响。

从资源异质性与产权保护角度来看，子公司与集团公司的制度距离对其技术创新呈现正向影响。技术创新与异地并购不同，制度距离产生的资源异质性是形成子公司之间技术协同的前提条件，也更易于通过不同来源的资源信息交流产生突破性创新。从产权保护来看，制度距离产生的产权保护差距，其中一方所处的完善制度，为创新成果的保护降低了后顾之忧。因此制度距离对技术创新呈现了促进作用。但是，当子公司处于信息严重不对称的行业时，可能由于真实情况的隐瞒而损害了子公司与集团公司之间的信息交流，降低了信任。刘晓云和赵伟峰认为，信任是充分发挥协同效果的前提[①]。信息不对称损害了信任程度的同时，也使得集团内研发协同减少，减少了子公司研发活动。信息不对称增加，会使得投资者对公司的不确定性增大，风险增加。在这种情况下，集团对子公司研发未来价值的预期会产生差别，更增加了动荡性与投资风险。由此可见，在子公司处于信息不对称严重的行业时，其制度距离带来的异质性资源正向影响被降低，阻碍了子公司制度距离对技术创新可能的正向促进作用。故提出假设：

H32b：信息不对称程度降低了子公司制度距离对技术创新的正向影响。

（2）信息不对称对地理距离与技术创新关系的影响

已有关于信息不对称的研究多聚焦于其对上市公司资本结构、股权和债务融资约束、股票价值与流动性的影响，或直接验证集团关系对信息不对称所起的补偿作用，而鲜少涉及集团内部不同结构位置的子公司

[①] 刘晓云、赵伟峰：《我国制造业协同创新系统的运行机制研究》，《中国软科学》2015年第12期。

受到外部信息不对称影响时产生的差异化影响。信息不对称程度的差异，不仅会使外部战略投资者对企业状况的不了解从而降低兴趣，也会使潜在合作伙伴在可能的利益和不确定性风险面前放弃合作。随着信息不对称程度的增加，即便是集团公司，也不可能及时充分了解到子公司的信息，尤其是关于无形技术的研发活动。当集团公司存在疑虑和担心时，地理距离增加导致的不信任被放大、距离增加产生的监督管理成本也更高，从而使集团更加不愿意将研发任务委派至子公司。远距离投资增加了信息收集成本、延长了沟通谈判时间和次数、增大了投资风险、延迟了回报时间。章卫东等发现信息不对称程度越高时，可能会迫使关联股东进行持股，从而对其成长性产生负向影响[①]。当子公司成长性较弱时，承担研发的能力降低，技术创新可能减少。

地理距离增加伴随着结构嵌入性降低，可能会影响子公司研发资源获取，并且地理距离产生的交流障碍和知识扩散成本的增加，也会影响子公司知识溢出与吸收，进而对技术创新产生负向影响。这些机制在信息不对称程度严重的时候会加剧负向影响。信息不对称加剧了代理成本、信息获取成本，使得企业面对的债务和股权融资约束同时增加，企业难以获得资源进行投资活动。子公司信息透明性较低的情况下，知识溢出的另一方处于信息劣势，这可能导致合作方的担忧和惰性，从而降低交流频率，减少知识扩散。由此可见，当子公司处于信息不对称程度较高的行业时，其地理距离增加对技术创新的负向影响被放大，子公司技术创新进一步减少。故提出假设：

H33：信息不对称程度加剧了子公司地理距离增加对技术创新的负向影响。

(3) 信息不对称对控制距离与技术创新关系的影响

控制距离是集团整体安排与子公司自主能动共同作用的结果。控制

---

① 章卫东、李斯蕾、黄轩昊：《信息不对称、公司成长性与关联股东参与定向增发——来自中国证券市场的经验数据》，《证券市场导报》2016年第2期。

距离可能存在三个作用：缓解集团内部融资约束、成为集团公司进行利益输送的渠道、减弱集团公司对子公司的干预和控制。基于这三个方面，不同控制距离对技术创新产生的影响不同。然而这种影响在信息非对称性不同的情境中又会起到怎样差异化的作用。

当子公司处于信息不对称严重的行业时，外部投资者以及集团公司对于其真实的经营和投资情况缺乏准确了解。此时集团公司对子公司的控制距离越远，越难以形成有效的监管和控制。佟岩和刘第文发现，如果金字塔层级较多，公司出于专有知识的保护，对集团公司进行主动报告信息的动机就会减弱[①]。控制距离的增加进一步加剧了信息不对称，增加了集团公司治理的复杂程度，从而不愿意将资金投入子公司研发活动。

控制距离的增加，以及由此导致的控制权和所有权的分离，促使集团对该子公司更多的是利益攫取行为，而非支持行为（Propping）。创新活动是投资回报期长且不确定性大的投资活动，集团公司同意资金和人力投入子公司进行研发，意味着子公司将在较长时间内占用大量资金。甄红线等认为，这种回报期长的投资活动会阻碍集团公司的利益攫取，因此将会减少子公司研发决策，这种阻碍在信息不对称的情况下会严重降低集团的控制力，更加无法进行隧道行为，故技术创新降低[②]。

从子公司视角来看，子公司是自主经营的主体。子公司控制距离较远时，与集团公司的交流沟通减少，获得研发资源和机会的可能性降低。当信息不对称严重时，上市子公司也难以主动进行信息披露。这是因为通过公开途径的信息披露可能导致同行业竞争者利用专有知识进行行动与反击。李志刚等发现同一行业公司间的投资策略相互影响，公司进行信息披露的专有成本越高，越不愿意主动降低信息不对称，公司需要在吸引投资与避免信息泄露之间作出权衡[③]。由此可见，控制距离降低的

[①] 佟岩、刘第文：《整体上市动机、机构投资者与非效率投资》，《中央财经大学学报》2016年第3期。

[②] 甄红线、杨慧芳、王晓枫：《金字塔结构下企业集团的支撑效应——来自中国集团上市公司盈余公告效应的经验研究》，《会计研究》2015年第8期。

[③] 李志刚、施先旺、高莉贤：《企业社会责任信息披露与银行借款契约——基于信息不对称的视角》，《金融经济学研究》2016年第1期。

研发资源与机会，在信息不对称的时候不仅不能得到缓解，还变得更加严重，从而进一步降低了技术创新。综上所述，提出假设：

　　H34：信息不对称程度加剧了子公司控制距离增加对技术创新的负向影响。

2. 信息不对称对子公司关系嵌入与技术创新的影响
（1）信息不对称对业务相关性与技术创新关系的影响

子公司与集团公司业务相关性主要是通过影响研发资源获取、知识溢出及协同程度进而作用于研发创新。业务相关性越高，表明子公司在集团公司越处于核心经营业务、处于有利地位，受到集团公司更多关注，故能够凭借关系优势获得集团稀缺研发资源与机会。杨震宁等认为网络中关系嵌入主要表现在公司对集团网络环境的感知和互动，进而获得集团认可的过程，即网络中关系规则对经济理性的限制[①]。业务相关形成的亲密关系，应当具有双方的信任、承诺、信息共享以及共同解决问题的特征。当子公司处于信息不对称严重的行业时，交易成本和机会主义增加，外部银行、风投、基金等投资机构对子公司价值和未来判断更具有模糊性，故子公司很难从外部获得研发所需资源或资金，在与外部进行研发合作时也因搜寻成本和合作不确定性增加而减少合作。当合作双方属于同一双方时，能够显著降低两者的信息非对称性。当子公司业务与集团公司业务相关性较高时，尽管对外部信息不对称严重，但由于行业的相关性，集团公司能够比其他主体更好地了解子公司研发状况，更清晰地评估子公司研发决策，从而给其研发提供参考、指导和支持。

业务相关性在信息不对称严重的行业中，产生的专有知识和隐性知识更具排他性和价值性。集团内部基于股权持有的网络关系，使得成员之间的信任和承诺更高。子公司对集团公司可能出于这种信任和共同解决问

[①] 杨震宁、侯一凡、吴若冰：《风险投资机构的网络嵌入位置、地位对风险投资阶段选择的影响——基于中国风险投资行业的实证研究》，《研究与发展管理》2021年第5期。

题，主动向集团公司进行信息披露和汇报，降低集团公司潜在的信息不对称，进一步加强了集团与子公司之间协同解决问题的可能性。同时，业务关联形成的知识扩散和吸收对口优势依然被保持。综上所述，当子公司处于信息不对称严重的行业时，由于业务关联形成的研发资源获取、知识溢出和研发协同被加强，并且基于专有知识和隐性知识的增加，使子公司与集团公司更成为利益一致体，进一步增加了子公司技术创新。故提出假设：

H35：信息不对称程度促进了子公司业务相关性与技术创新的正向关系。

（2）信息不对称对高管相关性与技术创新关系的影响

公司处于信息不对称严重的行业，可能导致外部投资者和利益相关方难以获得公司真实情况，例如公司产品的市场前景和地位、是否存在大额担保或有负债、其他应收款项的真实性和坏账性、管理效率、市场开拓能力以及研发能力等。由此可能导致投资者信息搜寻成本以及风险增加，进而使得公司融资变得更加困难。缓解信息不对称的方式包括：充分进行前期调研、利用除年度报告之外的新闻和媒体信息、通过中介咨询机构、主动通过其他报告进行部分信息披露等。这些途径可能在一定程度上缓解信息非对称性，然而存在信息有限或虚假，或者可能泄露隐性自主知识的风险。高管相关性作为获取信息的重要渠道，不仅身于其中确保信息的真实和及时，而且具有成本低和风险小的特点。集团成员之间的董事关联形成的信息渠道能有效促进成员绩效。

对于研发活动而言，信息不对称的外部情况进一步强化了关联高管在研发决策、支持和实施中的作用，主要体现在三个方面：第一，在信息严重不对称的情况下，子公司与集团公司的高管相关性有效降低了沟通成本、监管成本、信息获取成本等，降低了信息不对称的劣势影响。陈运森认为高管关联作为传递信息的重要桥梁，能够就研发问题，促进母子公司之间的沟通①。在信息安全的情况下使集团公司充分了解子公

---

① 陈运森：《独立董事网络中心度与公司信息披露质量》，《审计研究》2012年第5期。

司的市场前景、财务状况、研发需求和资源技术，同时能够形成公司之间真实意图的沟通，进而促使集团更加支持子公司研发。第二，在信息严重不对称情况下，高管关联促使集团公司更准确预测子公司研发收益、协同范围，降低集团公司决策风险。集团比独立企业的优势就在于可以形成规模经济和协同效应。高管兼职使集团对子公司的研发能力、研发方向、进程和技术充分了解，因而可以有效安排互补性研发合作与整合性研发体系，准确预期协同收益。第三，在信息严重不对称的情况下，高管关联有效降低研发过程的风险和不确定性。基于研发活动本身特性，研发过程可能会产生怠工、停滞、方向错误等事件，高管关联增加了指导和监督，能够降低风险，提高研发成功率。高管联结的不同类型还能增进企业之间的熟悉度和信任。综上所述，高管相关性对技术创新的促进作用，在信息不对称的情境下，发挥更强作用。故提出假设：

H36：信息不对称程度促进了子公司高管相关性与技术创新的正向关系。

（四）内部资源禀赋状态的调节作用

从内部因素来看，公司内部状态影响决策行为，那么子公司嵌入特征对技术创新的作用，必然也受到内部状态的影响。然而，已有文献并未考虑同一集团内不同子公司之间技术创新差异的原因。当子公司在集团网络嵌入不变时，如果自身资源禀赋或盈利能力产生变化，亦将导致技术创新的增加或减少。因此，本书基于资源基础观和企业行为理论，分析同一嵌入特征的子公司，在内部资源禀赋不同时，所产生的技术创新差异。

1. 内部资源禀赋对子公司结构嵌入与技术创新关系的影响

（1）资源禀赋对制度距离与技术创新关系的影响

企业进行研发决策时也需考虑自身内部状况。企业所拥有的资源禀赋是衡量内部状况的重要方面。资源基础理论认为，企业核心竞争力来源于稀缺、有价值和难以模仿的资源。正是基于企业资源禀赋的差异，才形成了企业的多样性。企业资源禀赋一方面影响自身研发决策，另一方面影响企业建立和维持集团关系的意愿。冗余资源的概念是针对资源禀赋状态提出的，即企业所拥有的资源与其正常运营所需资源之间的差值。冗余资源可由两个方面来表现：剩余冗余资源和潜在冗余资源。企业冗余资源越多，表明资源禀赋状态越好。吴剑峰等将资源禀赋分为资金资源、技术资源和政治资源，并分析其对技术创新的影响①。

在同一集团网络中，子公司资源禀赋差异的作用机理可能与市场独立企业不同。因为集团网络的联动性和利益一致性使得集团整体共同发展成为最终愿景。在子公司资源禀赋越多的情况下，子公司与集团公司制度距离差别越大，技术创新增加的程度可能越少。这是因为：首先，冗余资源可以有效提升子公司管理层决策的自主权和自由度，公司剩余资源较多，就为管理层获取私利提供了空间，使得管理层不愿意将剩余资源投入回报期较长的研发活动，而是转而用于回报期短的其他投资，进而减少研发。夏芸发现在经理控制型的企业中，当赋予高管的权力增大时，可能会减少研发投资的力度②。其次，子公司冗余资源丰富，且处于与集团公司相异的制度环境，这时集团出于整体利益和资源互补目的，要求子公司将一部分冗余资源用于支持集团中较为弱小的其他公司，子公司冗余资源更多需要反哺集团，进而使得用于促进研发的资源减少。在集团之中为了提高内部资本效率，集团公司通常要重新协调资源并根据各子公司投资项目收益进行优化配置。可见在经营状况良好且制度环境较高的子公司中，集团公司发挥制度补充提供制度庇护的作用降低。最后，制度距离增加本身易引起集团公司管理成本和交易成本的上升，当子公司冗余资源较多时，集团不可避免地要抽出更多的时间

---

① 吴剑峰、杨震宁、邱永辉：《国际研发合作的地域广度、资源禀赋与技术创新绩效的关系研究》，《管理学报》2015年第10期。

② 夏芸：《管理者权力、股权激励与研发投资——基于中国上市公司的实证分析》，《研究与发展管理》2014年第4期。

和成本用于对子公司经营效率和投资决策的监管上，而子公司也忙于应对集团的监控和检查，进而导致制度距离产生的研发优势减弱。因此，集团公司的过度监督和资本的过度配置将导致内部资本市场的黑暗面。故提出假设：

H37：子公司资源禀赋减弱了制度距离与技术创新之间的正向关系。

（2）资源禀赋对地理距离与技术创新关系的影响

子公司与集团公司在空间地理上的较远距离形成了集团网络的弱结构嵌入。通过上文分析发现，地理距离会影响子公司与集团的知识溢出与扩散、减少成员之间的信息沟通与交流、增加了集团进行监管的难度和成本。研究表明，空间距离会导致隐性知识转移障碍，并且显著减少部门之间的沟通。此外，弱结构嵌入也导致子公司不能及时获得集团内部研发资源，进而对子公司研发产生负向影响。虽然距离较远，但如果子公司通过经营形成了良好的资源禀赋状态，是否会对地理劣势产生一定的弥补作用？

具体来看，资源是进行一切经营活动的基础。子公司自身资源丰富时，自主研发动机和能力较强。子公司可根据发展需求和现有资源进行自主决策。同时，丰富的资源有助于子公司在与集团距离较远和不确定的情况下，开展研发搜寻和探索行动，形成与外部的沟通交流。良好的资源基础也为子公司与其他成员进行研发合作提供了前提。子公司冗余资源较多，可能成为集团选择研发的重点对象，降低地理距离导致的成本提升的权重，并且在研发出现"瓶颈"时，能够持续支持研发，同时不影响企业正常运转。连燕玲等发现冗余资源具有缓冲作用，能够帮助企业面对外部突然冲击，提高企业适应能力，为研发提供保障[1]。此外，冗余资源提升了子公司的地位，改善了其弱结构嵌入性。当子公司资源

---

[1] 连燕玲、贺小刚、高皓：《业绩期望差距与企业战略调整——基于中国上市公司的实证研究》，《管理世界》2014年第11期。

禀赋良好时，必然受到集团公司更多的关注。依据注意力理论，集团公司将有限精力分配至重要的子公司，注重子公司外部知识的吸收和内部研发的整合，必要时予以资金和技术支持来提高集团整体竞争力。综上所述，子公司良好的资源禀赋通过改善自身条件和集团注意力，降低了地理距离过远的研发劣势。故提出假设：

H38：子公司资源禀赋减弱了地理距离与技术创新之间的负向关系。

（3）资源禀赋对控制距离与技术创新关系的影响

研究发现，企业资源禀赋本身会对技术创新产生影响。吴剑峰等认为，组织资源对创新绩效的影响主要通过三个途径[①]：第一，资金资源充足时，能够使公司高管提高对研发项目的倾斜，使其更愿意将资金投入到研发活动中。第二，充裕的资金通过缓冲作用，提升了企业对不确定性和风险的承受能力，在研发长期占用资金的同时，仍能够正常运转，为研发提供了保障。第三，技术资源禀赋的优势使得公司具有良好的研发基础，在知识吸收和知识转化方面更具有优势，促进新的研发。可见，企业良好的资源禀赋本身会对技术创新产生正向影响，但这与调节作用的影响机理是不同的。资源禀赋对控制距离与研发关系的调节作用，是作用于控制距离影响路径的。

前文分析表明，控制距离是通过子公司研发资源、动机和决策对技术创新产生影响。当子公司控制距离较远时，由于位置劣势难以利用集团资源，但如果子公司自身资源禀赋良好，则不需要接受外部支持，可自主独立进行研发活动。资源冗余能够在企业内部形成宽松的创新环境，为管理者决策提供更多空间，更少束缚于资源约束，促进技术创新。此外，子公司控制距离延长增加了集团与子公司的信息不

---

① 吴剑峰、杨震宁、邱永辉：《国际研发合作的地域广度、资源禀赋与技术创新绩效的关系研究》，《管理学报》2015年第10期。

对称和代理成本,同时降低了子公司创新知识溢出的边际效应,进而损害了技术创新。面对远距离的劣势,若公司存在组织冗余,则可以在一定程度上获得集团注意力,减少内部不合理的搭便车行为,从而促进子公司创新的积极性。曾德明等发现,焦点企业的网络结构越差,资源禀赋优势对其标准化的影响越大[①]。丰富的资源可以提高高管对环境作出的战略调整,亦可以促进潜在团队的合作意愿。由此可见,丰富的资源禀赋在一定程度上能缓解子公司控制距离对技术创新的负向影响,故提出假设:

H39:子公司资源禀赋减弱了控制距离与技术创新之间的负向关系。

2. 资源禀赋对子公司关系嵌入与技术创新关系的影响

(1) 资源禀赋对子公司关系嵌入与技术创新关系的影响

企业资源禀赋可以分为技术性资源和经营资源,技术性资源包括产品制造能力、工艺创新能力、技术变革预见能力等,经营资源分为财务资源、市场性资源和生产性资源。这两类资源在企业的分布状态不同,对管理层决策的影响也不同。

前文分析业务相关性通过增加资源获取能力、促进知识溢出以及发展协同创新进而促进技术创新。那么子公司资源丰富时,是否更加促进了两者的关系?从研发资源来看,由于业务相关性使得子公司引起集团公司关注,占据集团核心经营范围,可能获得集团支持和机会倾斜,当子公司自身资源良好时,则集团支持与否对其研发决策影响不大。子公司基础良好的前提下,本身具有能力开展创新活动。当母子公司核心资源关联度较高时,更有利于跨国子公司的创新。从知识溢出来看,子公司技术资源丰富,能够与集团技术产生共鸣和互补,通过"互动式学

---

① 曾德明、戴海闻、张裕中等:《基于网络结构与资源禀赋的企业对标准化影响力研究》,《管理学报》2016年第1期。

习"和研发能力实现新技术跨越。如果企业研发能力很强,并且在合作关系中能够保持技术优势,即可以被模仿但难以被超越,那么则会促进合作联盟中的知识溢出。可见,丰富的资源增强子公司自身研发能力的同时,也促进了与集团之间的技术交流与扩散。从研发协同来看,高业务相关性产生的文化氛围和研发模式的相似性促进集团选择子公司为研发协同对象。基于丰富的经营资源,更增加了子公司作为协同方的可能性。财务资源和市场资源可以促使子公司帮助集团获得真实的市场需求和创新方向,并通过多重途径降低协同成本。综上所述,当子公司资源禀赋较为充裕时,业务相关在知识溢出和研发协同上,从集团获得优势促进技术创新的作用更加明显。故提出假设:

H40:子公司资源禀赋促进了业务相关性对技术创新的正向影响。

(2) 资源禀赋对高管相关性与技术创新关系的影响

前文从资源与机会、信息沟通以及管理与监督成本三个方面,详述了子公司与集团高管相关性对技术创新的正向影响。事实上,子公司资源禀赋的增加,亦是对上述关系的加强。这是因为:第一,高管关联无疑增加了子公司接触核心资源的机会,关联高管作为纽带,促进了成员之间资源流动。此时子公司若属于资源丰足的成员,那么兼任的高管更有筹码和谈判力,向集团进行"寻租"以获得更多研发项目审批。企业的高资源承诺有助于在市场上获得准确定位,并在正确的时间作出投资决策。可见丰裕资源进一步增强了关联高管的作用。第二,在中国制度不完善的市场中,信息呈现非对称性严重,在集团中虽然由于股权持有能够得到一定程度的缓解,但高管关联才是真正了解子公司经营研发状况的途径。高管关联还减少了集团对适宜研发子公司的搜寻成本以及合作中的机会主义行为。当子公司在基础资源领域占据优势时,那么其高管倾向于分享控制权,集团关联高管的自主性和权限增加,信任升级,从而促进子公司研发。吴亮和吕鸿江认为,市场嵌入程度反映了企业资源的丰富与否，市场资源丰富的企业易于掌握产业信息变动，对集团的关注更多，利于通过有效沟通方式获得集团创新支持[①]。企业所拥有的贡献性资产与研发密度高度相关。第三，从管理和监督来看，由于子公司积淀的经验和资源，能够对公司研发和经营等形成良好的自我管理。在与集团协同研发或接受集团投资的过程中，更能减少例外和冲突，更好地进行创新。综上所述，丰富的资源强化了高管关联引致的资源优势、信息优势和协同优势，进而促进了子公司研发活动。故提出假设：

H41：子公司资源禀赋促进了高管相关性对技术创新的正向影响。

六　概念模型的提出

虽然许多文献证明网络适度嵌入能够促进企业研发，但是仅呈现了笼统的外部关联关系，并未聚焦于企业集团网络（企业集团网络是整体网络嵌入的典型代表），也未说明不同结构和关系嵌入的适度程度、不同关系和不同位置的交互影响。企业集团相关研究中，关于集团公司管理的文章比较丰富，却缺乏子公司之间互动探索的文献。本书依据集团网络内部作用机理，探索子公司结构和关系嵌入对子公司技术创新、成长和国际化的影响机理及边界条件，依据上述逻辑和假设，提出概念模型，假设如表4-1所示。

表4-1　　　　　　　　　　假设一览

	关系	假设
子公司嵌入动因	集团外部因素与子公司嵌入	H1：子公司在本地市场的销售份额与子公司嵌入程度负相关
		H2：子公司行业地位与子公司嵌入程度正相关
		H3：子公司所面对的供应商集中度与子公司嵌入程度正相关
		H4：子公司面对的外部客户集中度与子公司嵌入程度正相关

---

① 吴亮、吕鸿江：《资源禀赋、制度环境与中国企业海外进入模式选择》，《国际经贸探索》2016年第3期。

续表

	关系	假设
子公司嵌入动因	集团内部因素与子公司嵌入	H5：企业集团管理的集权程度与子公司嵌入程度正相关
		H6：企业集团规模与子公司嵌入程度正相关
		H7：企业集团行业重叠程度与子公司嵌入程度负相关
	子公司层面因素与子公司嵌入	H8：子公司比较盈利能力与子公司嵌入正相关
		H9：子公司比较融资约束较低时，其融资约束与子公司嵌入不相关；子公司比较融资约束较高时，其融资约束与子公司嵌入正相关
		H10：子公司比较冗余资源与子公司嵌入负相关
子公司嵌入后果	子公司在集团网络中的嵌入	H11：子公司在集团网络中的嵌入程度与技术创新正相关
		H12：子公司在集团网络中的嵌入与子公司成长性呈倒"U"形相关
		H13：子公司在集团网络中的嵌入与子公司国际化程度呈倒"U"形相关
	子公司嵌入与技术创新	H14a：子公司制度距离的增加有利于子公司技术创新
		H14b：子公司地理距离的增加不利于子公司技术创新
		H14c：子公司控制距离的增加不利于子公司技术创新
		H15：子公司关系嵌入的增加有利于子公司技术创新
	子公司嵌入与成长	H16a：子公司制度距离有利于子公司成长
		H16b：子公司地理距离不利于子公司成长
		H16c：子公司控制距离不利于子公司成长
		H17：子公司关系嵌入的增加有利于子公司成长
	子公司嵌入与国际化	H18a：子公司制度距离不利于子公司国际化
		H18b：子公司地理距离不利于子公司国际化
		H18c：子公司控制距离有利于子公司国际化
		H19：子公司关系嵌入的增加有利于子公司国际化
	两种嵌入交互	H20：子公司结构嵌入和关系嵌入对技术创新和公司成长具有互补作用

续表

关系		假设
中介效应	集团支持的中介作用	H21：制度距离对子公司技术创新的促进作用，是通过增加集团支持实现的
		H22：地理距离优势对子公司技术创新的促进作用，是通过增加集团支持实现的
		H23：控制距离增加对子公司技术创新的阻碍作用，是通过减少集团支持实现的
		H24：子公司业务相关性对技术创新的促进作用，是通过增加集团支持实现的
		H25：子公司高管相关性对技术创新的促进作用，是通过增加集团支持实现的
调节效应	环境不确定性的调节效应	H26：环境不确定性加强了子公司嵌入与创新之间的正相关关系
		H27：环境不确定性强化了子公司内部嵌入与成长之间的倒"U"形关系，即加剧了倒"U"形曲线的峰度，当环境不确定高时，子公司低嵌入和高嵌入导致的成长缓慢更显著
		H28：环境不确定性强化了子公司内部嵌入与国际化之间的关系，加剧了倒"U"形曲线的峰度，即当环境不确定性程度大时，子公司低嵌入和高嵌入导致的国际化程度下降增加
	国际贸易争端的调节效应	H29：国际贸易争端加强了子公司嵌入与创新之间的正向关系
		H30：国际贸易争端加强了子公司嵌入与成长的关系，加剧了倒"U"形曲线的峰度，但同时整体子公司的成长性降低
		H31：国际贸易争端加强了子公司嵌入与国际化的关系，加剧了倒"U"形曲线的峰度，但同时整体国际化程度降低
	信息不对称的调节效应	H32—34：信息不对称程度加强了子公司结构嵌入与技术创新之间的关系
		H35—36：信息不对称程度强化了子公司关系嵌入与技术创新的正向关系
	资源禀赋的调节效应	H37—39：子公司资源禀赋减弱了结构嵌入与技术创新之间的关系
		H40—41：子公司资源禀赋促进了关系嵌入对技术创新的正向影响

七　本章小结

本章主要阐述集团网络视角下子公司嵌入动因有哪些、子公司结构和关系嵌入如何影响子公司创新成长与国际化、通过哪些途径影响、影响的边界条件有哪些？具体来看，首先解释了集团网络外部因素、集团网络层面因素和子公司层面因素对子公司嵌入决策的影响。其次，阐述了子公司与集团公司的制度距离、地理距离、控制距离、业务相关性及高管相关性对创新、成长和国际化的影响。该影响侧重于位置和关系差异促使战略决策、资源和动机产生变化。再次，集团业务和资金支持因子公司嵌入程度不同，而呈现不同的支持态势，进而作用于子公司技术创新，进一步探索两种支持方式发挥中介作用的差异。最后，位置和关系特征对子公司技术创新的影响并非同质，而是因内外部环境差异而产生不同影响。在信息不对称的行业以及内部资源禀赋不同的状态下，主效应也产生增强或减弱的变化。

第五章 研究设计

为了对上述理论逻辑和假设进行实证检验,本书选取了拥有多个上市公司的企业集团为研究对象。本章说明了数据来源、样本选取、变量定义和模型设计。

一 样本选取与数据来源

综合《企业集团登记管理暂行规定》对企业集团的基本定义,对企业集团隶属的操作化衡量,以及各上市公司年报披露的控制人情况和拥有子公司的情况,对上海和深圳证券交易所制造业上市公司做"是否隶属于企业集团"的初步筛选。如果该上市公司满足直接控制或者被控制的公司数量至少为5个或最终控制法人含有"集团"字样,则认为该上市公司是隶属于企业集团的子公司,应为本书的分析对象。之所以选择制造业上市公司作为子公司进行分析是因为:第一,对于制造业企业而言,研发活动是重要且经常性行为,对产品更新换代和市场竞争力的影响较其他行业更显著,研发支出较其他行业更多,更有利于研究者发现规律。第二,上市公司作为子公司,其在集团内的地位是集团公司整体安排和子公司能动性交互作用的结果,并且总体而言上市子公司处于集团内不可忽视的地位,以其为研究对象更准确。

子公司在集团网络中的嵌入主要体现在与集团内其他成员的交易和联系,对于子公司嵌入前因和后果的研究,本书选择了关联交易丰富的央企国有上市公司为样本1。依据上市公司的年报中的控制权关系图和实际控制人情况，梳理出上市公司与集团的隶属关系，以拥有多个上市公司的企业集团为研究对象。样本中企业集团数量为97个，上市公司数量为302个，选取了2009—2019年的时间跨度区间，主要数据来源于CSMAR数据库与上市公司年报。在获得初始样本后，按照以下进行处理：剔除最终控制人关系不明确的样本；剔除ST的样本；剔除相关数据缺失的样本；为避免极端值对回归的影响，本书对因变量和自变量进行0.01水平的去尾处理。最终得到隶属于93个企业集团的270个上市公司，共2589个样本。其中企业集团最少拥有两个上市公司，最多19个上市公司；企业集团最少涉及1个行业，最多包含8个行业。

鉴于对子公司嵌入深度分析区分结构嵌入和关系嵌入需要较长时间段的面板样本，本书选定2006—2015年制造业集团隶属上市公司为研究样本2，根据以下标准进行筛选：剔除ST的公司；年报中未披露产权控制关系以及无法确定最终控制人的公司；年报中未披露研发支出的公司。最终得到870家企业5862个观测样本的非平衡面板数据。由于870家企业并非每年数据都具备，且2010年之前年报中披露研发支出的企业较少，故形成非平衡面板，各年度样本数如表5-1所示。本书主要变量均为手工通过年报（巨潮资讯网）整理获得，控制变量数据则通过国泰安数据库获得。其中部分年报中未披露的数据，则通过天眼查、百度搜索和同花顺等网站获得。

表5-1　　　　　　　　　　样本2各年度观测样本

年份	样本数量	频率（%）	累计频率（%）
2006	153	2.61	2.61
2007	224	3.82	6.43
2008	284	4.84	11.28
2009	403	6.87	18.15
2010	639	10.9	29.05
2011	737	12.57	41.62
2012	834	14.23	55.85
2013	851	14.52	70.37

续表

年份	样本数量	频率（%）	累计频率（%）
2014	867	14.79	85.16
2015	870	14.84	100
总计	5862	100	100

二 变量定义与测量

（一）子公司嵌入

参照 Ciabuschi 等[①]的研究，子公司内部嵌入为集团对子公司的支持、子公司与集团合作的频率、集团对子公司的重要性，本书将子公司在集团网络中的嵌入定义为子公司与集团内成员企业之间的关联交易额占当年子公司营业额比值。

（二）子公司技术创新

参考 Belenzon 和 Berkovitz[②] 的衡量方式，本书采用研发投入强度（R&D intensity）衡量技术创新，其计算为公司当年的研发费用支出与营业收入比值。

（三）子公司成长

子公司成长性为子公司资产较上一会计年度的增长率，在稳健性检验中采用子公司利润增长率作为替换变量[③]。

（四）子公司国际化水平

海外研发、制造或销售都是国际化的体现，海外资产占总资产的比

---

① Ciabuschi F., Holm U., Martín O. M., "Dual Embeddedness, Influence and Performance of Innovating Subsidiaries in the Multinational Corporation", *International Business Review*, 2014, 23 (5).

② Belenzon S., Berkovitz T., "Innovation in Business Groups", *Management Science*, 2010, 56 (3): 519–535.

③ 王京、罗福凯：《技术—知识投资、要素资本配置与企业成长——来自我国资本市场的经验证据》，《南开管理评论》2017 年第 3 期。

例、海外员工的比例、海外销售收入占总销售收入的比重等都能代表国际化程度。基于中国企业数据披露情况和数据获得情况，本书借鉴何郁冰和张思①的做法，采用国外销售收入占总销售收入的比值衡量国际化程度。

（五）集团外部影响因素

子公司本地市场嵌入为子公司在当地市场中的销售收入与子公司总销售收入比值。子公司行业地位为子公司销售收入与所在行业平均销售收入的比值。供应商和客户集中度为上市公司年报中披露的前五名供应商或客户的合计采购（销售）金额占营业收入的比重。

（六）集团层面影响因素

集团层面影响因素包括企业集团的集权程度、企业集团的行业重叠程度和企业集团规模。企业集团集权程度，本书采用集团总部对所有上市公司的实际控股比例的平均值来衡量。

企业集团行业重叠程度的衡量为，先确定同一集团内不同上市公司所在行业的三位数数值，同一集团内不同子公司的行业代码编码的均值偏离度，该值越大，表明企业集团所涉及的行业数量越多，且行业差异较大，故行业重叠程度低。在稳健性检验中，采用企业集团内的行业数量为代理变量进行检验。

企业集团规模，用企业集团拥有的公司数量来衡量。

（七）子公司层面影响因素

子公司比较盈利能力是子公司层面变量，为子公司与集团所有子公司平均成本利润率的标准化均值，其计算公式为：

$$compare = (R_{focal} - Mean)/Mean \qquad (5-1)$$

---

① 何郁冰、张思：《技术多元化、国际化与企业绩效》，《科学学研究》2020年第12期。

其中，R_{focal} 为焦点子公司的成本利润率，$Mean$ 为集团所有子公司平均成本利润率。

子公司比较融资约束为子公司与集团所有子公司平均融资约束的标准化均值。借鉴康志勇①的研究，企业融资约束采用企业应收账款来衡量。

子公司比较冗余资源为子公司与集团所有子公司平均冗余资源的标准化均值。公司冗余资源借鉴朱芳芳②的做法，选取流动资产/流动负债和营运资金③/销售收入两个比值，分别将其标准化后平均加权相加，构建一个反映可用冗余的综合变量。

（八）调节变量

环境不确定性。借鉴李寿喜等④的衡量方法，外部环境变化最终会导致企业销售收入的波动，本书利用每家公司过去5年的销售收入数据，分别估算过去5年的非正常销售收入，如下：

$$Sale = \varphi 0 + \varphi 1 Year + \varepsilon \qquad (5-2)$$

其中，$Year$ 为年度变量，当前年度 $Year$ 取5，过去1年取4，以此类推，过去第4年取值1，$Sale$ 为销售收入。对年度变量进行回归便于剔除公司稳定成长带来的销售收入变化，求得上述公式的残差即为非正常销售收入；然后计算公司过去5年非正常销售收入的标准差，再除以公司过去5年销售收入的平均值，得到环境不确定性取值。

国际贸易争端。其定量衡量参考较少，本书着重于分析国际贸易争端宏观背景对微观企业战略决策的影响。该变量的衡量为年度在"中国网"⑤上涉及的关于中外贸易问题新闻的数量，该数量越多，说明该年

---

① 康志勇：《融资约束、政府支持与中国本土企业研发投入》，《南开管理评论》2013年第5期。

② 朱芳芳：《可用冗余与研发投入：股权激励与破产距离的联合调节》，《现代财经》（天津财经大学学报）2019年第2期。

③ 营运资金为流动资产减去流动负债。

④ 李寿喜、洪文姣：《环境不确定性、透明度与企业创新》，《工业技术经济》2020年第8期。

⑤ 中国网是国务院新闻办公室领导，中国外文出版发行事业局管理的国家重点新闻网站。

度贸易争端越严峻。

信息不对称程度（Infor）。采用无形资产与总资产的比值表示信息不对称程度。如果公司的市场估值更多来源于无形资产、知识和声誉，那么外部投资者或者其他利益相关者对企业真实信息就难以了解和获得，因此无形资产比重越高，信息不对称程度越高。

资源禀赋状态（Resou）。采用权益债务比例衡量子公司资源禀赋，该值越大，表明权力主体的资源禀赋越多。

（九）子公司结构嵌入

制度距离（Instit）。对制度距离的衡量方式，本书对每一上市子公司，通过年报披露的控制权链条查找到子公司隶属的集团公司，然后结合年报、天眼查以及百度搜索查找集团公司与子公司所在地，再计算两者所在地市场化指数之差。由于是制度距离，只强调差异，不强调方向，故对该差值取绝对值。

地理距离（Geog）。对地理距离的衡量方法，本书查找到上市子公司及其集团公司地级市，然后通过地图丈量两个地级市之间的距离，单位为千米。例如长安汽车（000625）地址为重庆，其集团公司为中国南方工业集团，所在地为北京，重庆与北京的距离为1757千米。只考虑距离，没有方向，故该变量取值非负数。

控制距离（Contr）。本书依据年报中"公司与实际控制人产权及控制关系方框图"，该图显示的在控制链上集团公司到上市子公司需要跨过的企业层级数，例如中航重机（600765）与其集团公司中国航空工业集团公司的控制距离为4，如图5-1所示。

（十）子公司关系嵌入

业务相关性（Busrel）。业务相关性为虚拟变量，以2012年版证监会行业分类代码为标准，当上市公司行业代码与集团公司的经营范围（由年报披露的控股股东经营范围和网页搜索获得）相关时，该值取1，其余为0。

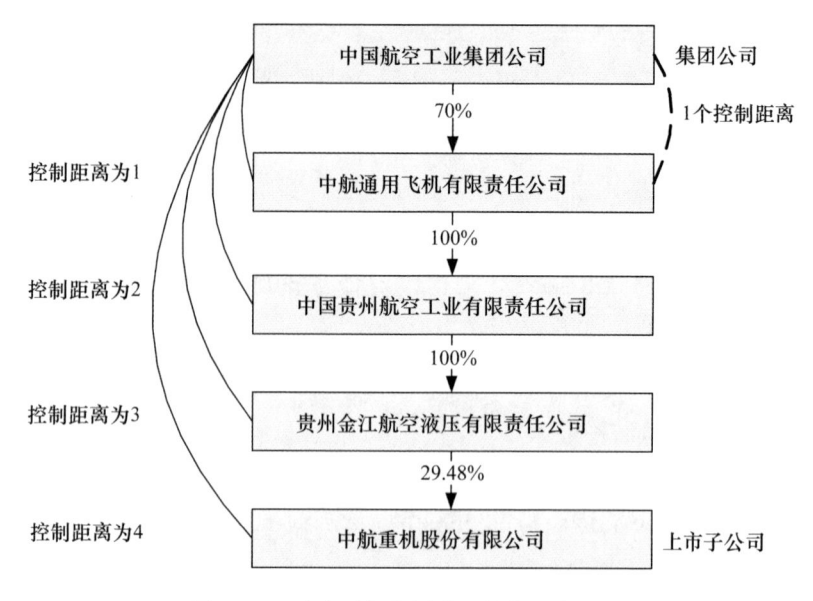

```
                    ┌─────────────────────────┐
                    │   中国航空工业集团公司    │   集团公司
                    └─────────────────────────┘      ╲
                              │ 70%                   ╲ 1个控制距离
                              ▼                        
控制距离为1         ┌─────────────────────────┐
                    │  中航通用飞机有限责任公司  │
                    └─────────────────────────┘
                              │ 100%
                              ▼
控制距离为2         ┌─────────────────────────┐
                    │ 中国贵州航空工业有限责任公司│
                    └─────────────────────────┘
                              │ 100%
                              ▼
控制距离为3         ┌─────────────────────────┐
                    │贵州金江航空液压有限责任公司│
                    └─────────────────────────┘
                              │ 29.48%
                              ▼
控制距离为4         ┌─────────────────────────┐
                    │   中航重机股份有限公司    │   上市子公司
                    └─────────────────────────┘
```

图 5-1　子公司与集团公司控制距离示意

高管相关性（Toprel）。已有关于高管关联或董事连锁的研究，仅测量了高管兼任的人数，并未关注兼任的职位差异。事实上，子公司董事长在集团公司兼任董事还是董事长会对子公司支持和决策方面造成很大差异。笔者依据上市公司年报数据手动收集了上市子公司董事、监事及经理层在集团兼任董事长、副董事长、执行或常务董事、总经理、副总经理、财务总监（总会计师）和纪委书记的人数，再以该人数除以子公司高管总人数得到的比例（此处高管涵盖董事、监事和经理层）。

（十一）集团支持

为了深入揭示究竟是通过何种支持方式发挥的集团支持的中介作用以及何种支持方式占主导，本书区分了集团资金支持（Capit）和集团业务支持（Trans）。集团资金支持为子公司其他应付款与营业收入比值。集团公司通过内部资本市场借给子公司的直接资金往往是通过其他应付款账户记录的。集团业务支持为年报披露的关联交易中，涉及上市公司与集团同一控制下企业交易的金额与营业收入比值。

表 5-2　　　　　　　　　　　　　　主要变量定义

	变量名	符号	测量方法
因变量	子公司嵌入	Embed	子公司与集团关联交易额与子公司营业收入比值
	子公司技术创新	R&D	子公司研发费用支出与营业收入比值
	子公司成长性	Growth	子公司资产/净利润的增长率
	子公司国际化水平	InterN	子公司国外销售收入占总销售收入的比值
自变量	集团外部因素 — 子公司本地市场份额	Localmarket	子公司在当地市场中的销售收入与子公司总销售收入比值
	集团外部因素 — 子公司行业地位	Indstatus	子公司总销售收入与行业平均销售收入的比值
	集团外部因素 — 供应商集中度	Supply	前五名供应商的合计采购金额占营业收入的比重
	集团外部因素 — 客户集中度	Client	前五名客户的合计销售金额占营业收入的比重
	集团内部因素 — 企业集团集权程度	Control	集团总部对所有上市公司的实际控股比例的平均值
	集团内部因素 — 企业集团规模	BGsize	企业集团拥有的公司数量
	集团内部因素 — 企业集团行业重叠	CDD	同一集团内不同子公司的行业编码的均值偏离度
	子公司层面因素 — 子公司比较盈利能力	Compare	子公司成本利润率与集团所有子公司平均成本利润率的标准化均值
	子公司层面因素 — 子公司比较融资约束	CompFC	子公司与集团所有子公司平均融资约束的标准化均值
	子公司层面因素 — 子公司比较冗余资源	CompRR	子公司与集团所有子公司平均冗余资源的标准化均值
	结构嵌入 — 制度距离	Instit	集团公司所在地区的市场化指数与子公司所在地之差，取绝对值
	结构嵌入 — 地理距离	Geog	子公司与集团公司所在地地图上丈量的具体距离
	结构嵌入 — 控制距离	Contr	实际控制人产权及控制关系方框图中显示的集团公司控制上市子公司需要跨过的企业层级数
	关系嵌入 — 业务相关性	Busrel	子公司与集团公司所处行业的代码是否同一类或者经营范围相似，是取1，否则为0
	关系嵌入 — 高管相关性	Toprel	子公司高管在集团兼任重要职位的人数占子公司高管人数的比例

续表

	变量名	符号	测量方法
调节变量	环境不确定性	Uncertain	过去5年非正常销售收入的标准差
	国际贸易争端	Tdispute	年度在中国网上涉及的关于中美贸易问题新闻的数量
	信息不对称程度	Infor	无形资产与总资产比值
	资源禀赋状态	Resou	权益债务比例,该值越大,表明权力主体的资源禀赋越高

(十二) 控制变量

依据 Kafouros 和 Aliyev[①] 的研究,选择对子公司成长性和子公司嵌入产生影响的其他变量作为控制变量,包括企业规模、财务杠杆、资产回报率、货币资金持有、经营活动现金流、筹资能力、股权集中度、集团持股比例、高管持股比例、董事会规模和董事长与总经理是否两职合一。

企业规模(Size)一定程度上代表了企业的实力,实力越强越有足够的资金进行研发,企业规模采用资产的对数来衡量。财务杠杆(Lev)反映了企业风险,企业既有风险越低,越可能进行研发,采用公司负债与资产比值来衡量。资产回报率(ROA)反映了企业经营能力,采用公司净利润与净资产比值来衡量。货币资金持有(Cash)反映了企业资金富裕程度,企业拥有的资金越多越有能力进行研发,计量方法为期末公司货币与银行存款总和与期末总资产比值。经营活动现金流(Operate)反映企业经营活动效率,经营活动越好越有能力进行研发,计量方法为公司经营活动现金流与当期营业收入比值。筹资能力(Financial)反映了企业面临的融资约束状况,企业融资约束越高越不倾向于研发,计量方法为当期筹资活动现金流与营业收入比值。股权集中度(Equitycon)反映了企业股权分布状态和稳定性,股权集中度对企业研发产生影响。集团总部持股比例(Pshareholder)为企业集团总部对子公司的持股比例,

---

① Kafouros M., Aliyev M.,"Institutions and Foreign Subsidiary Growth in Transition Economies: The Role of Intangible Assets and Capabilities", *Journal of Management Studies*, 2016, 53 (4): 580 - 607.

反映了集团对子公司的控制情况，对给予子公司的支持、攫取等产生影响，进而作用于子公司研发。高管持股比例（TMshareheld）反映了该上市子公司对高管的激励程度，高管得到的股权激励越多，越倾向于做出具有长期投资意义的战略决策。董事会规模（Director）适中，才有利于作出有效研发决策，计量方法为董事会人数。董事长与总经理是否两职合一（Concur），当公司董事长与总经理为同一人时，该值取1，否则取2。所有权性质（Ownership），反映了企业最终控制人的性质，为虚拟变量，当上市公司实际控制人为个人时（代表民营企业），取值为0；实际控制人为中央国资委时，取值为1；实际控制人为地方国资委时，取值为2；实际控制人为其他情况（如大学、职工联合会等）时，取值为3。行业（Industry），尽管本书选取了制造业相关产业作为样本的筛选条件，但是家用品制造、医药制造、化学品制造和通信产品制造等还是存在区别的，因此为不同行业赋予不同虚拟变量取值，例如C21为家具制造业，取值为1。

表 5-3　　　　　　　　　　控制变量定义

变量名	符号	测量方法
企业规模	Size	子公司总资产的自然对数
财务杠杆	Lev	子公司负债与资产比值
资产回报率	ROA	子公司净利润与净资产比值
货币资金持有	Cash	子公司货币和银行存款之和与总资产比值
经营活动现金流	Operate	子公司经营活动现金流与营业收入比值
筹资能力	Financial	子公司筹资活动现金流与营业收入比值
股权集中度	Equitycon	子公司前十名股东总持股比例
集团总部持股比例	Pshareheld	集团总部所持有的子公司的股权比例
高管持股比例	TMshareheld	子公司所有高管持股比例
董事会规模	Director	子公司董事会人数
两职合一	Concur	董事长与总经理为同一人时，该值为1，否则为2
行业	Industry	虚拟变量，按照行业两位数编码，不同行业赋予不同数值

三 模型设计

(一) 子公司嵌入动因模型

为了验证假设1—假设4,分别采用式(5-3)进行验证。其中包括四个集团外部影响因素为主要自变量逐次进入模型。

$$Embed = \alpha + \beta_i Localmarket/Indstatus/Supply/Client + \sum_{i}^{n=11} \gamma_i Control + \varepsilon_i \quad (5-3)$$

为了验证假设5—假设7,分别采用式(5-4)进行验证。其中包括三个集团网络结构层面影响因素为主要自变量逐次进入模型。

$$Embed = \alpha + \beta_i Control/BGsize/CDD + \sum_{i}^{n=11} \gamma_i Control + \varepsilon_i \quad (5-4)$$

为了验证假设8—假设10,分别采用式(5-5)进行验证。其中包括三个子公司层面影响因素为主要自变量逐次进入模型。

$$Embed = \alpha + \beta_i Compare/CompFC/CompRR + \sum_{i}^{n=11} \gamma_i Control + \varepsilon_i \quad (5-5)$$

(二) 子公司嵌入后果模型

为了验证假设11,子公司嵌入程度与技术创新的影响,采用式(5-6)进行检验。

$$R\&D = \alpha + \beta_1 Embed + \sum_{i}^{n=11} \gamma_i Control + \varepsilon_i \quad (5-6)$$

为了验证假设12子公司嵌入与成长的倒"U"形关系,采用式(5-7)进行验证。其中子公司嵌入(Embed)的二次项系数显著且为负时,表明子公司嵌入与子公司成长性为倒"U"形关系。

$$Growth = \alpha + \beta_1 Embed + \beta_2 Embed^2 + \sum_{i}^{n=11} \gamma_i Control + \varepsilon_i \quad (5-7)$$

为了验证假设13子公司嵌入与国际化的倒"U"形关系,采用式

（5-8）进行验证。其中子公司嵌入（Embed）的二次项系数显著且为负时，表明子公司嵌入与子公司国际化水平为倒"U"形关系。

$$InterN = \alpha + \beta_1 Embed + \beta_2 Embed^2 + \sum_{i}^{n=11} \gamma_i Control + \varepsilon_i \quad (5-8)$$

为验证假设 14 和假设 15，子公司结构嵌入与关系嵌入对子公司技术创新的影响，分别采用式（5-9）和式（5-10）进行验证。其中 Control 代表控制变量。式（5-9）验证子公司与集团公司的制度距离、地理距离以及控制距离对子公司技术创新的直接影响；式（5-10）验证子公司与集团公司业务相关性和高管相关性对子公司技术创新的直接影响。若对应的 β_i 和 γ_i 显著，则表明直接影响存在。

$$Rdi = \alpha + \beta_1 Instit + \beta_2 Geog + \beta_3 Contr + \sum_{i=1}^{9} \omega_i Control + \varepsilon \quad (5-9)$$

$$Rdi = \alpha + \gamma_1 Busrel + \gamma_2 Toprel + \sum_{i=1}^{9} \omega_i Control + \varepsilon \quad (5-10)$$

为验证假设 16 和假设 17，子公司结构嵌入与关系嵌入对子公司成长的影响，分别采用式（5-11）和式（5-12）进行验证。式（5-11）验证子公司与集团公司的制度距离、地理距离以及控制距离对子公司成长的直接影响；式（5-12）验证子公司与集团公司业务相关性和高管相关性对子公司成长的直接影响。

$$Growth = \alpha + \beta_1 Instit + \beta_2 Geog + \beta_3 Contr + \sum_{i=1}^{9} \omega_i Control + \varepsilon \quad (5-11)$$

$$Growth = \alpha + \gamma_1 Busrel + \gamma_2 Toprel + \sum_{i=1}^{9} \omega_i Control + \varepsilon \quad (5-12)$$

为验证假设 18 和假设 19，子公司结构嵌入与关系嵌入对子公司国际化的影响，分别采用式（5-13）和式（5-14）进行验证。式（5-13）验证子公司与集团公司的制度距离、地理距离以及控制距离对子公司国际化的直接影响；式（5-14）验证子公司与集团公司业务相关性和高管相关性对子公司国际化的直接影响。

$$InterN = \alpha + \beta_1 Instit + \beta_2 Geog + \beta_3 Contr + \sum_{i=1}^{9} \omega_i Control + \varepsilon \quad (5-13)$$

$$InterN = \alpha + \gamma_1 Busrel + \gamma_2 Toprel + \sum_{i=1}^{9} \omega_i Control + \varepsilon \qquad (5-14)$$

(三) 集团支持中介效应模型

式（5-15）至式（5-24）为中介效应验证模型。为了验证假设21—假设23，集团支持在子公司结构嵌入与技术创新之间的中介作用，构建式（5-15）至式（5-20）。式（5-15）和式（5-16）用于验证集团资金支持和集团业务支持是否对子公司技术创新有影响；式（5-17）和式（5-18）分别验证子公司结构嵌入特征对集团资金和业务支持是否有影响；式（5-19）和式（5-20）分别将集团资金和业务支持与子公司结构嵌入变量一起放入方程回归，如果这两个方程中子公司结构嵌入变量的系数式（5-9）有所降低或者变为不显著，则表明集团资金和业务支持起到中介作用，通过比较式（5-19）和式（5-20）中ϕ系数变化的幅度，可以判断集团更加依赖哪种方式对子公司支持。

$$Rdi = \alpha + \varphi_1 Capit + \sum_{i=1}^{9} \omega_i Control + \varepsilon \qquad (5-15)$$

$$Rdi = \alpha + \varphi_1 Trans + \sum_{i=1}^{9} \omega_i Control + \varepsilon \qquad (5-16)$$

$$Capit = \alpha + \beta_1 Instit + \beta_2 Geog + \beta_3 Contr + \sum_{i=1}^{9} \omega_i Control + \varepsilon \qquad (5-17)$$

$$Trans = \alpha + \beta_1 Instit + \beta_2 Geog + \beta_3 Contr + \sum_{i=1}^{9} \omega_i Control + \varepsilon \qquad (5-18)$$

$$Rdi = \alpha + \beta_1 Instit + \beta_2 Geog + \beta_3 Contr + \varphi_1 Capit + \sum_{i=1}^{9} \omega_i Control + \varepsilon$$
$$(5-19)$$

$$Rdi = \alpha + \beta_1 Instit + \beta_2 Geog + \beta_3 Contr + \varphi_2 Trans + \sum_{i=1}^{9} \omega_i Control + \varepsilon$$
$$(5-20)$$

为了验证假设24—假设25，集团支持在子公司关系嵌入与技术创新之间的中介作用，构建式（5-21）至式（5-24）。式（5-21）和式（5-22）分别验证子公司关系嵌入对集团资金和业务支持的影响；式

(5-23)和式（5-24）加入了中介变量，以验证集团支持在子公司关系嵌入与技术创新关系中的中介效应的显著性。当式（5-23）和式（5-24）中子公司关系嵌入的系数较式（5-10）有所降低或不显著，则表明集团支持在子公司关系嵌入与技术创新的关系中起到桥梁作用。

$$Capit = \alpha + \gamma_1 Busrel + \gamma_2 Toprel + \sum_{i=1}^{9} \omega_i Control + \varepsilon \quad (5-21)$$

$$Trans = \alpha + \gamma_1 Busrel + \gamma_2 Toprel + \sum_{i=1}^{9} \omega_i Control + \varepsilon \quad (5-22)$$

$$Rdi = \alpha + \gamma_1 Busrel + \gamma_2 Toprel + \varphi_1 Capit + \sum_{i=1}^{9} \omega_i Control + \varepsilon$$
$$(5-23)$$

$$Rdi = \alpha + \gamma_1 Busrel + \gamma_2 Toprel + \varphi_2 Trans + \sum_{i=1}^{9} \omega_i Control + \varepsilon$$
$$(5-24)$$

（四）调节效应模型

为了验证假设26—假设28，环境不确定性对子公司嵌入与技术创新、成长和国际化的调节作用，采用式（5-25）至式（5-27）进行验证。当式（5-25）中环境不确定性与嵌入的系数 β_3 显著为正时，表明调节效应存在。式（5-26）中当 β_4 的系数为负数时，环境不确定性对嵌入与成长之间的倒"U"形关系影响更显著，交互效应存在。式（5-27）中当 β_4 的系数为负数时，环境不确定性对嵌入与子公司国际化之间的倒"U"形关系影响更显著，交互效应存在。

$$R\&D = \alpha + \beta_1 Embed + \beta_2 Uncertain + \beta_3 Embed \times$$
$$Uncertain + \sum_{i}^{n} \gamma_i Control + \varepsilon_i \quad (5-25)$$

$$Growth = \alpha + \beta_1 Embed + \beta_2 Embed^2 + \beta_3 Uncertain + \beta_4 Embed^2 \times$$
$$Uncertain + \sum_{i}^{n} \gamma_i Control + \varepsilon_i$$
$$(5-26)$$

$$InterN = \alpha + \beta_1 Embed + \beta_2 Embed^2 + \beta_3 Uncertain + \\ \beta_4 Embed^2 \times Uncertain + \sum_{i}^{n} \gamma_i Control + \varepsilon_i \quad (5-27)$$

为了验证假设29—假设31,国际贸易争端对子公司嵌入与技术创新、成长、国际化的调节作用,采用式(5-28)至式(5-30)进行验证。当式(5-29)和式(5-30)中的 β_4 的系数为负数时,表明国际贸易争端在子公司嵌入与子公司成长和国际化的倒"U"形关系中起到了调节作用。

$$R\&D = \alpha + \beta_1 Embed + \beta_2 Tdispute + \beta_3 Embed \times \\ Tdispute + \sum_{i}^{n} \gamma_i Control + \varepsilon_i \quad (5-28)$$

$$Growth = \alpha + \beta_1 Embed + \beta_2 Embed^2 + \beta_3 Tdispute + \\ \beta_4 Embed^2 \times Tdispute + \sum_{i}^{n} \gamma_i Control + \varepsilon_i \quad (5-29)$$

$$InterN = \alpha + \beta_1 Embed + \beta_2 Embed^2 + \beta_3 Tdispute + \\ \beta_4 Embed^2 \times Tdispute + \sum_{i}^{n} \gamma_i Control + \varepsilon_i \quad (5-30)$$

为验证外部信息不对称程度的调节效应,即假设32—假设36,构建式(5-31)和式(5-32)。信息不对称程度与子公司结构嵌入特征分别交互相乘,如式(5-31)所示;信息不对称程度与子公司关系嵌入特征分别交互相乘,如式(5-32)所示。如果两组公式中的交乘项显著,则表明外部信息不对称起到了调节效应。

$$Rdi = \alpha + \beta_1 Instit + \beta_2 Geog + \beta_3 Contr + \beta_4 Infor + \beta_5 Instit \times Infor + \\ \beta_6 Geog \times Infor + \beta_7 Contr \times Infor + \sum_{i=1}^{9} \omega_i Control + \varepsilon \\ (5-31)$$

$$Rdi = \alpha + \gamma_1 Busrel + \gamma_2 Toprel + \gamma_3 Infor + \gamma_4 Busrel \times \\ Infor + \gamma_5 Toprel \times Infor + \sum_{i=1}^{9} \omega_i Control + \varepsilon \quad (5-32)$$

为验证子公司内部特征资源禀赋的调节效应,即假设37—假设41,

构建式（5-33）和式（5-34）。子公司资源禀赋与子公司结构嵌入特征分别交互相乘，如式（5-33）所示；资源禀赋与子公司关系嵌入特征分别交互相乘，如式（5-34）所示。如果两组公式中的交乘项显著，则表明资源禀赋特征起到了调节效应。

$$Rdi = \alpha + \beta_1 Instit + \beta_2 Geog + \beta_3 Contr + \beta_4 Resou + \beta_5 Instit \times Resou + \beta_6 Geog \times Resou + \beta_7 Contr \times Resou + \sum_{i=1}^{9} \omega_i Control + \varepsilon \quad (5-33)$$

$$Rdi = \alpha + \gamma_1 Busrel + \gamma_2 Toprel + \gamma_3 Resou + \gamma_4 Busrel \times Resou + \gamma_5 Toprel \times Resou + \sum_{i=1}^{9} \omega_i Control + \varepsilon \quad (5-34)$$

四 本章小结

本章主要叙述了三个部分，包括验证样本的选择过程和选择依据、验证假设的主要关键变量以及控制变量的测量方法、验证不同假设所构建的模型方程。样本选取和变量定义是保证后续验证结果可靠性的基础和关键。在样本选择的过程中，为了降低回归可能带来的系统误差和测量误差对结果的影响，本书尽量选择多个观测对象及多个年份，以提升结果的信度和效度。

第六章 实证检验

一 描述性统计及相关性分析

样本1主要变量的描述性统计结果如表6-1所示。子公司嵌入的最大值为0.999,表明在集团网络中嵌入最深的子公司其主要业务合作对象均为集团内其他成员企业;最小值为0.004,表明嵌入程度最浅的子公司主要营业收入都来自集团外部交易对象;子公司嵌入的均值为0.258,表示平均来看子公司与集团成员的交易比例占总营业收入的25.8%。子公司技术创新均值为3.79,表明技术创新投入平均占营业收入的3.79%,最大值为51.55,最小值为0。子公司成长的均值为0.175,表明子公司每年资产的平均增长率为17.5%。子公司国际化水平的均值为19.56,表示有19.56%的营业销售是销往海外的。

子公司当地市场份额的均值为0.488,表明子公司将产品和服务在当地销售的比例平均为48.8%。子公司行业地位的最大值为2.139,表明行业最高地位的公司其销售收入高于行业均值2.139倍,最小值为负数表明公司当年经营亏损。子公司客户集中度的均值为32.85,最大值为100,表明所有原材料均来源于五个供应商。子公司客户集中度的均值为36.34,表明公司大概有36.34%的客户占据到前五名的销售量。企业集团集权的程度均值为0.42,最大值为0.89,表明企业集团平均对子公司的控制程度中等。企业集团规模的均值为7.03,最大值为19。企业集团行业重叠度的均值为473.53,最大值为1425.50,最小值为177.33。子公司在集团内相较于其他子公司的比较盈利能力最大值为

11.677，表明该子公司在集团中相较于平均营业收入高出 11.677 倍。子公司比较融资约束均值为 5.65，表明受融资约束大的子公司，相较于平均水平高出 5.65 倍。子公司比较冗余资源均值为 1.74，最大值为 68.97。

环境不确定性的均值为 2.578，最大值为 20.724。国际贸易争端的均值为 256.024，最大值为 1167，表明最多一年关于国际争端的新闻数量是 1167 条。

表6-1　　　　　　　　样本1变量描述性统计

	Variable	N	均值	P50	Max	Min	Sd
影响后果变量	R&D	1229	3.79	3.00	51.55	0.00	6.40
	Growth	2589	0.175	0.074	4.217	0.004	0.516
	InterN	888	19.56	9.83	99.75	0.00	23.01
子公司嵌入	Embed	2589	0.258	0.189	0.999	0.004	23.413
集团外部影响因素	Localmarket	1152	0.488	0.439	100	0.044	29.939
	Indstatus	2589	0.911	0.867	2.139	-0.192	0.698
	Supply	1548	32.85	28.43	100.00	2.68	19.74
	Client	2125	36.34	29.27	100.00	0.06	26.08
集团层面影响因素	Control	2589	0.42	0.42	0.89	0.06	0.15
	BGsize	2589	7.03	5.00	19.00	2.00	5.00
	CDD	2589	473.53	408.44	1425.50	177.33	194.87
子公司层面影响因素	Compare	2589	0.025	-0.224	11.677	-10.838	2.382
	CompFC	2589	5.65	2.41	1115.22	-3.218	72.50
	CompRR	2589	1.74	1.32	68.97	0.07	2.25
调节变量	Uncertain	2589	2.578	1.132	20.724	0.047	3.343
	Tdispute	2589	256.024	107	1167	30	356.132

对样本按照嵌入程度的平均值分为低嵌入组和高嵌入组，按照企业集团中子公司数量的均值分为少成员组和多成员组，求对应主要变量的均值。由表6-2可知，低嵌入组的 Localmarket 均值高于高嵌入组，部

分印证本地市场份额与嵌入负相关；低嵌入组的技术创新均值低于高嵌入组；在低集团嵌入组，当地市场嵌入程度也更高，行业地位较低，客户和供应商的集中度较低，行业重叠程度较高，子公司的比较盈利能力较弱，子公司的比较融资约束较弱，这些初步印证了相应的假设。

表6-2 分组的描述性统计

Variable	低嵌入组	高嵌入组	少成员组	多成员组
R&D	3.051	3.365	2.689	3.948
Growth	0.509	0.356	0.433	0.449
InterN	21.551	17.448	18.540	20.723
Embed	10.220	49.403	24.134	26.880
Localmarket	51.043	46.451	48.290	49.634
Indstatus	0.886	0.930	0.929	0.883
Supply	30.551	35.486	33.082	32.474
Client	32.022	41.429	38.269	33.211
Control	0.418	0.417	0.429	0.401
BGsize	7.202	6.820	3.700	12.085
CDD	505.106	434.190	465.638	485.500
Compare	0.045	0.083	0.013	0.045
CompFC	4.019	7.674	5.316	6.151
CompRR	1.851	1.599	1.712	1.778

注：高嵌入组和低嵌入组分别为高于和低于 Embed 均值的样本；成员少和成员多分别为高于和低于 BGsize 均值（集团内子公司数量反映了集团网络的规模）的样本。

主要变量的相关性分析如表6-3所示。该表表明子公司当地嵌入与子公司在集团网络中的嵌入负相关，子公司嵌入与行业地位正相关，与客户集中度正相关，与企业集团内行业重叠程度显著负相关，与子公司比较冗余资源显著负相关，这些都与假设中的逻辑方向一致。

表6-3　　　　　　　　　　　　相关性系数

	1	2	3	4	5	6	7	8	9	10
Embed	1									
Localmarket	-0.146*	1								
Indstatus	0.036*	0.035	1							
Supply	0.049	0.207*	-0.0362	1						
Client	0.189*	0.164*	-0.0157	0.3198*	1					
Control	0.014	-0.055	0.0624*	-0.039	-0.0928*	1				
Bgsize	-0.034	0.046	0.0292	-0.0255	-0.0507	-0.0916*	1			
CDD	-0.181*	0.109*	0.0516*	-0.1487*	-0.0983*	0.0431	0.1424*	1		
Compare	0.021	0.011	0.1798*	0.0369	0.0263	0.0221	0.0011	-0.007	1	
Compfc	0.027	-0.042	-0.0007	-0.0134	0.0307	-0.0178	0.0093	0.003	-0.0087	1
Comprr	-0.071*	-0.153*	0.023	0.056	0.031	-0.123*	-0.003	-0.016	0.068*	-0.083

样本2的描述性统计如表6-4所示。

表6-4　　　　　　　　　　样本2变量描述性统计

变量名	样本量	均值	中位数	最大值	最小值	标准差
Panel A　time=2006—2015						
Rdi	5862	3.384	3.047	88.565	0	3.338
Instit	5862	0.709	0	10.15	0	1.557
Geog	5862	325.325	0	4593	0	709.291
Contr	5862	1.226	1	9	0	1.067
Busrel	5862	0.640	1	1	0	0.480
Toprel	5798	0.079	0.063	0.429	0	0.072
Capit	5862	0.057	0.022	10.619	0	0.238
Trans	1516	0.315	0.256	0.998	0.001	26.219
Infor	5862	0.045	0.038	0.413	0	0.035
Resou	5862	2.482	1.376	131.956	-0.700	3.979

续表

变量名	样本量	均值	中位数	最大值	最小值	标准差
Panel B　time=2015						
Rdi	870	4.318	3.546	88.565	0.004	4.426
Instit	870	0.779	0	10.15	0	1.751
Geog	870	309.193	0	4593	0	700.398
Contr	870	1.178	1	9	0	1.070
Busrel	870	0.636	1	1	0	0.482
Toprel	861	0.073	0.059	0.429	0	0.072
Panel C　time=2014						
Rdi	867	3.906	3.429	24.861	0.008	3.009
Instit	867	0.755	0	9.94	0	1.696
Geog	867	305.695	0	4593	0	698.540
Contr	867	1.172	1	9	0	1.074
Busrel	867	0.635	1	1	0	0.482
Toprel	863	0.075	0.059	0.316	0	0.071
Panel D　time=2013						
Rdi	851	3.848	3.352	36.693	0	3.154
Instit	851	0.741	0	9.72	0	1.647
Geog	851	308.886	0	4593	0	698.931
Contr	851	1.186	1	9	0	1.080
Busrel	851	0.636	1	1	0	0.482
Toprel	849	0.076	0.059	0.313	0	0.071

注：Panel A 中高管相关性的样本数为5706，集团业务支持的样本数为1516，由于手工收集这两个变量时存在缺失，为了保证其他假设分析样本量足够，本书未在所有模型中缩减样本量，而是在关于高管相关性和集团业务支持的验证模型中，按照既有样本量进行检验，后文同此处。

由描述性统计可知，样本总体的研发投入强度均值为3.38%（Panel A），从2013年（Panel D 3.85%）到2015年（Panel B 4.32%）该值逐年攀高，且到2015年高于均值约1个百分点，由此可见中国上市公司逐渐重视创新活动，不断加大技术创新。子公司与集团公司制度距离均值为 0.71（Panel A），最大距离为 10.15，平均而言集团公司与子公司制度环境相差不大，随着年份的增加，通信技术更加发达，制度距离逐渐增大，表明制度已经不是集团异地新建或并购子公司的主要影响因素。集团公司与子公司地理距离均值为 325.325 千米（Panel A），最大值为 4593 千米，表明集团异地分布趋势明显，集团总部与子公司呈分散状，且该值的标准差较大，表明不同集团之间存在较大差异。集团公司与子公司控制距离均值为 1.23（Panel A），最大值为 9，表明大部分上市公司的控股股东即为集团公司，且对集团整体而言，作为重要上市子公司，集团往往会直接控制，而不会通过较多层级。该值在不同年份之间变化不大，表明集团内部的控制链位置一旦形成，很少产生变化。业务相关性为虚拟变量，均值为 0.64（Panel A），表明一半以上的上市公司所经营的业务是集团中重要或核心的业务范围。高管相关性均值为 7.9%（Panel A），最大值为 42.9%，表明上市子公司中平均有 7.9% 的高管在集团中兼任重要职位，当高管相关性高时，上市子公司有一半高管来源于集团。高管相关性随着年份的增加逐渐降低（Panel D 7.6%，Panel C 7.5%，Panel B 7.3%），表明市场完善和监督机制的健全在一定程度上减少了集团内董事连锁的现象。集团资金支持的均值为 5.7%（Panel A），表明集团给予上市子公司直接资金支持比重并不高，至少显著低于集团业务支持 31.53%，后文将进一步通过回归分析进行证明。上市公司资源禀赋均值为 2.48（Panel A），标准差为 3.97，表明上市公司之间在冗余资源和资源获取能力上存在较大差异性。

变量的相关系数分析如表 6-5 和表 6-6 所示。

表 6-5　　　　　　　　样本 2 变量相关系数

	Rdi	Instit	Geog	Contr	Busrel	Toprel	Capit	Infor	Resou
Rdi	1	-0.066	-0.111*	-0.181*	0.025*	0.151*	-0.081*	0.018	0.326*
Instit	-0.005	1	0.894*	0.428*	-0.038*	0.161*	0.109*	-0.032	-0.070*
Geog	-0.038*	0.739*	1	0.460*	-0.072*	0.177*	0.124*	-0.011	-0.120*
Contr	-0.114*	0.342*	0.312*	1	-0.311*	0.449*	0.2234*	-0.050*	-0.250*

续表

	Rdi	Instit	Geog	Contr	Busrel	Toprel	Capit	Infor	Resou
Busrel	0.017*	-0.058*	-0.068*	-0.281*	1	-0.117*	-0.046*	-0.058*	-0.009
Toprel	0.081*	0.128*	0.123*	0.362*	-0.096*	1	0.088*	-0.053*	-0.128*
Capit	0.072*	0.052*	0.033	0.092*	-0.012	0.013	1	0.111*	-0.261*
Infor	0.003	-0.027	-0.018	-0.009	-0.076*	-0.035*	0.054*	1	-0.009
Resou	0.180*	-0.034*	-0.017	-0.095*	-0.027	-0.073*	-0.062*	-0.067*	1

注：*表示在1%的水平下显著。左边下三角表示 Pearson 相关系数，右边上三角表示 Spearman 相关系数。

表6-6　　　　　　　　　　控制变量相关系数

	Rdi	Size	Lev	Roa	Cash	Operate	Finance	Director	Concur	Ownership
Rdi	1	-0.108*	-0.325*	0.134*	0.180*	0.108*	0.003	-0.106*	-0.140*	-0.176*
Size	-0.078*	1	0.416*	-0.053*	-0.147*	-0.002	0.073*	0.204*	0.128*	0.246*
Lev	-0.243*	0.373*	1	-0.416*	-0.298*	-0.203*	0.093*	0.164*	0.121*	0.279*
Roa	0.034*	-0.014	-0.318*	1	0.328*	0.320*	-0.076*	0.015	-0.068*	-0.176*
Cash	0.131*	-0.138*	-0.311*	0.239*	1	-0.042*	0.053*	-0.024	-0.090*	-0.111*
Operate	0.048*	-0.018	-0.193*	0.281*	0.006	1	-0.316*	-0.014	-0.011	-0.061*
Finance	0.077*	-0.012	-0.113*	-0.027	0.208*	-0.183*	1	0.015	-0.053*	-0.079*
Director	-0.094*	0.267*	0.176*	-0.001	-0.042*	-0.019	-0.026	1	0.194*	0.207*
Concur	-0.100*	0.117*	0.109*	-0.044*	-0.105*	-0.002	-0.073*	0.179*	1	0.254*
Ownership	-0.094*	0.235*	0.259*	-0.093*	-0.132*	-0.020	-0.097*	0.208*	0.232*	1

注：*表示在1%的水平下显著。左边下三角表示 Pearson 相关系数，右边上三角表示 Spearman 相关系数。

表6-5显示了主要变量的相关系数分析，其中左边下三角形部分为 Pearson 相关系数，右边上三角形部分为 Spearman 相关系数。从相关系数中看到，子公司与集团公司地理距离和控制距离均与技术创新负相关，初步判断与假设14b和假设14c一致。制度距离与技术创新相关系数不显著，因此需要在回归中进一步验证。业务相关性和高管相关性均与技

术创新正相关，与假设15一致。集团资金支持与技术创新正相关，这与前文分析一致。表6-5第六行和第七行显示，集团业务相关性和高管相关性之间存在一定的相关，说明子公司在集团公司中的结构嵌入与关系嵌入可能会对技术创新产生交互影响，将会在回归分析后进一步验证。子公司地理距离和制度距离的两种相关性系数均在0.7以上，因此回归时应当对可能存在的多重共线性进行检验。

二 回归分析

（一）子公司嵌入的动因分析

表6-7为本书假设1—假设7的回归结果，因变量为子公司嵌入。第（1）—（4）列自变量为集团外部因素；第（5）—（7）列为集团层面的影响因素。第（1）列子公司在当地市场的嵌入为自变量，其系数显著为负（$\beta = -0.115$，$P = 0.001$），表明子公司在当地市场投入的精力越多，子公司可以分配给集团网络的精力就越少，子公司在集团中的嵌入程度就会下降，即子公司的当地投入与集团嵌入负相关，假设1得到验证。第（2）列为子公司在行业中的地位与集团嵌入关系的验证，子公司在行业中的地位系数显著为正（$\beta = 2.152$，$P = 0.000$），表明当子公司在行业中处于领先者时，与集团成员公司的往来增加，在集团网络中的嵌入程度也增加，即子公司行业地位与集团嵌入正相关，假设2得到验证。第（3）—（4）列为子公司供应商和客户的集中度对子公司嵌入的影响，两个的系数均显著为正，供应商集中度系数为0.069，客户集中度的系数为0.131，表明当子公司面对外部供应链或价值链的约束较大时，子公司对集团网络的嵌入程度较高，假设3和假设4得到验证。第（5）列为企业集团集权程度对子公司嵌入的影响，其系数显著为正，表明企业集团的管理越集权，子公司对企业集团的嵌入程度越高，假设5得到验证。第（6）列为企业集团规模对子公司嵌入程度的回归，其系数为负且不显著，表明企业集团规模越大，子公司嵌入程度越深的假设6没有得到验证。这可能是因为当企业集团规模越大，子公司越多

时（可能会有上百个子公司），企业集团总部没有精力对这么多子公司进行管理和互动，进而子公司对企业集团的嵌入可能并没有受到集团内子公司数量的影响。第（7）列为企业集团内行业重叠程度对子公司嵌入的影响，其系数显著负相关，表明当集团内行业重叠程度较高时，子公司难以从集团内获得多元化的知识和资源，子公司对集团的嵌入会降低，假设7得到验证。

表6-7 回归分析（一）

	（1）Embed	（2）Embed	（3）Embed	（4）Embed	（5）Embed	（6）Embed	（7）Embed
Localmarket（H1）	-0.115*** (-3.29)	—	—	—	—	—	—
Indstatus（H2）	—	2.152*** (3.59)	—	—	—	—	—
Supply（H3）	—	—	0.069* (1.94)	—	—	—	—
Client（H4）	—	—	—	0.131*** (4.80)	—	—	—
Control（H5）	—	—	—	—	0.818* (0.69)	—	—
BGsize（H6）	—	—	—	—	—	-0.096 (-0.42)	—
CDD（H7）	—	—	—	—	—	—	-0.022*** (-3.82)
Size	-2.541*** (-2.66)	-1.023** (-1.97)	-1.791*** (-2.62)	-1.172** (-2.14)	-0.906* (-1.75)	-0.919* (-1.77)	-0.752 (-1.45)
Lev	35.64*** (7.08)	25.84*** (8.55)	31.02*** (7.87)	27.90*** (8.80)	25.82*** (8.52)	25.82*** (8.52)	26.07*** (8.63)
ROA	6.018 (0.62)	-6.924 (-1.19)	3.717 (0.57)	0.163 (0.03)	0.462 (0.08)	0.485 (0.09)	0.577 (0.11)

续表

	(1) Embed	(2) Embed	(3) Embed	(4) Embed	(5) Embed	(6) Embed	(7) Embed
Cash	-7.738 (-1.08)	-3.967 (-0.96)	-2.986 (-0.58)	-4.328 (-1.01)	-3.039 (-0.73)	-3.047 (-0.74)	-2.967 (-0.72)
Operate	-1.987 (-0.76)	0.949 ** (2.42)	1.345 ** (2.56)	1.259 ** (2.52)	0.935 ** (2.38)	0.937 ** (2.39)	0.943 ** (2.40)
Finance	0.367 (0.36)	-0.201 (-0.67)	-0.053 (-0.14)	-0.187 (-0.50)	-0.232 (-0.77)	-0.231 (-0.77)	-0.24 (-0.80)
Equitycon	3.824 (0.46)	0.634 (0.12)	-2.027 (-0.31)	0.653 (0.12)	0.558 (0.11)	0.668 (0.13)	0.613 (0.12)
Pshareholder	-2.978 (-0.32)	-0.987 (-0.18)	4.324 (0.62)	2.185 (0.38)	-0.871 (-0.16)	-0.938 (-0.17)	-0.185 (-0.03)
Tmshareholder	-170.5 *** (-3.96)	-67.64 *** (-2.82)	-61.76 ** (-2.12)	-71.79 *** (-2.97)	-70.09 *** (-2.92)	-70.13 *** (-2.92)	-61.25 ** (-2.55)
Director	0.631 (1.20)	0.006 (0.02)	0.761 * (1.96)	0.071 (0.22)	-0.020 (-0.07)	-0.019 (-0.06)	0.013 (0.04)
Concur	-6.449 ** (-2.46)	-0.159 (-0.11)	-0.149 (-0.08)	0.217 (0.13)	0.032 (0.02)	0.036 (0.02)	0.183 (0.12)
_cons	79.64 *** (3.58)	35.90 *** (3.06)	44.59 *** (2.85)	33.61 *** (2.69)	34.67 *** (2.95)	35.64 *** (2.97)	40.65 *** (3.46)
N	1152	2589	1548	2125	2589	2589	2589
R-sq	0.131	0.052	0.099	0.085	0.045	0.046	0.092
Chi2	98.92	129.3	102	148.1	115.9	116	131.1
P	9.06E-16	8.35E-22	2.24E-16	1.37E-25	1.22E-19	3.83E-19	3.69E-22

注：括号中为t值，* $p<0.1$，** $p<0.05$，*** $p<0.01$。

表6-8为本书假设8—假设13的回归结果。第（8）列至第（10）列为子公司层面影响因素对嵌入程度的影响回归。第（11）列至第（13）列为子公司嵌入后果的回归结果。第（8）列自变量为子公司比较盈利能力，其系数显著为正（$\beta=0.262$，$P=0.088$），表明子公司在企

业集团中的相对盈利能力越强，在集团中话语权越重，越会得到集团的重视，从而子公司会增加对企业集团的嵌入，假设8得到验证。第（9）列自变量为子公司比较融资约束，其系数显著为正（$\beta = 0.073$，$P = 0.097$），表明子公司融资约束严重时，无法从外部市场获得足够的资金，往往会增加对集团的依赖，从而增加对集团的嵌入，假设9得到验证。第（10）列自变量为子公司比较资源冗余，其系数为负（$\beta = -0.323$，$P = 0.100$），表明当子公司相对于其他成员企业冗余资源较多时，子公司内部重复的资源较多，集团内能够提供的差异化资源较少，因而子公司更倾向于对外部网络或市场的搜寻，从而减少对企业集团网络的嵌入，但该数值仅在略高于10%的水平下微显著，因而假设10未得到验证。

（二）子公司嵌入后果研究

表6-8第（11）列至第（13）列为嵌入后果分析。第（11）列自变量为子公司嵌入，因变量为子公司技术创新，回归显示子公司嵌入与技术创新显著正相关，则表明子公司嵌入程度越高，越能够与集团建立深度信任，从而获得较多的研发资源和研发合作，促进了子公司技术创新，假设11得到验证。第（12）列为子公司嵌入与成长的回归结果，子公司嵌入一次项系数显著为正（$\beta = 0.141$），二次项系数显著为负（$\beta = -0.051$），表明子公司嵌入与成长之间的非线性曲线关系方向朝下，为倒"U"形关系，即当子公司在集团嵌入过浅或过深时，均不利于自身成长，存在一个中间嵌入程度的区间，在该范围内，子公司成长最快，假设12得到验证。第（13）列为子公司嵌入对国际化回归结果，子公司嵌入一次项系数显著为正（$\beta = 4.007$，$P = 0.006$），二次项系数显著为负（$\beta = -0.177$，$P = 0.001$），表明子公司嵌入与国际化之间的关系为方向朝下的倒"U"形曲线关系，即当子公司嵌入程度过深或过浅时，均不利于国际化行为，存在一个中间的区间，在该范围内子公司既可以获得集团资助的资源，又有足够的自主性进行国际化，能够对国际市场及时做出应对，故假设13得到验证。

表 6-8 回归分析（二）

	(8)	(9)	(10)	(11)	(12)	(13)
	Embed	Embed	Embed	R&D	Growth	InterN
Compare (H8)	0.262* (1.71)	—	—	—	—	—
CompFC (H9)	—	0.073* (1.66)	—	—	—	—
CompRR (H10)	—	—	-0.323 (-1.64)	—	—	—
Embed	—	—	—	0.770*** (3.34)	0.141*** (5.04)	4.007*** (2.76)
Embed^2	—	—	—	—	-0.051*** (-4.08)	-0.177*** (-3.31)
Size	-0.842 (-1.62)	-0.916* (-1.76)	-0.863* (-1.66)	-0.021 (-0.12)	0.005 (0.67)	0.786 (1.13)
Lev	25.70*** (8.48)	25.93*** (8.54)	27.60*** (8.58)	-3.341*** (-2.91)	0.205*** (3.53)	0.566 (0.15)
ROA	0.185 (0.03)	0.569 (0.10)	1.391 (0.25)	-2.807 (-1.44)	0.844*** (5.50)	-18.00** (-2.19)
Cash	-3.033 (-0.73)	-3.17 (-0.76)	-4.91 (-1.14)	3.575** (2.30)	0.445*** (5.05)	8.048* (1.70)
Operate	1.087*** (2.62)	0.931** (2.37)	0.985** (2.50)	-6.551*** (-6.49)	0.0283** (2.41)	5.753 (1.54)
Finance	-0.218 (-0.73)	-0.237 (-0.79)	-0.206 (-0.69)	-1.032*** (-9.46)	0.096*** (10.29)	-0.588** (-2.13)
Equitycon	0.239 (0.05)	0.821 (0.16)	0.282 (0.05)	-1.895 (-1.05)	0.396*** (4.14)	-15.16** (-2.36)
Pshareold	-0.653 (-0.12)	-0.848 (-0.15)	-0.426 (-0.08)	-2.992 (-1.61)	-0.230** (-2.45)	5.773 (0.88)

续表

	(8)	(9)	(10)	(11)	(12)	(13)
	Embed	Embed	Embed	R&D	Growth	InterN
TmshareholD	-70.56*** (-2.94)	-70.37*** (-2.92)	-69.99*** (-2.92)	19.84** (2.42)	0.269 (0.60)	-16.56 (-0.44)
Director	-0.037 (-0.12)	-0.019 (-0.07)	-0.032 (-0.11)	-0.12 (-1.11)	-0.016*** (-2.87)	0.086 (0.02)
Concur	-0.126 (-0.08)	0.137 (0.09)	-0.004 (-0.00)	0.287 (0.49)	-0.025 (-0.62)	-1.845 (-1.17)
_cons	33.87*** (2.87)	34.49*** (2.93)	32.66*** (2.76)	8.776** (2.30)	-0.105 (-0.59)	8.075 (0.51)
N	2589	2589	2589	1229	2589	888
R-sq	0.048	0.048	0.048	0.178	0.143	0.045
Chi2	120.1	119	118.7	209.8	286.2	38.61
P	5.79E-20	9.87E-20	1.14E-19	3.10E-38	1.84E-53	2.31E-5

注：括号中为t值，*$p<0.1$，**$p<0.05$，***$p<0.01$。

（三）子公司结构嵌入、关系嵌入后果研究

1. 子公司结构嵌入与技术创新

在实证检验之前，对所有数据进行2%的缩尾处理（样本2），并使用普通回归方法，对所有变量多重共线性进行检验，检验结果如表6-9所示，结果显示所有VIF值均在3以内，平均VIF为1.42，表明不存在严重共线性。

表6-9　　　　　　　　多重共线性检验结果

Variable	VIF	1/VIF	Variable	VIF	1/VIF
Instit	2.28	0.438	Operate	1.18	0.846
Geog	2.22	0.451	Toprel	1.18	0.850
Lev	2.11	0.475	Director	1.14	0.876
Resou	1.64	0.609	Finance	1.12	0.890

续表

Variable	VIF	1/VIF	Variable	VIF	1/VIF
Contr	1.58	0.633	Busrel	1.12	0.897
Cash	1.36	0.735	Concur	1.11	0.899
Size	1.35	0.741	Infor	1.09	0.915
Roa	1.35	0.742	Capit	1.06	0.943
Ownership	1.29	0.772	Mean VIF	1.42	

对本书模型，即式（5-9）进行霍斯曼检验，确定使用随机效应进行回归，回归结果如表6-10所示，以下对子公司结构和关系嵌入与技术创新的影响结果进行具体说明。

表6-10　　　　　　子公司结构嵌入回归结果

模型	(14)	(15)	(16)	(17)	(18)	(19)
因变量	Rdi	Rdi	Growth	Growth	InterN	InterN
Instit	0.359*** (5.22)	—	5.672 (0.50)	—	-2.318*** (-5.37)	—
Geog	-0.067*** (-3.32)	—	-4.161* (-1.74)	—	0.259 (1.63)	—
Contr	-0.261*** (-2.83)	—	-40.35** (-2.05)	—	0.005* (1.81)	—
Busrel	—	0.555*** (2.94)	—	62.62* (1.67)	—	0.749 (0.43)
Toprel	—	4.629*** (6.68)	—	6.124 (0.87)	—	0.218* (1.81)
Capit	—	—	—	—	—	—
Trans	—	—	—	—	—	—
Size	0.546*** (9.52)	0.606*** (10.41)	9.03 (0.48)	4.673 (0.25)	1.054*** (2.60)	1.131*** (2.79)

续表

模型	(14)	(15)	(16)	(17)	(18)	(19)
因变量	Rdi	Rdi	Growth	Growth	InterN	InterN
Lev	-3.274*** (-10.65)	-3.240*** (-10.47)	117.1 (1.03)	122.3 (1.08)	-0.641 (-0.32)	-0.679 (-0.34)
ROA	-4.421*** (-5.54)	-4.413*** (-5.53)	557.7*** (14.49)	560.8*** (14.49)	-9.035** (-2.09)	-6.062 (-1.40)
Cash	-0.758*** (-3.87)	-0.911*** (-4.61)	-66.22 (-0.87)	-69.3 (-0.90)	1.43 (1.24)	1.256 (1.09)
Operate	-0.366 (-1.27)	-0.419 (-1.46)	-151.5 (-1.02)	-146.2 (-0.98)	2.468 (1.51)	2.531 (1.55)
Finance	-0.0938 (-1.07)	-0.0878 (-1.02)	61.34 (1.19)	65.38 (1.27)	0.677 (1.38)	0.687 (1.40)
Director	-0.120*** (-3.53)	-0.143*** (-4.15)	-13.8 (-1.18)	-10.98 (-0.91)	-0.28 (-1.38)	-0.134 (-0.65)
Concur	-0.035 (-0.30)	-0.067 (-0.57)	27.2 (0.63)	28.17 (0.65)	-1.160* (-1.80)	-1.439** (-2.23)
Ownership	-0.168 (-1.61)	-0.396*** (-3.65)	5.53 (0.25)	1.201 (0.05)	-2.353** (-2.31)	-2.140** (-2.20)
_cons	-4.723*** (-3.71)	-6.559*** (-5.02)	-373.7 (-0.96)	-352.7 (-0.90)	2.677 (0.30)	0.432 (0.05)
N	5862	5706	4793	4759	2994	2978
R-sq	0.159	0.169	0.090	0.090	0.173	0.128
chi2	280.3	302.4	259.7	258.3	55.88	30.89
p	6.24E-53	2.75E-58	1.31E-48	5.14E-49	1.26E-07	0.00115

注：所有模型均采用随机效应模型，括号中均为 t 值，模型 P 值均显著小于 0.000；* $p<0.1$，** $p<0.05$，*** $p<0.01$。

2. 子公司结构嵌入与技术创新

表 6-10 第（14）列检验了子公司在集团网络中的结构嵌入与技术创新关系。结果显示，子公司与集团公司制度距离（Instit）系数显著为

正（$\beta = 0.359$，$P < 0.01$），即与技术创新正相关。这一结论与大多数跨国公司对制度距离负向影响的证明不一致，表明在中国同一个国家环境之下，企业集团在国内跨省份经营，由于集团公司与子公司制度距离过大导致的交易成本增加、信息不对称程度增加对集团网络的负向影响基本不存在。制度距离更多地体现为通过集团网络，形成了集团内部资源多样化、产权制度完善化、集团支持流动化等特点。故制度距离对子公司技术创新呈正向影响。假设14a被证实。

第（14）列中地理距离（Geog）系数显著为负（$\beta = -0.067$，$P < 0.01$），表明子公司与集团公司制度距离与技术创新负相关，这与假设14b一致，故假设14b得到验证。尽管随着信息和通信技术的发展，可能在一定程度上缓解了集团与子公司异地沟通问题，但空间地理上的远近仍然会影响集团注意力和资源分配，不利于研发部门或人员之间对无形知识的沟通和探讨，不利于技术成果转化和创新。故较远的地理距离在子公司结构嵌入中成为劣势。

第（14）列中控制距离（Contr）系数显著为负（$\beta = -0.261$，$P < 0.01$），表明控制距离与技术创新负相关，这与假设14c一致，故假设14c得到验证。子公司在控制链条上与集团公司距离较远，显然不利于子公司利益输送和与集团公司的沟通。子公司研发项目可能要通过层层控股公司才能到达集团审批，而集团由于更多代理成本也不愿意将集团研发委派至控制距离较远的子公司。控制距离在子公司上市之前由集团调整股权持有并整体安排，上市以后变动较少。事实上，上述结构嵌入的三个维度，往往是集团主观控制和宏观调控的结果，子公司能动作用有限。但可以看出，子公司在集团网络中的位置优劣势对研发决策有显著影响。

3. 子公司关系嵌入与技术创新

第（15）列检验了子公司关系嵌入与技术创新的关系。第（15）列中子公司与集团公司的业务相关性（Busrel）系数显著为正（$\beta = 0.555$，$P < 0.01$），表明业务相关性与子公司技术创新正相关，假设15a被证实。业务及研发内容的相关是知识转移和溢出的前提，子公司与集团业务相关

性高，可以最大限度地进行研发协同，实现集团网络的规模效应，从而获得技术优势。第（15）列中高管相关性（Toprel）系数显著为正（$\beta = 4.629$，$P < 0.01$），表明高管相关性与技术创新正相关，假设15b得到验证。高管相关性是反映子公司与集团公司关系的重要方面，高管相关性越高越能实现与集团的充分沟通、及时从集团获得机会和资源、强化网络关系嵌入。高管相关性与前几个嵌入特征不同，子公司对于高管兼任具有较大程度自主性，因此可以选择本公司高管积极参与集团事务，与集团建立良好的沟通渠道，从而获得集团网络优势。

4. 子公司结构嵌入与子公司成长

第（16）列为子公司结构嵌入三个维度与子公司成长的回归分析。结果显示，子公司制度距离对子公司成长的影响系数为正，但系数不显著，假设16a未得到证实。这可能是因为集团与子公司所在地区的差异对子公司成长的正负向影响均存在。制度距离既可能形成资源的差异化，又存在规制和管理惯例转移的成本，导致对子公司成长的影响不显著。子公司地理距离的系数显著为负（$\beta = -4.161$），假设16b得到证实。表明子公司距离集团总部越远，子公司成长越慢，这可能是由于与总部之间的沟通、往来减少导致的。子公司控制距离系数显著为负（$\beta = -40.35$），假设16c得到证实。表明子公司的控制层级越低，成长越慢，这可能是因为总部对其持股是通过中间多个层级的子公司形成的，因而集团对其关注较少、注意力分配不足，子公司的成长完全依靠自己与外部资源，此外，由于位于金字塔更底层的子公司，集团两权分离更严重，集团更可能进行隧道攫取行为，从而阻碍子公司成长。

5. 子公司关系嵌入与子公司成长

第（17）列为子公司在企业集团网络中的关系嵌入与其成长的相关性。其中，业务相关性系数显著为正（$\beta = 62.62$），高管相关性系数为正（$\beta = 6.124$），总体上子公司关系嵌入与其成长正相关，假设17得到验证。这表明当子公司在企业集团网络中嵌入程度较深、往来频繁且与集团能够互惠时，子公司能够获得的集团支持就会越多，越有利于子公司成长。

6. 子公司结构嵌入与子公司国际化

第（18）列为子公司结构嵌入三个维度与子公司国际化的回归分析。结果显示，子公司制度距离对子公司国际化的影响系数显著为负（$\beta = -2.318$），假设18a被证实。这表明当子公司所在地与集团母国所在地制度距离差异较大时，基于合法性、规制性成本以及管理惯性转移和经验学习成本，子公司进行国际化拓展的可能性会下降，制度距离不利于国际化。子公司地理距离对国际化影响系数不显著，假设18b未被证实。这可能是随着远程工作方式的发展和交通的便捷性，地理距离对公司经营决策的影响逐渐在减弱。在子公司是否选择国际化战略以及国际化选址问题中，东道国子公司地理距离与集团总部距离影响较大；而本书研究的是一国之内，已有的子公司与集团总部的地理远近问题。子公司控制距离对子公司国际化的影响系数显著为正（$\beta = 0.005$），假设18c被证实。这表明，当集团对子公司多层级控制、子公司处于集团金字塔底层时，子公司拥有自主性更多，更能够及时应对国际环境变化，因而进行国际化拓展的可能性增加。

7. 子公司关系嵌入与子公司国际化

第（19）列为子公司在企业集团网络中的关系嵌入与其国际化的相关性。其中，业务相关性系数为正（$\beta = 0.749$），高管相关性系数显著为正（$\beta = 0.218$），总体上子公司关系嵌入与国际化正相关，假设19得到证实。这表明子公司在集团网络中的嵌入程度越深，组织沟通越好、组织冲突越少、获得的集团支持越多，越可以整合内外部资源，同时企业之间的责任共享和共同解决问题促进了对海外市场的认知和学习，进而有利于子公司国际化。

（四）集团支持中介作用

验证集团支持中介作用需要三个步骤：第一，验证中介变量对因变量的影响，即集团资金支持和业务支持对子公司技术创新有影响［式（5-15）和式（5-16）；表6-11第（20）列至第（21）列］；第二，验证主效应中自变量对中介变量的影响，即子公司结构和关系嵌入各维度对集团资金和业务支持有影响［式（5-17）和式（5-18）；表6-11第（22）列至第（23）列］；第三，验证中介效应对主效应的替代，即子公司结构和关系嵌入各维度在加入中介变量之后，系数降低或者显著性消失［式（5-19）和式（5-20）；表6-11］。

表6-11　　　　　　　　集团支持中介效应回归结果1

模型	(20)	(21)	(22)	(23)	(24)	(25)
因变量	Rdi	Rdi	Capit	Trans	Rdi	Rdi
Instit	—	—	0.010** (1.92)	0.045** (2.36)	0.341*** (4.99)	0.329*** (2.88)
Geog	—	—	-0.002 (-1.49)	-0.006 (-1.16)	-0.063*** (-3.13)	-0.020 (-0.57)
Contr	—	—	-0.022*** (-3.50)	-0.013* (-1.87)	-0.307*** (-3.34)	-0.412** (-2.26)
Busrel	—	—	—	—	—	—
Toprel	—	—	—	—	—	—
Capit	2.012*** (12.16)	—	—	—	2.015*** (12.2)	—
Trans	—	0.185** (2.09)	—	—	—	0.176** (1.99)
Size	0.582*** (10.31)	0.795*** (9.52)	-0.010** (-2.31)	0.017 (0.93)	0.564*** (9.93)	0.755*** (8.9)
Lev	-4.019*** (-13.09)	-3.520*** (-8.22)	0.289*** (12.22)	0.620*** (5.86)	-3.869*** (-12.56)	-3.426*** (-8.00)
ROA	-4.414*** (-5.60)	-4.263*** (-3.96)	-0.089 (-1.42)	-0.767*** (-2.61)	-4.258*** (-5.41)	-4.191*** (-3.90)
Cash	-0.886*** (-4.55)	0.261 (0.71)	0.049*** (3.25)	-0.390*** (-4.52)	-0.898*** (-4.63)	0.244 (0.66)
Operate	-0.175 (-0.61)	-0.639 (-1.41)	-0.110*** (-4.79)	0.113 (0.93)	-0.13 (-0.46)	-0.595 (-1.32)

续表

模型	(20)	(21)	(22)	(23)	(24)	(25)
因变量	Rdi	Rdi	Capit	Trans	Rdi	Rdi
Finance	-0.0531 (-0.61)	-0.129 (-0.62)	-0.016** (-2.33)	0.390*** (7.05)	-0.0486 (-0.56)	-0.12 (-0.58)
Director	-0.129*** (-3.85)	-0.0782 (-1.53)	-0.004 (-1.42)	-0.008 (-0.69)	-0.114*** (-3.38)	-0.0633 (-1.24)
Concur	-0.060 (-0.54)	0.202 (1.17)	0.005 (0.62)	0.041 (0.92)	-0.042 (-0.37)	0.196 (1.14)
Ownership	-0.292*** (-2.95)	-0.397** (-2.05)	-0.013* (-1.78)	-0.053** (-1.95)	-0.141 (-1.35)	-0.264 (-1.35)
_cons	-5.347*** (-4.25)	-11.82*** (-6.25)	0.136 (1.43)	0.133 (0.33)	-4.913*** (-3.90)	-10.77*** (-5.62)
N	5862	1516	5862	1516	5862	1516
R-sq	0.078	0.122	0.045	0.129	0.085	0.123
chi2	399.7	166.8	243.96	160.03	438	180.2
p	1.07E-79	1.30E-30	0.000	7.08E-28	2.09E-85	1.53E-31

表6-12　　　　　　　集团支持中介效应回归结果2

模型	(26)	(27)	(28)	(29)
因变量	Capit	Trans	Rdi	Rdi
Instit	—	—	—	—
Geog	—	—	—	—
Contr	—	—	—	—
Busrel	0.017 (1.41)	0.098* (1.9)	0.611*** (3.23)	0.824** (2.34)
Toprel	0.044 (0.82)	0.312* (1.76)	4.609*** (6.73)	0.084 (1.59)
Capit	—	—	2.024*** (12.35)	

续表

模型	(26)	(27)	(28)	(29)
因变量	Capit	Trans	Rdi	Rdi
Trans	—	—	—	0.155 * (1.74)
Size	-0.008 * (-1.88)	0.020 (1.08)	0.618 *** (10.71)	0.786 *** (9.34)
Lev	0.295 *** (12.450)	0.619 *** (5.810)	-3.855 *** (-12.42)	-3.404 *** (-7.87)
ROA	-0.094 (-1.47)	-0.776 *** (-2.64)	-4.251 *** (-5.40)	-4.303 *** (-4.00)
Cash	0.051 *** (3.32)	-0.396 *** (-4.53)	-1.073 *** (-5.49)	0.18 (0.49)
Operate	-0.111 *** (-4.83)	0.121 (0.99)	-0.167 (-0.59)	-0.612 (-1.35)
Finance	-0.017 ** (-2.45)	0.394 *** (7.090)	-0.0342 (-0.40)	-0.105 (-0.50)
Director	-0.004 (-1.44)	-0.012 (-1.00)	-0.137 *** (-4.01)	-0.0918 * (-1.78)
Concur	0.009 (0.94)	0.045 (1.03)	-0.077 (-0.68)	0.202 (1.16)
Ownership	-0.008 (-1.11)	-0.058 ** (-2.09)	-0.380 *** (-3.50)	-0.412 ** (-2.09)
_cons	0.118 (1.23)	0.052 (0.13)	-6.656 *** (-5.14)	-12.07 *** (-6.35)
N	5706	1516	5706	1516
R-sq	0.045	0.120	0.096	0.131
chi2	227.2	153.4	466.1	176.4
p	1.64E-42	3.04E-27	3.63E-92	2.35E-31

注：所有模型均采用随机效应模型，括号中均为 t 值，模型 P 值均显著小于 0.000；* p < 0.1，** p < 0.05，*** p < 0.01。

第一步，验证中介变量对因变量的影响。从表 6-11 第（20）列和第（21）列看出，集团资金支持和业务支持均对子公司技术创新有显著正向影响，其中集团资金支持（Capit）系数为 2.012（$P<0.01$），集团业务支持（Trans）系数为 0.185（$P<0.05$），中介作用第一步得到验证。由两种集团支持的系数可以发现，虽然在集团中，集团业务支持的比例远远大于集团资金支持（表 6-4 中 Trans 均值 31.5% > Capit 均值 5.7%），但子公司与集团之间的业务往来对创新的影响低于集团直接资金支持（0.185 < 2.012），可见通过集团网络形成的资金再配置和融资便利对于子公司创新有更重要的意义。

第二步，验证自变量对中介变量的影响。表 6-11 第（22）列和第（23）列分别以集团资金和业务支持为因变量，子公司结构嵌入三个维度对其进行回归。回归结果发现，仅制度距离（Instit）和控制距离（Contr）系数显著，地理距离（Geog）不显著。制度距离系数均为正［第（22）列中 $\beta=0.01$，$P<0.05$；第（23）列中 $\beta=0.045$，$P<0.05$］，表明制度距离对集团两类支持均有正向影响，制度距离越大，子公司资源呈现的异质性越强、网络互补作用越明显。控制距离系数均为负［第（22）列中 $\beta=-0.022$，$P<0.01$；第（23）列中 $\beta=-0.013$，$P<0.1$］，表明控制距离对集团两类支持均有负向影响，控制距离越大，集团要对子公司进行监管更加困难、成本更高、沟通受阻，因此集团不愿意向难以了解和监督的子公司施以援手。地理距离系数不显著，表明地理距离对集团支持没有显著影响，那么集团两类支持作为地理距离的中介将不成立，假设 22 未得到验证。

表 6-12 第（26）列和第（27）列验证了子公司关系嵌入两个维度对集团资金和业务支持的影响，从第（26）列系数看出子公司关系嵌入对集团资金支持均不显著（Busrel 系数为 0.017；Toprel 系数为 0.044），表明没有证实关系嵌入对集团资金支持影响的显著性，因此集团资金支持作为关系嵌入与技术创新的中介作用无法被证实，故假设 24a 未得到验证。第（27）列中业务与高管相关性系数均在 10% 的水平下显著为正（Busrel 系数为 0.098；Toprel 系数为 0.312），表明子公司关系嵌入两个

维度均对集团业务支持产生影响，且表现为关系联系越紧密，集团在业务上给予的支持越多。子公司与集团公司的业务相关或高管相关在较大程度上提高了与集团的沟通和协同、改善公司之间信任、最大限度减少摩擦等，促进集团业务支持。

第三步，验证中介变量与自变量一同对技术创新进行回归时，中介变量的替代作用。表6-11第（24）列和第（25）列将子公司结构嵌入变量分别与集团资金支持和业务支持一起进行回归。第（24）列中子公司结构嵌入三个维度均显著，集团资金支持（Capit）对子公司技术创新的影响也显著（$\beta=2.015$，$P<0.01$）。且子公司制度距离对技术创新的影响与主效应相比，系数下降［第（24）列中 Instit 系数0.341＜表6-10第（14）列中 Instit 系数0.359］，表明制度距离对技术创新的作用，部分是通过集团资金支持实现的，集团资金支持起到中介作用，假设21得到验证。子公司控制距离与技术创新系数与表6-10第（14）列相比，变化不大，但由第（22）列可知，控制距离对集团资金支持亦呈现负向影响，而集团资金支持又正向影响技术创新，因此假设23部分得到验证。第（25）列中，制度距离、控制距离及集团业务支持（Trans）均对子公司技术创新具有显著影响。比较第（25）列和表6-10第（14）列中子公司制度距离的系数变化，发现在加入集团业务支持以后，制度距离系数变小［第（25）列中 Instit 系数0.329＜表6-10第（14）列中 Instit 系数0.359］，表明制度距离对技术创新的正向影响，部分通过集团业务支持实现，即制度距离扩大产生优势，使得集团给予的业务支持增加，从而促进研发。假设21得到证实。比较第（25）列和表6-10第（14）列中控制距离系数的变化，控制距离在第（25）列中的显著性明显低于表6-10第（14）列中的显著性［t 值2.26＜2.83；第（25）列显著性 $P<0.05$，第（14）列显著性 $P<0.01$］，表明随着集团业务支持的进入，控制距离对技术创新影响减弱，结合控制距离对集团支持的负向影响，可知随着控制距离的增加，集团业务支持减少，进而导致技术创新减少。集团业务支持具有显著中介作用，假设23得到验证。

表6-12第（28）列和第（29）列将子公司关系嵌入分别与集团支

持两个维度同时放入方程对技术创新进行回归。对比第（29）列和表 6-10 第（15）列子公司业务相关性系数变化发现，第（29）列中业务相关性系数显著性明显低于第（15）列 [t 值 2.34 < 2.94；第（29）列显著性 $P<0.05$，第（15）列显著性 $P<0.01$]，表明随着集团业务支持进入方程，业务相关性与技术创新关系减弱，则业务相关性对研发的正向影响，部分是通过集团业务支持实现的，业务支持具有中介作用，假设 24b 得到验证。对比第（29）列与第（15）列，可以发现子公司高管相关性系数显著变小 [第（29）列中 Toprel 系数 0.084 < 第（15）列中 Toprel 系数 4.629]，且第（29）列中高管相关性系数的显著性大幅度下降，表明高管相关性对技术创新的正向影响，部分通过集团业务支持实现的，集团业务支持在高管相关性与研发关系中具有中介作用，假设 25b 得到验证。

由中介作用分析过程发现，集团业务支持作为中介普遍通过检验，资金支持则多个未通过检验。这说明在子公司利用集团网络优势的过程中，虽然资金支持的手段更加直接，对研发影响系数更大，网络优势更多的是通过业务支持实现的，即在集团支持的过程中，业务支持作为主流形式，起到主导作用。这一结论与实践相符，笔者在对海信进行访谈的过程中，其中一位高管提及"集团对子公司的支持，较少表现为直接的资金给予，更多表现为在管理和运营上的指导以及在业务上的合作"。

（五）调节效应回归

1. 环境不确定性的调节效应

表 6-13 为环境不确定性和国际贸易争端调节效应的回归分析。第（30）列为环境不确定性对子公司嵌入与技术创新的影响。将环境不确定性变量与子公司嵌入的交互项放入方程，其系数显著大于 0（$\beta=0.487$，$P=0.001$），而子公司嵌入的系数则显著为正，可以看到不确定性强化了子公司嵌入与技术创新之间的正向关系，在不确定性越高的环境中，集团的优势更加明显，子公司嵌入对技术创新的促进作用更加明显，假设 26 得到验证。第（31）列为环境不确定性在子公司嵌入与成

长关系中的调节作用回归。将环境不确定性与子公司嵌入的二次项进行交互,并放入方程,看到该交互项系数显著为正,表现为减弱了子公司嵌入与成长之间的倒"U"形关系,与假设27不符,假设27未得到验证。这可能是由于,当外部不确定性高时,嵌入弱的子公司会被集团忽略,但同时过度嵌入产生负相锁定效应的临界值会向更深层次的嵌入移动,即恶劣环境下集团共享共担共持优势作用更加显著,而网络锁定不能使子公司注意到环境变化的效应被减弱,故在原来的高嵌入程度时,子公司成长性不是更差了,而是略有好转。第(32)列为环境不确定性在子公司嵌入与国际化关系中的调节作用回归,将环境不确定性与子公司嵌入的二次项进行交互,并放入方程,看到交互项系数不显著,假设28未被证实。

2. 国际贸易争端的调节效应

表6-13第(33)列为国际贸易争端对子公司嵌入与技术创新的影响,国际贸易争端与子公司嵌入的交互项系数显著为正($\beta = 0.019$,$P = 0.000$),增强了子公司嵌入与研发之间的正相关,即当国际贸易争端严峻时,子公司深度嵌入集团更有利于创新的关系更显著,假设29得到验证。第(34)列为国际贸易争端对子公司嵌入与成长关系的影响,将国际贸易争端与子公司嵌入的二次项进行交互,放入方程进行回归,其系数显著为负,增强了子公司嵌入的二次项,故促进了主效应,即国际贸易争端越严峻,子公司嵌入与成长之间的倒"U"形关系峰度越陡峭,假设30得到验证。第(35)列为国际贸易争端对子公司嵌入与国际化关系的影响,国际贸易争端与子公司嵌入的二次项进行交乘,其系数不显著,假设31没有通过验证。

表6-13　　　　　　　　　调节效应回归分析

	(30)	(31)	(32)	(33)	(34)	(35)
	InterN	R&D	Growth	InterN	R&D	Growth
Embed	0.992** (1.97)	0.188*** (5.10)	-1.625 (-0.63)	2.794*** (5.90)	0.086*** (3.04)	-1.095 (-0.48)

续表

	(30)	(31)	(32)	(33)	(34)	(35)
	InterN	R&D	Growth	InterN	R&D	Growth
$Embed^2$	—	-0.014*** (-2.89)	-0.604 (-0.87)	—	-0.011*** (-7.63)	-0.16 (-0.75)
Uncertain	-0.241** (-2.57)	-0.001 (-0.27)	-0.253 (-0.51)	—	—	—
Embed × Uncertain (H14)	0.487*** (3.92)	—	—	—	—	—
$Embed^2$ × Uncertain (H15、H16)	—	0.001* (1.95)	0.095 (1.13)	—	—	—
Tdispute	—	—	—	-0.043* (-1.82)	-0.089*** (-3.24)	-0.027 (-1.24)
Embed × Tdispute (H17)	—	—	—	0.019*** (4.88)	—	—
$Embed^2$ × Tdispute (H18、H19)	—	—	—	—	-0.055*** (-7.36)	0.016 (1.64)
Size	0.208 (1.05)	0.043 (0.46)	0.949 (1.27)	-0.026 (-0.15)	0.090 (1.11)	0.855 (1.19)
Lev	-3.335*** (-2.91)	0.200*** (3.41)	0.312 (0.08)	-3.442*** (-3.02)	0.191*** (3.33)	-0.193 (-0.05)
ROA	-3.001 (-1.54)	0.859*** (5.54)	-16.97** (-2.06)	-2.541 (-1.32)	0.820*** (5.42)	-16.72** (-2.02)
Cash	3.638** (2.36)	0.449*** (5.10)	7.901* (1.67)	3.734** (2.42)	0.425*** (4.90)	8.107* (1.71)
Operate	-6.277*** (-6.25)	0.029** (2.51)	6.029 (1.61)	-6.332*** (-6.33)	-0.003 (-0.24)	5.86 (1.56)
Finance	-1.041*** (-9.57)	0.093*** (9.93)	-0.684** (-2.37)	-0.909*** (-8.21)	0.095*** (10.35)	-0.739** (-2.53)
Equitycon	-1.78 (-0.99)	0.389*** (4.05)	-15.67** (-2.43)	-1.839 (-1.03)	0.395*** (4.19)	-15.84** (-2.45)

续表

	（30）	（31）	（32）	（33）	（34）	（35）
	InterN	R&D	Growth	InterN	R&D	Growth
Psharehold	-2.988 (-1.62)	-0.225** (-2.40)	6.395 (0.96)	-2.782 (-1.51)	-0.267*** (-2.87)	6.05 (0.91)
Tmshareh~D	21.45*** (2.63)	0.291 (0.64)	-14.31 (-0.38)	19.60** (2.41)	0.207 (0.46)	-15.32 (-0.41)
Director	-0.082 (-0.76)	-0.016*** (-2.86)	0.062 (0.15)	-0.092 (-0.86)	-0.016*** (-2.96)	0.056 (0.14)
Concur	0.261 (0.45)	-0.024 (-0.60)	-1.954 (-1.24)	0.205 (0.36)	-0.018 (-0.04)	-1.969 (-1.24)
_cons	2.425 (0.53)	-0.072 (-0.33)	3.7 (0.21)	9.044** (2.38)	-0.179 (-1.01)	7.212 (0.45)
N	1229	2589	888	1229	2589	888
R-Sq	0.167	0.15	0.047	0.179	0.176	0.049
Chi2	232.1	290.3	40.16	240	356.5	41.24
P	1.39E-41	5.86E-53	0.000429	3.28E-43	9.27E-67	2.94E-5

3. 外部信息不对称程度的调节效应

表 6-14 中第（36）列、第（37）列、第（40-1）列、第（40-2）列为外部信息不对称程度的调节作用结果。第（36）列中为子公司结构嵌入三个维度与信息不对称的交互项回归，结果均显著。制度距离与信息不对称交互项系数为正（$\beta = 1.639$）但不显著，假设 32 未得到验证。地理距离与信息不对称交互项系数显著为负（$\beta = -3.197$，$P < 0.01$），表明信息不对称对地理距离与技术创新之间的负向关系具有加强作用，即当信息不对称程度严重时，本来地理距离过远导致的沟通障碍、监管不力和资源获取困难更加加剧，由此假设 33 得到验证。控制距离与信息不对称交互项系数显著为负（$\beta = -0.759$，$P < 0.01$），表明信息不对称加剧了控制距离与技术创新之间的负向影响，即当子公司信息不对称程度严重时，面临的外部融资约束越强，由于控制距离较远导致

第六章 实证检验

表6-14 调节变量回归结果示意

模型	(36)	(37)	(38)	(39)	(40-1) Infor<0.045	(40-2) Infor>0.045	(41-1) Resou<2.482	(M41-2) Resou>2.482
Instit	0.093 (1.5)	—	0.483*** (6.25)	—	—	—	—	—
Geog	0.003 (0.19)	—	-0.082*** (-3.92)	—	—	—	—	—
Contr	-0.304*** (-4.33)	—	-0.268*** (-2.78)	—	—	—	—	—
Infor	1.109 (0.53)	3.136 (1.200)	—	—	—	—	—	—
Instit × Infor	1.639 (1.6)	—	—	—	—	—	—	—
Geog × Infor	-3.197*** (-2.69)	—	—	—	—	—	—	—
Contr × Infor	-0.759*** (-3.12)	—	—	—	—	—	—	—
Busrel	—	0.525** (2.280)	—	0.143 (0.92)	0.061 (0.35)	1.974*** (5.35)	0.517** (2.37)	0.12** (2.51)

· 217 ·

续表

模型	(36)	(37)	(38)	(39)	(40-1) Infor<0.045	(40-2) Infor>0.045	(41-1) Resou<2.482	(M41-2) Resou>2.482
Toprel	—	1.611** (2.02)	—	1.299*** (2.81)	—	—	—	—
Busrel × Infor	—	-0.632 (-0.22)	—	—	—	—	—	—
Toprel × Infor	—	31.71** (2.340)	—	—	—	—	—	—
Resou	—	—	0.005 (0.3)	-0.009 (-0.76)	—	—	—	—
Instit × Resou	—	—	-0.012*** (-3.52)	—	—	—	—	—
Geog × Resou	—	—	0.054** (2.56)	—	—	—	—	—
Contr × Resou	—	—	-0.001 (-0.18)	—	—	—	—	—
Busre × Resou	—	—	—	-0.033 (-0.19)	—	—	—	—

续表

模型	(36)	(37)	(38)	(39)	(40-1) Infor<0.045	(40-2) Infor>0.045	(41-1) Resou<2.482	(M41-2) Resou>2.482
Toprel×Resou	—	—	—	0.284 ** (2.02)	—	—	—	—
Size	0.144 *** (3.29)	0.621 *** (10.63)	0.549 *** (9.58)	0.715 *** (17.2)	0.437 *** (6.420)	0.501 *** (4.69)	0.637 *** (9.41)	0.353 *** (2.73)
Lev	-3.833 *** (-14.47)	-3.251 *** (-10.47)	-3.356 *** (-10.02)	-3.117 *** (-12.66)	-3.588 *** (-9.23)	-2.558 *** (-4.98)	-2.434 *** (-5.94)	-1.714 (-1.43)
ROA	-3.687 *** (-4.26)	-4.243 *** (-5.30)	-4.406 *** (-5.51)	-4.563 *** (-8.28)	-2.890 *** (-2.66)	-6.233 *** (-5.36)	-2.625 *** (-2.70)	-9.371 *** (-6.68)
Cash	0.820 *** (4.63)	-0.663 *** (-3.21)	-0.801 *** (-3.96)	-0.595 *** (-4.17)	-0.123 (-0.52)	-1.485 *** (-3.74)	-1.053 *** (-3.66)	-0.289 (-0.97)
Operate	0.773 *** (23.6)	-0.499 * (-1.73)	-0.38 (-1.31)	0.0721 (0.036)	-0.593 * (-1.69)	0.689 (1.42)	-0.677 * (-1.83)	1.010 ** (2.24)
Finance	0.264 *** (2.6)	-0.091 (-1.05)	-0.101 (-1.16)	-0.191 *** (-3.23)	-0.172 * (-1.79)	0.473 ** (2.35)	0.129 (1.05)	-0.453 *** (-3.97)
Director	-0.0796 *** (-2.90)	-0.133 *** (-3.84)	-0.121 *** (-3.58)	-0.092 *** (-3.79)	-0.147 *** (-3.63)	-0.080 (-1.38)	-0.139 *** (-3.47)	-0.11 (-1.64)

续表

模型	(36)	(37)	(38)	(39)	(40-1) Infor<0.045	(40-2) Infor>0.045	(41-1) Resou<2.482	(M41-2) Resou>2.482
Concur	-0.460*** (-4.53)	-0.037 (-0.32)	-0.040 (-0.35)	-0.028 (-0.35)	-0.165 (-1.19)	-0.046 (-0.25)	-0.05 (-0.35)	-0.178 (-0.94)
Ownership	0.040 (0.74)	-0.302*** (-2.77)	-0.144 (-1.37)	-0.368*** (-4.33)	-0.179* (-1.78)	-0.353 (-1.62)	-0.277** (-2.27)	-0.0898 (-0.45)
_cons	2.945*** (3.15)	-7.000*** (-5.28)	-4.732*** (-3.71)	-9.133*** (-9.70)	-2.743* (-1.85)	-5.257** (-2.17)	-7.569*** (-5.00)	-0.82 (-0.29)
N	5862	5706	5862	5706	3452	2276	4156	1572
R-Sq	0.064	0.061	0.062	0.118	0.073	0.080	0.057	0.083
Chi2	493.9	278.800	293.8	555.2	127.6	127.5	155.8	99.05
P	6.56E-95	0.000	4.84E-53	1.83E-109	1.42E-22	1.51E-22	2.35E-28	8.46E-17

注：所有模型均采用随机效应模型，括号中均为t值。* $p<0.1$，** $p<0.05$，*** $p<0.01$。

的集团支持偏好减弱,资金和信息流通减少,故子公司更难进行技术创新,由此假设34得到验证。

第(37)列为子公司关系嵌入两个维度与信息不对称程度的交互回归。高管相关性与信息不对称交互项(Toprel×Infor)系数显著为正($\beta=31.71$,$P<0.05$),表明信息不对称促进了高管关联对技术创新的正向影响,即在子公司面临外部严重信息不对称时,高管相关性能够有效发挥集团网络优势,减缓信息劣势、促进技术创新,由此假设36得到验证。第(37)列中业务相关性与信息不对称的交互项(Busrel×Infor)系数不显著($\beta=-0.632$),进一步通过第(40)列回归进行分析。第(40-1)列和第(40-2)列按照低于信息不对称程度的均值和高于均值分为两组对业务相关性与技术创新进行回归。第(40-2)列表明,当信息不对称程度较高时,业务相关性与技术创新的关系更强烈[第(40-2)列中$\beta=1.974>$第(38)列中$\beta=0.525$],即当子公司面临恶劣外部环境时,业务相关的集团公司给予的支持和沟通更多,更容易形成技术创新,故假设35得到验证。

4. 内部资源禀赋状态的调节效应

表6-15第(38)列、第(39)列、第(41-1)列和第(41-2)列为内部资源禀赋状态的调节作用。第(38)列子公司结构嵌入三个维度与内部资源禀赋交互项中,制度距离和地理距离显著。制度距离与资源禀赋交互项显著为负($\beta=-0.012$,$P<0.01$),表明资源禀赋状态削弱了制度距离与技术创新之间的正向关联,即当子公司冗余资源较多时,管理层决策自主权增加,更倾向于将多余资源用于对管理层私利有关的短期项目,从而减少研发,由此假设37得到证实。地理距离与资源禀赋的交互项显著为正($\beta=0.054$,$P<0.05$),表明资源禀赋状态削弱了地理距离与技术创新之间的负向关系,即当子公司自身资源丰富时,自主研发动机和能力增强,可减弱由于较远空间距离带来的研发受制劣势,良好的资源禀赋也使得集团将更多注意力放在该子公司上,降低了远距离导致的成本劣势,从而在创新上予以鼓励和支持,故假设38得到证实。第(38)列控制距离与资源禀赋交互项不显著,在分组回归中也未

有显著区分，故资源禀赋状态对控制距离与技术创新之间关系的调节作用不明显，假设39未得到验证。

第（39）列子公司关系嵌入两个维度与资源禀赋交互，以验证资源禀赋的调节效应。其中子公司业务相关性与资源禀赋交互项不显著，故对总样本低于资源禀赋均值（表6-4中Resou均值2.482）和高于均值进行分组回归，回归结果如第（41-1）列和第（41-2）列所示，业务相关性系数变化不大，且当资源禀赋状态低于均值时，业务相关性更显著，这与假设40不一致，故假设40未得到验证。第（39）列中子公司高管相关性与资源禀赋交互项显著为正（$\beta=0.284$，$P<0.05$），表明资源禀赋状态促进了高管相关性与技术创新之间正向关联，即子公司自身资源状况越好，那么高管越能发挥与集团之间的关系优势，获得更多研发和协同，从而促进创新，故假设41得到验证。

主要假设及验证结果如表6-15所示。总体来看，回归结果表明41个假设中，28个假设得到证实，5个假设部分得到证实，8个假设未得到证实。

表6-15　　　　　　　　　　假设得证结果一览

	关系	假设	是否得证
子公司嵌入动因	集团外部因素与子公司嵌入	H1：子公司在本地市场的销售份额与子公司嵌入程度负相关	是
		H2：子公司行业地位与子公司嵌入程度正相关	是
		H3：子公司所面对的供应商集中度与子公司嵌入程度正相关	是
		H4：子公司面对的外部客户集中度与子公司嵌入程度正相关	是
	集团内部因素与子公司嵌入	H5：企业集团管理的集权程度与子公司嵌入程度正相关	是
		H6：企业集团规模与子公司嵌入程度正相关	否
		H7：企业集团行业重叠程度与子公司嵌入程度负相关	是
	子公司层面因素与子公司嵌入	H8：子公司比较盈利能力与子公司嵌入正相关	是
		H9：子公司比较融资约束较低时，其融资约束与子公司嵌入不相关；子公司比较融资约束较高时，其融资约束与子公司嵌入正相关	是
		H10：子公司比较冗余资源与子公司嵌入负相关	否

续表

关系		假设	是否得证
子公司嵌入后果	子公司在集团网络中的嵌入	H11：子公司在集团网络中的嵌入程度与技术创新正相关	是
		H12：子公司在集团网络中的嵌入与子公司成长性呈倒"U"形相关	是
		H13：子公司在集团网络中的嵌入与子公司国际化程度呈倒"U"形相关	是
	子公司嵌入与技术创新	H14a：子公司制度距离的增加有利于子公司技术创新	是
		H14b：子公司地理距离的增加不利于子公司技术创新	是
		H14c：子公司控制距离的增加不利于子公司技术创新	是
		H15：子公司关系嵌入的增加有利于子公司技术创新	是
	子公司嵌入与成长	H16a：子公司制度距离有利于子公司成长	否
		H16b：子公司地理距离不利于子公司成长	是
		H16c：子公司控制距离不利于子公司成长	是
		H17：子公司关系嵌入的增加有利于子公司成长	是
	子公司嵌入与国际化	H18a：子公司制度距离不利于子公司国际化	是
		H18b：子公司地理距离不利于子公司国际化	否
		H18c：子公司控制距离有利于子公司国际化	是
		H19：子公司关系嵌入的增加有利于子公司国际化	是
	两种嵌入交互	H20：子公司结构嵌入和关系嵌入对技术创新和公司成长具有互补作用	是
中介效应	集团支持的中介作用	H21：制度距离对子公司技术创新的促进作用，是通过增加集团支持实现的	是
		H22：地理距离优势对子公司技术创新的促进作用，是通过增加集团支持实现的	否
		H23：控制距离增加对子公司技术创新的阻碍作用，是通过减少集团支持实现的	是
		H24：子公司业务相关性对技术创新的促进作用，是通过增加集团支持实现的	是
		H25：子公司高管相关性对技术创新的促进作用，是通过增加集团支持实现的	是

续表

关系		假设	是否得证
调节效应	环境不确定性的调节效应	H26：环境不确定性加强了子公司嵌入与创新之间的正相关关系	是
		H27：环境不确定性强化了子公司内部嵌入与成长之间的倒"U"形关系，即加剧了倒"U"形曲线的峰度，当环境不确定性高时，子公司低嵌入和高嵌入导致的成长缓慢更显著	否
		H28：环境不确定性强化了子公司内部嵌入与国际化之间的关系，加剧了倒"U"形曲线的峰度，即当环境不确定性程度大时，子公司低嵌入和高嵌入导致的国际化程度下降增加	否
	国际贸易争端的调节效应	H29：国际贸易争端加强了子公司嵌入与创新之间的正向关系	是
		H30：国际贸易争端加强了子公司嵌入与成长的关系，加剧了倒"U"形曲线的峰度，但同时整体子公司的成长性降低	是
		H31：国际贸易争端加强了子公司嵌入与国际化的关系，加剧了倒"U"形曲线的峰度，但同时整体国际化程度降低	否
	信息不对称的调节效应	H32—H34：信息不对称程度加强了子公司结构嵌入与技术创新之间的关系	部分得证
		H35—H36：信息不对称程度强化了子公司关系嵌入与技术创新的正向关系	是
	资源禀赋的调节效应	H37—H39：子公司资源禀赋减弱了结构嵌入与技术创新之间的关系	部分得证
		H40—H41：子公司资源禀赋促进了关系嵌入对技术创新的正向影响	部分得证

三　进一步讨论

（一）子公司结构与关系嵌入的交互分析

依前文分析，子公司结构与关系嵌入交互作用回归结果如表6-16所示。其中模型M1至模型M6是结构嵌入三个维度分别与关系嵌入两个维度的交互，模型M7则是分别对两种嵌入进行整合分析后，结构嵌入与关系嵌入交乘回归结果。模型M1各主要变量的单独影响与表6-10

中第（14）列和第（15）列基本一致，制度距离与高管相关性交乘项系数显著为正（$\beta = 5.035$，$P < 0.01$），这表明子公司与集团公司高管相关性越高，制度距离形成的结构优势对技术创新影响更加显著，关系嵌入促进了制度距离与技术创新关系，反之亦然。子公司制度距离越远，形成的资源异质性和多样性越明显，越能够促进高管关联关系对技术创新的正向影响。模型 M2 地理距离与高管相关性交乘项系数显著为正（$\beta = 1.026$，$P < 0.01$），这表明子公司与集团公司存在高管关联时，子公司地理距离对技术创新的负向影响减弱，即远距离地理劣势被关系优势缓解，可见结构与关系之间呈互补作用。模型 M3 控制距离与高管相关性系数不显著，但仍为正（$\beta = 0.82$，$P > 0.1$）。模型 M4 业务相关性与制度距离交互项系数显著为正（$\beta = 0.472$，$P < 0.01$），表明子公司与集团公司在业务上的相关关系亦能够促进制度与技术创新之间的正向关系。模型 M5 业务相关性与地理距离交互项系数显著为正（$\beta = 0.137$，$P < 0.01$），表明在业务相关性高时，能够在一定程度上缓解远地理距离对技术创新的负向影响。

在模型 M7 中，首先，将三个结构嵌入维度与两个关系嵌入维度数据分别进行标准化，使之变为具有统一衡量单位的观测值。由于地理距离与控制距离对技术创新的影响是负向的，地理距离和控制距离越远，表明子公司在集团网络结构嵌入中越处于劣势地位，因此为了分析的一致性，均对其乘以 -1。其次，将三个距离取加权平均数，作为子公司结构嵌入的总衡量指标；将两个关系变量取加权平均数，作为子公司关系嵌入的总衡量指标。然后将总衡量指标及其交互项共同进入方程对研发投入强度进行回归，回归结果如模型 M7 所示。其中结构嵌入和关系嵌入系数显著为正，表明两种嵌入程度越深，子公司技术创新程度越高。结构嵌入与关系嵌入交互项显著为正（$\beta = 0.130$，$P < 0.01$），表明两种嵌入呈现相互补充的作用。

表6-16　　结构与关系嵌入对技术创新影响的交互回归

	M1	M2	M3	M4	M5	M6	M7
Instit	0.156** (2.00)	0.347*** (5.06)	0.352*** (5.11)	0.145 (1.59)	0.392*** (5.39)	0.384*** (5.27)	—
Geog	-0.062*** (-3.11)	-0.163*** (-7.32)	-0.066*** (-3.29)	-0.077*** (-3.52)	-0.149*** (-5.33)	-0.066*** (-2.96)	—
Contr	-0.305*** (-3.28)	-0.294*** (-3.14)	-0.431*** (-4.00)	-0.290*** (-2.73)	-0.331*** (-3.05)	-0.033 (-0.22)	—
Toprel	0.25 (0.32)	0.473 (0.54)	3.522*** (3.06)	—	—	—	—
Instit × Toprel	5.035*** (13.48)	—	—	—	—	—	—
Geog × Toprel	—	1.026*** (9.850)	—	—	—	—	—
Contr × Toprel	—	—	0.82 (1.29)	—	—	—	—
Busrel	—	—	—	0.046 (0.21)	0.270 (1.10)	0.803** (2.48)	—
Busrel × Instit	—	—	—	0.472*** (4.360)	—	—	—
Busrel × Geog	—	—	—	—	0.137*** (4.270)	—	—
Busrel × Contr	—	—	—	—	—	-0.337* (-1.75)	—
Structure	—	—	—	—	—	—	0.343*** (5.23)
Relation	—	—	—	—	—	—	0.331*** (7.37)
Stucture × Relation	—	—	—	—	—	—	0.130*** (3.8)

续表

	M1	M2	M3	M4	M5	M6	M7
Size	0.551*** (9.75)	0.550*** (9.66)	0.550*** (9.6)	0.576*** (9.78)	0.581*** (9.87)	0.584*** (9.9)	0.546*** (9.58)
Lev	-3.094*** (-10.22)	-3.026*** (-9.92)	-3.165*** (-10.30)	-3.126*** (-10.04)	-3.164*** (-10.16)	-3.117*** (-9.98)	-3.198*** (-10.41)
ROA	-4.587*** (-5.83)	-4.485*** (-5.66)	-4.333*** (-5.42)	-4.190*** (-5.25)	-4.189*** (-5.25)	-4.274*** (-5.35)	-4.370*** (-5.46)
Cash	-0.751*** (-3.89)	-0.771*** (-3.97)	-0.813*** (-4.16)	-0.864*** (-4.37)	-0.881*** (-4.46)	-0.872*** (-4.41)	-0.844*** (-4.31)
Operate	-0.251 (-0.89)	-0.327 (-1.14)	-0.345 (-1.20)	-0.386 (-1.34)	-0.378 (-1.32)	-0.391 (-1.36)	-0.315 (-1.09)
Finance	-0.064 (-0.75)	-0.071 (-0.83)	-0.079 (-0.91)	-0.089 (-1.03)	-0.090 (-1.04)	-0.090 (-1.05)	-0.074 (-0.85)
Director	-0.107*** (-3.19)	-0.114*** (-3.37)	-0.126*** (-3.71)	-0.118*** (-3.41)	-0.119*** (-3.44)	-0.115*** (-3.34)	-0.132*** (-3.89)
Concur	-0.006 (-0.54)	-0.007 (-0.65)	-0.007 (-0.66)	-0.002 (-0.17)	-0.002 (-0.20)	-0.003 (-0.25)	-0.057 (-0.50)
Ownership	-0.195* (-1.87)	-0.182* (-1.74)	-0.204* (-1.94)	-0.221* (-1.94)	-0.225** (-1.97)	-0.175 (-1.53)	-0.215** (-2.06)
_cons	-4.924*** (-3.92)	-4.812*** (-3.81)	-4.840*** (-3.81)	-5.314*** (-4.03)	-5.196*** (-3.93)	-6.179*** (-4.60)	-4.833*** (-3.81)
N	5725	5725	5725	5706	5706	5706	5706
R-sq	0.103	0.088	0.070	0.070	0.070	0.064	0.076
Chi2	518.3	428.100	326	309.000	308.000	292.2	330.4
P	1.20E-101	0.000	4.40E-61	0.000	0.000	4.98E-54	1.93E-63

注：所有因变量均为 Rdi，模型均采用随机效应模型，括号中均为 t 值。*$p<0.1$，**$p<0.05$，***$p<0.01$。

(二) 企业集团内行业重叠程度的调节作用

进一步，企业集团内行业重叠程度（同一集团不同子公司所涉及的行业的相似性）也会对子公司嵌入决策产生影响。企业集团行业重叠程度反映了集团的多样性、集团内资源的异质性。网络中的资源同质性程度越高，对网络内成员的吸引程度越低；子公司与集团资源的冗余程度增加，网络给子公司带来的边际效应降低，因此子公司会减少对集团的嵌入。反之，当集团所涉及行业差异较大时，子公司可以通过与集团成员的交流和交易，获得异质性资源，从不同的生产流程、产品设计或人员管理模式中得到启发，从而改进子公司对应的能力，使子公司获得成长。因此，企业集团行业重叠程度分别与子公司嵌入和子公司成长负相关。分别采用企业集团行业数量（Indnumber）和企业集团行业编码的均值偏离度（CDD）来衡量企业集团行业重叠程度。表6-17第（1）列为企业集团行业数量与子公司嵌入的回归，其系数显著为正（$\beta = 1.035$，$P = 0.078$），表明集团行业数量越多，行业重叠度越低，子公司嵌入程度越深。第（2）列为集团行业编码的均值偏离度与子公司嵌入的回归，其系数显著为正（$\beta = 0.022$，$P = 0.000$），表明偏离程度越高，集团行业重叠度越低，子公司嵌入程度越深。第（3）列为企业集团行业数量与子公司成长的回归，其系数显著为正（$\beta = 0.018$，$P = 0.04$），表明企业集团所涉及行业数量越多，行业重叠度越低，对嵌入其中的子公司成长越有利。第（4）列为企业集团行业数量与子公司嵌入的交互项对子公司成长的回归，结果显示交互项系数显著为正（$\beta = 0.013$，$P = 0.006$），且子公司嵌入二次项系数（-0.102）的绝对值变大，表明达到子公司嵌入均衡的点会相应地往左移动，即当子公司嵌入没有达到原先的嵌入点时，由于集团资源的异质性和多元化的影响（行业重叠程度），扩大了对子公司成长的效应，因此更早到达最高点。在这种情况下，当集团行业重叠程度进入方程时，原来的倒"U"形曲线会向左移动，同时曲线的弯曲程度会增加。对集团行业数量（Indnumber）均值增加一个标准差和减少一个标准差，分别进入原公式进行画图，如图6-1中虚线Ⅱ和实线Ⅲ所示。当集团行业数量大于5.666时，为图6-1中虚线Ⅱ，子公司嵌入均衡区间向左移动9.7%（一个截距项0.202-0.105）；当集团行业数量小于1.666时，为图6-1中实线Ⅲ，子公司嵌入均衡区间向右移动9.7%。

表6-17　　　　　　　　　　进一步回归结果

	(1)	(2)	(3)	(4)
	Growth	Embed	Embed	Growth
Embed	—	—	—	0.038*** (5.67)
Embed^2	—	—	—	-0.102*** (-3.38)
Indnumber	1.035* (1.76)	—	0.018** (2.06)	0.009* (1.68)
Indnumber × Embed^2	—	—	—	0.013*** (2.75)
CDD	—	0.022*** (3.82)	—	—
Size	-0.82 (-1.57)	-0.752 (-1.45)	0.078 (0.95)	0.075 (0.91)
Lev	26.10*** (8.60)	26.07*** (8.63)	0.236*** (4.10)	0.210*** (3.61)
ROA	0.571 (0.10)	0.577 (0.11)	0.780*** (5.11)	0.859*** (5.61)
Cash	-3.162 (-0.76)	-2.967 (-0.72)	0.431*** (4.93)	0.429*** (4.87)
Operate	0.931** (2.37)	0.943** (2.40)	0.027** (2.26)	0.025** (2.16)
Finance	-0.238 (-0.79)	-0.240 (-0.80)	0.105*** (11.47)	0.095*** (10.14)
Equitycon	0.281 (0.05)	0.613 (0.12)	0.402*** (4.21)	0.379*** (3.97)

续表

	(1)	(2)	(3)	(4)
	Growth	Embed	Embed	Growth
Pshareholder	-0.272 (-0.05)	-0.185 (-0.03)	-0.225** (-2.40)	-0.222** (-2.37)
Tmshareholder	-70.52*** (-2.94)	-61.25** (-2.55)	0.139 (0.31)	0.28 (0.62)
Director	-0.028 (-0.09)	0.014 (0.04)	-0.017*** (-3.03)	-0.017*** (-3.07)
Concur	0.019 (0.01)	0.183 (0.12)	-0.025 (-0.62)	-0.023 (-0.58)
_cons	28.82** (2.36)	40.65*** (3.46)	-0.213 (-1.17)	-0.203 (-1.12)
N	2589	2589	2589	2589
R-Sq	0.052	0.092	0.108	0.159
Chi2	119.1	131.1	263.2	298.1
P	9.39E-20	4.39E-19	2.36E-49	1.42E-54

为进一步探索实现子公司最优成长的嵌入均衡，在 Stata 中使用 qfit 命令对子公司成长与子公司嵌入做非线性图，得到结果如图 6-1 实线 Ⅰ 所示。图中可见当子公司嵌入程度在60%左右达到最高值，此时子公司成长最快。当子公司嵌入程度在25%左右处，子公司成长曲线的斜率为正，且达到最大值，此时子公司成长的增加速率最快。当子公司嵌入程度超过100%时，子公司与集团内交易、担保和资金拆借金额大于营业收入时，子公司成长为负，即此时损害了子公司发展。由此可见，子公司嵌入均衡区间应为 [49.5%，70.5%]（均衡点60%各加减一个截距项0.105），即子公司与集团内部成员的往来金额应为营收的49.5%—70.5%，才能实现子公司的最快成长。

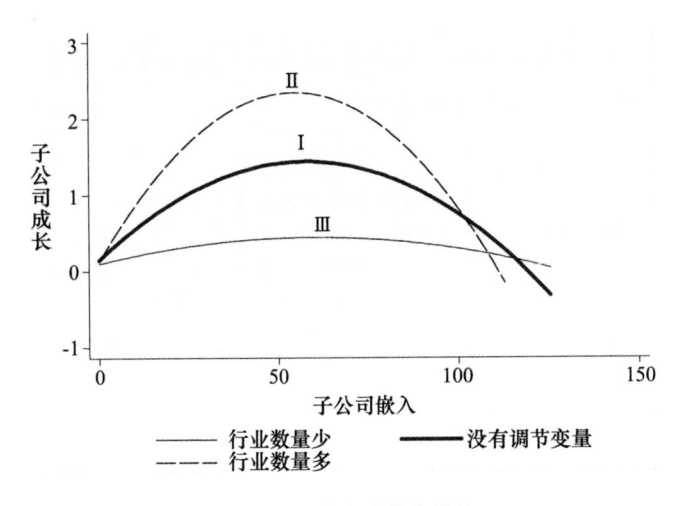

```
     3

     2                    Ⅱ
子
公    1           Ⅰ
司
成            Ⅲ
长    0

    -1
      0         50        100       150
                    子公司嵌入
         ——— 行业数量少      ━━━ 没有调节变量
         - - - 行业数量多
```

图 6-1　子公司嵌入均衡

（三）集团所有权类型的调节作用

本书探索当集团是民营企业或者是国有企业时，集团网络是否发挥不同作用。表 6-18 第（1）列至第（4）列按照集团所有权类型（ownership）进行分组回归，第（1）列和第（3）列为民营企业集团，第（2）列和第（4）列是国有企业集团。对比子公司结构嵌入在民营和国有集团中的不同发现，制度距离与技术创新之间的正向关系在国有集团中更加显著（国有集团 $\beta=0.240^{***}$ > 民营集团 $\beta=0.171^{*}$）。这可能是因为制度环境包括政治因素的差异，而国有企业受到政治影响较大。当上市子公司隶属于国有企业时，子公司与集团的制度距离带来的政治资源的异质性、政策的倾向性、产权保护等更加有利于子公司技术创新。由地理距离与技术创新系数发现，国有集团地理距离影响更大（国有集团 $\beta=-0.043^{*}$ < 民营集团 $\beta=-0.038$）。这可能是由于在国有企业中寻租现象更加普遍，从而导致资源分配更受位置远近的影响，因此在国有集团中地理邻近形成了网络嵌入优势。在民营企业集团中，缺少国家支持和政治庇护，往往更注重子公司的整体布局和战略发展，因此其创新活动受到地理远近的影响较小。由控制距离与技术创新系数发现，民营企业集团所属子公司的控制距离与技术创新之间负相关更加显著（民

营集团 $\beta = -0.354^{***}$ <国有集团 $\beta = -0.299^{***}$)。这是因为民营集团资源有限，在进行研发决策时更受到位置和关系的影响，相对于国有集团而言，民营集团网络发挥了更大作用。

表 6-18　　　　　　　　　　所有权类型调节作用

	(1) Rdi Ownership=0	(2) Rdi Ownership!=0	(3) Rdi Ownership=0	(4) Rdi Ownership!=0
Rdi	—	—	—	—
Instit	0.171* (1.69)	0.240*** (2.76)	—	—
Geog	-0.038 (-1.24)	-0.043* (-1.78)	—	—
Contr	-0.354*** (-2.71)	-0.299*** (-2.90)	—	—
ROA	-0.068*** (-6.79)	-0.061*** (-7.24)	-6.802*** (-7.32)	-1.46 (-1.01)
Concur	-0.189 (-1.46)	-0.098 (-0.88)	-0.137 (-1.08)	0.264 (1.13)
Busrel	—	—	1.465*** (5.53)	0.265 (0.94)
Toprel	—	—	6.167*** (6.82)	4.063*** (3.74)
Size	0.385*** (4.7)	0.540*** (8.49)	0.438*** (5.53)	0.726*** (8.44)
Lev	-3.270*** (-7.87)	-3.667*** (-11.12)	-2.885*** (-7.25)	-3.395*** (-6.87)
Cash	-1.187*** (-4.97)	-0.869*** (-4.30)	-1.305*** (-5.54)	-0.102 (-0.28)

续表

	(1)	(2)	(3)	(4)
	Rdi	Rdi	Rdi	Rdi
	Ownership = 0	Ownership！= 0	Ownership = 0	Ownership！= 0
Operate	0.158 (0.48)	0.295 (1.04)	0.103 (0.32)	-1.526 *** (-2.71)
Finance	-0.139 (-1.30)	-0.186 * (-1.94)	-0.148 (-1.43)	0.161 (1.06)
Director	-0.0523 (-1.16)	-0.077 ** (-2.14)	-0.050 (-1.12)	-0.208 *** (-3.99)
Ownership	—	—	—	—
_cons	-0.992 (-0.54)	-4.632 *** (-3.25)	-3.872 ** (-2.11)	-10.02 *** (-5.24)
N	3336	4664	3382	2324
R-sq	0.055	0.061	0.095	0.076
Chi2	163.2	249.9	247.8	132.2
P	2.89E-29	2.92E-47	1.60E-47	1.65E-23

注：所有模型均采用随机效应模型，括号中均为t值，模型P值均显著小于0.000，说明模型通过检验。* $p<0.1$，** $p<0.05$，*** $p<0.01$。Ownership 取值为0时，样本为民营企业；取值非0时，样本为国有企业。

由表6-18第（3）列和第（4）列两组回归结果可以看到，子公司关系嵌入对技术创新的影响在民营和国有集团中呈现差异。由第（3）列可知业务相关性系数在民营集团中更加显著（民营集团 $\beta=1.465^{***}>$ 国有集团 $\beta=0.265$），这是由于相对于国有集团而言，民营集团资源有限，因此集团在进行研发决策时，会将有限资源配置到与集团主营业务相关性高的活动中，故业务相关性影响显著。在国有集团则不同，国有集团依赖政策机遇发展，往往呈现多元化广泛经营，并且资源更加充裕，故业务相关性对技术创新的影响不大。高管相关性与技术创新的关系在民营集团中更加显著（民营集团 $\beta=6.167^{***}>$ 国有集团 $\beta=4.063^{***}$）。这是因为民营集团领导人精力有限，不能充分了解子公司基本情况，这种情形下高管关联所形成的关系起到重要作用，降低了集团与子公司信息不对称，同时为寻租提供了便利，因此在民营集团中高管相关性对创新影响更显著。

（四）外部资本依赖程度的调节影响

集团网络能够发挥内部资本市场作用，形成资金再配置，从而缓解子公司融资约束。那么对外部资本依赖性较强的子公司将会从集团网络中更多受益。Belenzon 和 Berkovitz 在研究中发现，企业集团促进了创新规模和效率，对处于外部依赖程度较高行业的集团，这种促进效应更加明显。[①] 故以外部资本依赖程度为调节变量，验证集团网络作用的强弱，结果如表 6-19 第（1）列和第（2）列所示。第（1）列表示子公司结构嵌入特征与外部资本依赖程度的调节作用，分别进行交互项回归。制度距离与子公司外部资本依赖程度的交互项系数为正（$\beta = 0.176$，$P < 0.01$），表明外部资本依赖对制度距离与技术创新之间关系呈促进作用，即当子公司处于外部资本依赖程度较高的行业时，行业和制度环境带来的影响较大，子公司对外部政策和融资情况变动所产生的回应更加敏锐，此时制度距离更能够发挥优势，实现资源异质性的流动促进研发创新。地理距离与子公司外部资本依赖程度的交互项系数为负（$\beta = -0.001$，$P < 0.01$），表明外部资本依赖程度加剧了地理距离对技术创新的阻碍作用。地理距离过远可能导致子公司难以通过集团网络利用资源、难以形成有效沟通并且集团监督成本更高，如果此时子公司属于对资本依赖程度较高的行业，那么其所面临的融资约束问题更严重，当子公司在资金上捉襟见肘时，很难再挪出多余资金进行研发活动，因此技术创新更少。控制距离与外部资本依赖程度交互项系数为正（$\beta = 0.721$，$P < 0.01$），表明外部资本依赖程度减弱了控制距离与技术创新之间的负向关系。由于控制距离过长，使得集团公司难以进行监督并产生较多的代理成本，

[①] Belenzon S., Berkovitz T., "Innovation in Business Groups", *Management Science*, 2010, 56 (3).

但如果子公司处于外部资本依赖程度较高的行业时，面临较大的资金问题，集团公司则有可能发挥"支持之手"的作用，从而减弱了控制距离对技术创新的负向影响。

表 6-19 第（2）列为子公司关系嵌入特征与外部资本依赖程度的交互回归。从第（2）列中发现，外部资本依赖程度高的行业由于资金获取困难、固定资产占用资金过多等特征，使得该行业的创新活动较少（Fundep 系数显著为负）。第（2）列业务相关性和高管相关性与资本依赖程度交互项显著为正（Busrel × Fundep 系数 $\beta = 0.808$，$P < 0.1$；Toprel × Fundep 系数 $\beta = 23.87$，$P < 0.01$），这表明在资本依赖程度较高的行业，子公司关系嵌入对技术创新影响更加显著。子公司嵌入主要通过集团网络，发挥在网络中的关系和位置优势，从而能够优先接近资源或得到机会，也能通过关键位置实现信息和知识的双向流动。当子公司处于恶劣的外部环境时，例如资本依赖程度较高，那么集团网络对子公司技术创新的促进作用更显著。外部资本依赖程度从外部间接验证了集团网络的作用机理。

表 6-19　外部资本依赖程度的调节作用、创新对绩效的影响后果

因变量	(1) Rdi	(2) Rdi	(3) Tobin's Q	(4) ROA	(5) L2. ROA
Rdi	—	—	0.055 *** (7.46)	-0.118 *** (-5.71)	0.050 * (1.87)
Instit	0.056 (0.65)	—	—	—	—
Geog	-0.018 (-0.83)	—	—	—	—
Contr	-0.503 *** (-4.01)	—	—	—	—
Fundep	-1.712 *** (-3.88)	-2.872 *** (-6.86)	—	—	—

续表

因变量	(1) Rdi	(2) Rdi	(3) Tobin's Q	(4) ROA	(5) L2. ROA
Instit × Fundep	0.176*** (6.12)	—	—	—	—
Geog × Fundep	−0.001*** (−4.02)	—	—	—	—
Contr × Fundep	0.721*** (2.78)	—	—	—	—
Busrel	—	0.26 (1.07)	—	—	—
Toprel	—	3.481*** (2.75)	—	—	—
Busrel × Fundep	—	0.808* (1.84)	—	—	—
Toprel × Fundep	—	23.87*** (7.7)	—	—	—
Size	0.511*** (8.78)	0.610*** (10.34)	−0.526*** (−16.96)	0.621*** (7.15)	0.848*** (7.84)
Lev	−3.248*** (−10.40)	−3.387*** (−10.85)	−1.762*** (−10.46)	−10.27*** (−21.76)	−8.479*** (−13.96)
ROA	−4.476*** (−5.57)	−4.441*** (−5.54)	—	—	—
Cash	−1.020*** (−4.85)	−1.051*** (−5.06)	−0.009 (−0.08)	4.013*** (13.45)	2.984*** (7.21)
Operate	−0.371 (−1.27)	−0.316 (−1.09)	1.026*** (6.26)	4.459*** (9.71)	2.568*** (4.15)
Finance	−0.074 (−0.84)	−0.009 (−1.05)	0.161*** (3.2)	−0.648*** (−4.60)	−0.221 (−1.10)
Director	−0.116*** (−3.40)	−0.134*** (−3.88)	−0.042** (−2.29)	0.154*** (3.02)	0.150** (2.41)

续表

因变量	(1) Rdi	(2) Rdi	(3) Tobin's Q	(4) ROA	(5) L2. ROA
Concur	-0.026 (-0.23)	-0.071 (-0.62)	—	—	—
Ownership	-0.177* (-1.69)	-0.401*** (-3.68)	-0.100** (-2.09)	-0.241* (-1.85)	-0.488*** (-3.43)
_cons	-3.253** (-2.46)	-5.554*** (-4.17)	14.59*** (21.81)	-9.112*** (-4.87)	-13.86*** (-6.05)
R-Sq	0.069	0.080	0.257	0.258	0.219
Chi2	3.32E+02	3.64E+02	826.8	1126.9	407.3
P	6.74E-61	4.95E-69	3.44E-173	5.95E-238	5.19E-83

注：借鉴 Belenzon 等（2010）对外部资本依赖性的衡量方式，其计算方法为：资本支出/（净资产+厂房等固定资产）。所有模型均采用随机效应模型，括号中均为 t 值，模型 P 值均显著小于 0.000。* $p<0.1$，** $p<0.05$，*** $p<0.01$。

（五）子公司技术创新对绩效的影响

上文验证了子公司嵌入特征对技术创新的影响，在进一步分析中，本书拟验证技术创新对子公司绩效的影响。参考吴建祖和肖书锋[1]、王新等[2]选择 Tobin's Q 值作为企业市场绩效的衡量方式，参考王甄和胡军[3]、游家兴和邹雨菲[4]采用资产收益率 ROA 作为财务绩效的衡量方式，分别验证子公司技术创新投入对绩效的影响。回归结果如表 6-19 第（3）列、第（4）列、第（5）列所示。从第（3）列发现，子公司技术创新投入与 Tobin's Q 正相关（$\beta=0.055$，$P<0.01$），则表明创新活动有

---

[1] 吴建祖、肖书锋：《创新注意力转移、研发投入跳跃与企业绩效——来自中国 A 股上市公司的经验证据》，《南开管理评论》2016 年第 2 期。
[2] 王新、毛慧贞、李彦霖：《经理人权力、薪酬结构与企业业绩》，《南开管理评论》2015 年第 1 期。
[3] 王甄、胡军：《控制权转让、产权性质与公司绩效》，《经济研究》2016 年第 4 期。
[4] 游家兴、邹雨菲：《社会资本、多元化战略与公司业绩——基于企业家嵌入性网络的分析视角》，《南开管理评论》2014 年第 5 期。

利于子公司市场价值增加，是良好的市场信息。从第（4）列发现，虽然技术创新投入对当年的资产收益率没有正向影响，甚至是负向影响（$\beta = -0.118$，$P<0.01$），这可能是由于有限资金投入至回报期长的研发所致。但是第（5）列表明当将子公司的资产收益率滞后两期时，技术创新对绩效呈现正向影响（$\beta = 0.050$，$P<0.1$），随着创新活动的增加，这种投入从长期表现出对绩效的促进作用。总体来看，子公司技术创新对长远发展和绩效是有益的。

四 内生性和稳健性检验

（一）内生性检验

子公司结构嵌入特征是上市公司最初成立（或被并购）时，集团考量整体布局形成的空间和控制权位置，较为稳定，受其他因素影响较小。尽管如此，考虑到未知变量对子公司结构嵌入与技术创新的影响，最大程度减轻内生性问题，本书借鉴 Lin 等[1]的方法，选择相应的工具变量和回归方法进行内生性检验。表 6-20 列示了子公司结构和关系嵌入不同维度的内生性检验回归结果。

子公司所处地区的制度环境随着经济的发展产生变化，进而相对于集团公司的制度距离亦产生变化。针对该变量，选择中国地理区划（Field）作为制度距离的工具变量，子公司所处的地理区划可能会对制度距离产生影响，但是不会影响子公司技术创新。此外选择滞后一期的制度距离（L1.Instit）作为当期制度距离的工具变量，由于地区发展具有循序渐进的特征，故上期制度水平可能对当期制度产生影响，但技术创新活动不可能影响过去的制度距离。将两个工具变量同时放入方程，进行迭代 GMM 工具变量过度识别检验［Hansen's J Chi2（1）= 0.178；$P=0.6731$］，同时进行迭代 GMM 回归。过度识别检验 P 值大于 0.1，

---

[1] Lin R. J., Che R. H., Ting C. Y., "Turning Knowledge Management into Innovation in the High-Tech Industry", *Industrial Management & Data Systems*, 2012, 112（1）: 42-63.

表明选择的工具变量合理。迭代 GMM 回归结果如表 6-20 第（1）列所示，基本与表 6-10 第（14）列结果一致，受内生性影响较小。

针对地理距离，选择各省份的区域面积（Area）作为工具变量。子公司与集团公司在空间地理上距离的远近，有可能受到所在省份及之间跨越省份的面积的影响，但各省份面积不可能对子公司技术创新产生影响。故省域面积具有良好的相关性与外生性。使用两阶段最小二乘法进行回归，结果如表 6-20 第（2）列所示。回归结果基本与表 6-10 第（14）列结果一致，表明地理距离受内生性影响较小。

选择同一地区子公司与集团公司控制距离均值（Instrumcon）作为工具变量，由于同一地区控制距离会影响子公司控制距离，然而却不会对子公司技术创新产生影响。使用两阶段最小二乘法进行回归，结果如表 6-20 第（3）列所示，与表 6-10 第（14）列基本一致，故受内生性影响较小。

类似地，选择同一地区业务相关性均值（Instrumbus）作为工具变量，满足对子公司业务相关性具有影响，同时对技术创新没有影响的条件。采用两阶段最小二乘法回归，结果如表 6-20 第（4）列所示，与表 6-10 第（15）列基本一致。

针对高管相关性，借鉴马如静等，[①] 选择滞后一期的高管相关性作为工具变量，滞后一期的高管关联可能对当期高管关联产生影响，但是当期子公司技术创新却不可能影响上一期的高管关联。采用迭代 GMM 回归方法，结果如表 6-20 第（5）列所示，与表 6-10 第（15）列基本一致，内生性在可接受范围之内。

表 6-20　　　　　　　　内生性检验回归结果

	(1)	(2)	(3)	(4)	(5)
	迭代 GMM	2SLS	2SLS	2SLS	迭代 GMM
Instit	0.111 *** (2.96)	5.158 * (1.7)	0.203 *** (4.7)	—	—

---

① 马如静、蒙小兰、唐雪松：《独立董事兼职席位的信号功能——来自 IPO 市场的证据》，《南开管理评论》2015 年第 4 期。

续表

	（1）	（2）	（3）	（4）	（5）
	迭代 GMM	2SLS	2SLS	2SLS	迭代 GMM
Geog	-0.039*** (-4.32)	-1.908* (-1.68)	0.007 (0.46)	—	—
Contr	-0.159*** (-3.87)	1.735 (1.51)	-0.847*** (-4.03)	—	—
Busrel	—	—	—	1.387*** (3.25)	0.064 (0.72)
Toprel	—	—	—	-0.546 (-0.80)	2.654*** (2.95)
Size	0.090** (2.09)	-0.517 (-1.22)	0.220*** (4.48)	0.188*** (3.98)	0.102** (2.3)
Lev	-4.040*** (-13.83)	2.032 (0.55)	-3.628*** (-12.33)	-4.116*** (-14.71)	-4.217*** (-14.22)
ROA	-0.048*** (-4.36)	0.008 (0.23)	-0.038*** (-4.12)	-0.045*** (-4.76)	-0.051*** (-4.58)
Cash	1.522*** (7.71)	1.122** (2.23)	0.635*** (3.5)	0.930*** (4.92)	1.497*** (7.55)
Operate	1.162*** (2.64)	1.832* (1.73)	1.016*** (2.92)	0.366 (1.03)	1.063** (2.41)
Finance	0.327** (2.21)	0.197 (0.73)	0.212* (1.93)	0.241** (2.19)	0.301** (2.00)
Director	-0.080*** (-2.94)	0.173 (0.01)	-0.0402 (-1.34)	-0.0973*** (-3.43)	-0.0597** (-2.24)
Concur	—	0.042 (0.11)	-0.293** (-2.55)	-0.493*** (-4.75)	-0.537*** (-5.09)
_cons	3.199*** (3.58)	12.89** (1.96)	1.434 (1.4)	3.097*** (3.26)	3.804*** (4.08)
N	4722	5659	5659	5659	4663
R-sq	0.108	0.058	0.042	0.03	0.11

续表

	（1）	（2）	（3）	（4）	（5）
	迭代 GMM	2SLS	2SLS	2SLS	迭代 GMM
Chi2	489.9	78.77	475.7	446	468.9
P	6.27E−99	2.55E−12	4.85E−95	1.47E−89	1.98E−94

注：所有因变量均为 Rdi，括号中均为 t 值，模型 P 值均显著小于 0.000，说明模型通过检验。$*p<0.1$，$**p<0.05$，$***p<0.01$。

（二）稳健性检验

1. 内生性控制

子公司在集团网络中嵌入可能受前一年子公司成长性的影响，集团网络中存在拉力，当子公司成长较快时，集团可能通过增加集团控制以增加其嵌入。因此本书采用动态面板的系统 GMM 方法检验滞后变量的内生性。其中子公司成长性最多滞后三期，子公司嵌入最多滞后一期。回归结果如表 6−21 第（1）列所示。Abond 检验结果 $P=0.171$ 和 $P=0.232$，表明工具变量与随机扰动项不相关，可以使用系统 GMM 方法。萨根检验结果 P 值为 0.831 大于 0.05，则表明工具变量过度识别检验通过，该方法有效。第（1）列回归结果中子公司嵌入与成长的关系与假设一致，说明该方法受内生性影响不严重，结果具有稳定性。

2. 更换代理变量

对本书主假设的代理变量衡量方法进行更换。GrowthP 为子公司营业净利率的增长率，作为子公司成长稳健性检验代理变量，结果如表 6−21 第（2）列所示。IndstatusR6 为子公司行业地位代理变量，其计算为子公司 ROE 与行业平均 ROE 的比值，该值越大，表明子公司在该行业的盈利能力越好，地位越高。对其与子公司嵌入进行回归，结果如第（3）列所示。CompareP1 为子公司比较盈利能力代理变量，此处 CompareP1 的计算为子公司营业毛利率与集团所有子公司平均营业毛利率的标准化均值，该值越大，表明相对于集团其他子公司而言，焦点子公司盈利能力更强。对其与子公司嵌入的关系进行检验，结果如第（4）列所示。在上述更换了代理变量之后，所得结果与上述回归结果基本一致，说明本书的结论具有稳健性。

3. 改变样本数量

子公司嵌入变量主要依据子公司与集团内的关联交易来衡量,其中关联交易部分涉及对利润的影响,选择此部分样本(496个样本)对子公司嵌入与子公司成长之间的关系再进行回归,结果如表6-21第(5)列所示。子公司在当地的市场份额,原检验使用的是地区划分,此处采用子公司在当地所在省份的营业收入比例作为代理变量,样本数量发生了改变(954个样本),重新对子公司当地嵌入与子公司在集团中的嵌入进行回归,结果如第(6)列所示。在改变了样本数量后,所得到的回归结果与前述基本一致。

4. 改变回归方法

上述随机稳健回归方法中,是以因变量的均值为正态分布的均值进行回归。此处以子公司成长的中位数进行分位数回归,结果如表6-21第(7)列所示。在改变了回归方法之后,检验结果与前述基本一致,本书的检验具有稳健性。

表6-21　　　　　　　　　稳健性检验

	(1) Growth	(2) GrowthP	(3) Embed	(4) Embed	(5) GrowthP	(6) Embed	(7) Growth
L. Growth	0.034 (1.57)	—	—	—	—	—	—
L2. Growth	0.089* (-1.93)	—	—	—	—	—	—
L3. Growth	0.032* (-2.38)	—	—	—	—	—	—
$Embed^2$	0.170** (-2.48)	-0.008*** (-7.08)	—	—	-0.165*** (-7.70)	—	—
Embed	0.333* (1.79)	0.233*** (8.71)	—	—	0.005 (0.82)	—	-0.004** (-2.05)

续表

	(1)	(2)	(3)	(4)	(5)	(6)	(7)
	Growth	GrowthP	Embed	Embed	GrowthP	Embed	Growth
IndstatusR6	—	—	0.125** (2.12)	—	—	—	—
CompareP1	—	—	—	0.355* (1.95)	—	—	—
LocalmarketP	—	—	—	—	—	-0.115*** (-3.29)	—
Size	4.234*** (7.44)	-0.003 (-0.40)	-0.686 (-1.31)	-0.872* (-1.68)	-0.009* (-1.86)	-2.541*** (-2.66)	0.008 (0.47)
Lev	2.283 (1.42)	0.204*** (3.69)	23.54*** (7.30)	25.38*** (8.36)	0.189*** (5.54)	35.64*** (7.08)	0.114*** (9.09)
ROA	0.218 (0.15)	2.424*** (16.54)	-2.887 (-0.47)	0.971 (0.18)	1.214*** (13.11)	6.018 (0.62)	0.961*** (29.05)
Cash	6.855*** (3.97)	-0.097 (-1.07)	-3.226 (-0.78)	-3.326 (-0.80)	-0.027 (-0.60)	-7.738 (-1.08)	0.120*** (6.25)
Operate	2.881*** (-5.92)	-0.199*** (-17.34)	0.967** (2.48)	0.937** (2.39)	-0.062** (-1.98)	-1.987 (-0.76)	0.004** (2.05)
Finance	0.479*** (3.59)	0.049*** (5.44)	-0.214 (-0.72)	-0.24 (-0.80)	-0.032 (-1.45)	0.367 (0.36)	0.161*** (81.74)
Equitycon	6.460** (-2.58)	-0.107 (-1.17)	-0.275 (-0.05)	0.534 (0.10)	0.066 (1.26)	3.824 (0.46)	0.025 (1.22)
Psharehold	2.041 (1.06)	0.061 (0.67)	1.16 (0.21)	-0.888 (-0.16)	-0.073 (-1.53)	-2.978 (-0.32)	-0.029 (-1.44)
Tmsharehold	4.863 (0.62)	-0.56 (-1.30)	-69.04*** (-2.89)	-70.63*** (-2.94)	-0.393* (-1.81)	-170.5*** (-3.96)	0.366*** (3.73)
Director	0.081 (-1.29)	-0.007 (-1.30)	0.0609 (0.20)	-0.0171 (-0.06)	-0.045* (-1.69)	0.631 (1.20)	-0.007 (-0.59)
Concur	0.331 (-1.23)	-0.066* (-1.71)	0.302 (0.20)	0.034 (0.02)	0.014 (0.86)	-6.449** (-2.46)	0.006 (0.78)

续表

	(1)	(2)	(3)	(4)	(5)	(6)	(7)
	Growth	GrowthP	Embed	Embed	GrowthP	Embed	Growth
_cons	-95.60*** (-7.74)	0.174 (1.02)	29.30** (2.48)	34.16*** (2.91)	0.095 (0.99)	79.64*** (3.58)	-0.063 (-1.63)
N	2338	2338	2328	2338	496	954	2338
R-Sq	—	0.275	0.040	0.048	0.741	0.139	0.122
Chi2	133.8	880.8	97.99	119.8	1381.9	98.92	453.7
P	7.81E-23	6.54E-180	1.38E-15	6.74E-20	1.19E-287	9.06E-16	7.48E-56

5. 子公司嵌入与技术创新的稳健性检验

为了进一步验证上述回归结果的稳健性，本书采用滞后因变量和更换因变量的方法进行稳健性检验。按照式（5-9）和式（5-10）的回归方法，将因变量设定为滞后一期的技术创新，即衡量当年的子公司嵌入特征可能对下一年的技术创新产生的影响。回归结果如表6-23第（1）列和第（2）列所示，回归结果基本与前文一致。

许多学者认为，专利应当为技术创新的代理变量，因此本书借鉴易靖韬等[①]的方法，从国泰安数据库中下载专利数量（Invent）作为技术创新稳健性检验的替代变量。表6-22第（3）列和第（4）列中专利为因变量，子公司嵌入特征作为自变量进行回归，从回归结果看子公司嵌入特征五个维度系数不显著。这可能是由于专利产出需要经过一定的时间，当期的位置和关系所形成的资源和信息优势不能立即转化为专利，而是呈现一定的滞后性，即当期优势和资源对下一期的专利产生影响。第（5）列和第（6）列以滞后一期专利作为因变量，再次进行回归，发现子公司结构嵌入与专利创新回归显著，子公司业务相关性与专利系数显著，在一定程度上再次证明了子公司嵌入特征对技术创新的影响具有稳健性，本书结论成立。

---

① 易靖韬、张修平、王化成：《企业异质性、高管过度自信与企业创新绩效》，《南开管理评论》2015年第6期。

由于子公司与集团公司的业务相关性（Busrel）的衡量采用手工收集和对比的方式进行赋值，具有一定主观性，因此为保证结果的可靠性，采用控股股东业务与子公司业务相关性（Pbusrel）作为替代变量进行稳健性检验。回归结果如表6-22第（7）列所示，子公司结构嵌入变量三个维度均在1%的水平下显著，业务相关性替代变量虽然显著性下降，但仍然与表6-10第（15）列回归结果一致，因此认为具有稳健性。

表6-22 稳健性检验

序号	（1）	（2）	（3）	（4）	（5）	（6）	（7）
因变量	L. Rdi	L. Rdi	Invent	Invent	L. Invent	L. Invent	Rdi
Instit	0.290*** (3.98)	—	0.003 (0.77)	—	0.005* (1.92)	—	0.387*** (5.36)
Geog	-0.068*** (-3.12)	—	-0.002 (-1.00)	—	-0.001** (-2.06)	—	-0.069*** (-3.19)
Contr	-0.286*** (-2.93)	—	-0.005 (-0.12)	—	-0.002 (-0.08)	—	-0.419*** (-4.26)
Busrel	—	0.030 (0.16)	—	-0.007 (-0.81)	—	0.013** (2.29)	—
PBusrel	—	—	—	—	—	—	0.353* (1.74)
Toprel	—	1.309** (2.27)	—	0.030 (0.91)	—	0.003 (0.130)	4.901*** (6.96)
Size	0.630*** (9.08)	0.631*** (9.100)	0.008 (0.22)	0.001 (0.26)	0.008*** (2.780)	0.009*** (2.960)	0.608*** (10.07)
Lev	-3.265*** (-8.30)	-3.423*** (-8.69)	-0.023 (-1.05)	-0.24 (-1.12)	-0.017 (-0.89)	-0.020 (-1.09)	-3.395*** (-10.42)

续表

序号	(1)	(2)	(3)	(4)	(5)	(6)	(7)
因变量	L. Rdi	L. Rdi	Invent	Invent	L. Invent	L. Invent	Rdi
ROA	-0.0387***	-0.0405***	0.002	0.001	0.001	-0.001	-0.045***
	(-4.01)	(-4.18)	(0.38)	(0.33)	(-0.76)	(-0.87)	(-5.49)
Cash	-0.645***	-0.652***	0.033***	0.034***	0.032***	0.033***	-0.942***
	(-2.89)	(-2.91)	(2.67)	(2.70)	(2.660)	(2.770)	(-4.76)
Operate	0.834**	0.800**	-0.027	-0.028	0.012	0.008	-0.417
	(2.47)	(2.360)	(-1.32)	(-1.36)	(0.500)	(0.350)	(-1.45)
Finance	-0.163	-0.177	-0.006	-0.006	0.012	0.013	-0.080
	(-1.21)	(-1.30)	(-0.90)	(-0.91)	(1.16)	(1.26)	(-0.92)
Director	-0.108***	-0.127***	-0.002	-0.002	-0.005***	-0.006***	-0.135***
	(-2.92)	(-3.43)	(-0.89)	(-0.97)	(-2.90)	(-3.22)	(-3.89)
Concur	-0.010	-0.034	0.001	0.001	-0.001	-0.002	-0.078
	(-0.08)	(-0.28)	(0.2)	(0.18)	(-0.22)	(-0.30)	(-0.68)
Ownership	-0.068	-0.187*	0.002	0.001	0.002	0.001	—
	(-0.61)	(-1.76)	(0.34)	(0.29)	(0.63)	(0.29)	
_cons	-6.879***	-6.822***	-0.008	-0.004	-0.136**	-0.134**	-6.231***
	(-4.58)	(-4.52)	(-0.10)	(-0.05)	(-2.24)	(-2.21)	(-4.65)
N	3260	3260	4263	4263	3260	3260	5659
R-sq	0.077	0.065	0.033	0.01	0.032	0.031	0.074
Chi2	191.6	165.300	16.44	16.6	30.830	31.200	335.08
P	1.78E-34	0.000	1.72E-01	0.112	0.002	0.001	0.000

注：括号中均为 t 值，*p<0.1，**p<0.05，***p<0.01。

进一步检验子公司嵌入特征与技术创新关系在不同子样本中是否具有稳健性，本书采用对技术创新分位数回归的方法。分别对技术创新在1/4、1/2、3/4分位数上进行回归，回归结果如表6-23所示。由表6-23中三列回归结果可见，子公司嵌入在各分位数上的回归系数基本与表6-10第（14）列和第（15）列一致，但其影响的大小在不同创新规模的子公司中呈现差异。制度距离对技术创新的影响在技术创新程度较高的子公司中更加显著（0.101＞0.061＞0.029），这说明在技术创新多的子公司中，制度距离通过形成资源异质性和产权保护等优势更加显著，创新多的子公司才更需要差异化资源进而产生突破性创新。地理距离对技术创新的影响在技术创新较多和较少的子公司中更加明显（0.024＞0.022＞0.016）。控制距离对技术创新的影响呈现先升后降的趋势（0.079＜0.085＞0.081），这表明相对于创新过多或过少的子公司，控制距离适中最有利于子公司获得创新资源和创新项目批准。将子公司嵌入随着分位数变化的结果进行绘图，如图6-2所示。从图中可清晰看到子公司嵌入各维度随着技术创新变化产生的影响趋势。

表6-23　　　　　　　　　　分位数回归结果

	(1)	(2)	(3)
	q25	q50	q75
Instit	0.029 (0.87)	0.061 ** (2.13)	0.101 *** (2.66)
Geog	-0.024 *** (-2.82)	-0.016 ** (-2.18)	-0.022 ** (-2.10)
Contr	-0.079 ** (-2.03)	-0.085 ** (-2.38)	-0.081 (-1.64)
Busrel	0.045 (0.63)	0.082 (1.250)	0.079 * (1.85)

续表

	(1)	(2)	(3)
	q25	q50	q75
Toprel	-1.360***	-1.569***	2.279***
	(-2.85)	(-3.52)	(3.49)
Size	0.154***	0.166***	0.215***
	(4.58)	(5.280)	(4.56)
Lev	-2.907***	-3.151***	-3.907***
	(-14.40)	(-16.33)	(-13.14)
ROA	-0.025***	-0.021***	-0.042***
	(-3.59)	(-3.39)	(-4.32)
Cash	0.796***	0.629***	1.069***
	(5.65)	(5.14)	(6.23)
Operate	0.943***	1.131***	1.210***
	(4.06)	(4.86)	(3.1)
Finance	-0.216***	0.021	0.260**
	(-2.69)	(0.310)	(2.53)
Director	-0.048**	-0.037*	-0.021
	(-2.22)	(-1.93)	(-0.72)
Concur	-0.434***	-0.297***	-0.429***
	(-5.54)	(-4.14)	(-4.18)
Ownership	-0.210***	-0.114***	0.029
	(-5.02)	(-2.99)	(0.52)
_cons	0.458	1.224*	1.770*
	(0.65)	(1.870)	(1.81)
R^2	0.093	0.063	0.056

注：括号中是标准误，*$p<0.1$，**$p<0.05$，***$p<0.01$。

图 6-2 分位数回归系数变化

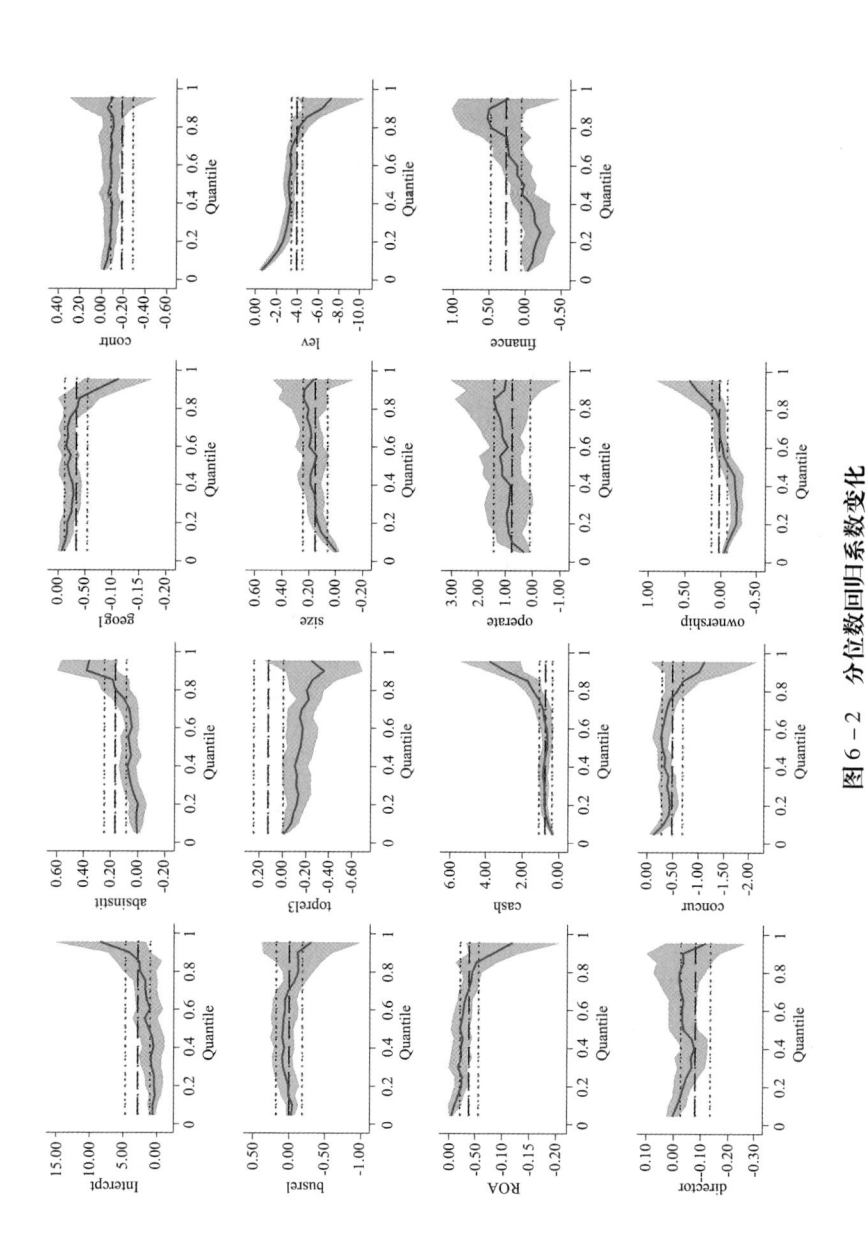

第七章 结论、启示与展望

一 研究结论

本书探索子公司如何将有限的注意力合理配置到所在的集团网络和外部网络。本书以拥有多家上市公司的企业集团及其子公司为对象,研究了集团网络多层面因素对子公司嵌入的影响,子公司嵌入对技术创新、成长和国际化的影响,企业集团支持的中介作用,并分析了环境不确定性、国际贸易争端、市场信息不对称程度和资源禀赋的调节作用。

第一,从前置影响因素来看,分析了集团网络外部因素、集团网络层面因素以及子公司层面因素对子公司嵌入的影响。

首先,集团网络外部因素对子公司嵌入产生影响。子公司在本地市场的嵌入程度越高,对本地市场的注意力投放越多、对两个网络的合法性建立的成本就越大,因而会减弱对企业集团的嵌入。子公司在行业中的地位越高,越容易在集团网络中获得核心位置和话语权,子公司嵌入程度越深入。子公司供应商和客户的议价能力越强,子公司在产业链中的谈判能力越弱,越依赖企业集团,在集团网络中的嵌入程度越深。

其次,集团网络层面因素对子公司嵌入产生影响。企业集团管理的集权程度越深。总部与子公司之间的互动、子公司之间的互动越多,子公司嵌入程度越深。企业集团规模越大,规模经济越显著、可能产生的协同越多,因而子公司嵌入的程度越深。企业集团内部行业重叠程度越高,子公司可获得的资源越丰富,子公司嵌入程度越深。

最后,子公司层面因素对子公司嵌入产生影响。子公司比较盈利能力越强，意味着能够给集团带来现金流和信息，同时子公司在集团中的话语权加重，与集团成员往来增加，故子公司在集团中的嵌入增加；子公司比较融资约束越强，子公司能够从外部获得的资金越少，越依赖集团市场，故嵌入越深。子公司比较冗余资源越少，管理层的危机意识越强，在进行高风险项目投资或创新活动时会缺乏足够的试错资本，因而子公司对集团"活钱"的依赖程度增加，子公司嵌入程度增加。

第二，从子公司嵌入的影响后果来看，子公司嵌入影响了子公司技术创新、成长和国际化。高程度的嵌入增加了子公司之间的信任，研发信息流动性更强、研发合作越多，技术创新更多。子公司嵌入改变了子公司地位，影响了资源获取、信息流动、人员沟通和公司协作，进而影响了子公司的成长和国际化。当子公司嵌入过低时，子公司无法获得集团网络提供的优势；当子公司嵌入过多时，集团网络产生负向锁定效应，使子公司缺乏市场敏感性和自主性。因而，子公司嵌入分别与子公司成长和国际化之间呈倒"U"形关系。当子公司嵌入为40%—70%时，子公司嵌入实现均衡达到最优成长。

第三，从子公司结构嵌入与关系嵌入的影响分析来看，结构嵌入反映子公司在网络中与集团总部的位置关系，故结构嵌入分为子公司与集团总部的制度距离、地理距离和控制距离。关系嵌入反映了子公司与集团总部联系的紧密性和互惠性，故关系嵌入分为子公司与集团总部的业务相关性和高管相关性。研究发现，子公司在集团网络中的结构嵌入和关系嵌入特征分别对技术创新产生影响，且各特征维度影响存在差异。

通过理论总结、文献分析和数据验证表明，子公司在集团网络中越处于核心位置，越有利于技术创新。具体而言，子公司制度距离越远，公司之间资源和知识异质性越强，越容易产生突破性创新，越有利于技术创新；子公司地理距离越远，子公司与其他成员之间的知识溢出越困难、获得资源支持越少，技术创新越少；子公司控制距离越远，集团监管成本越高、沟通越困难、越不愿意支持子公司研发，子公司技术创新越少。从关系嵌入来看，子公司在集团网络中关系嵌入程度越深，越有利于技术创新。具体而言，子公司业务相关性越高，越容易与集团形成共享资源和知识溢出，进而产生创新协同；子公司与集团高管相关性越高，获取资源越便捷、越有利于信息传递与沟通，进而促进技术创新。

第四，子公司嵌入对技术创新的影响，通过集团公司资金支持和业务支持产生作用。但两种支持呈现差异，其中集团业务支持比资金支持发挥的作用更大，为主要中介方式。子公司嵌入主要是通过影响集团网络资源的配置、知识传播范围和程度、集团公司支持方式和力度来影响技术创新。集团公司支持会影响网络资源配置偏好。集团支持主要表现为资金支持和业务支持，在企业集团中，这两种支持作为影响子公司创新的中介，呈现主次之分。当子公司处于集团网络的中心位置时，与集团的沟通和信任程度更高，更有利于集团公司给予支持。尤其是子公司处于结构洞中心位置时，具有控制收益和信息收益，集团可以通过该子公司获得外界异质性知识，从而有利于技术创新。从子公司关联紧密性来看，子公司与集团关系越密切，越信赖彼此之间的付出和合作，尤其在知识研发方面，信任是协作的前提。在集团两种支持方式之中，资金支持属于直接支持，可缓解子公司面临的融资约束，直接用于研发投入，增强研发风险的承担能力；而业务支持则更为隐蔽，通过促进知识溢出、创造研发机遇、提供后勤等服务，间接帮助子公司增加稀缺资源、降低管理成本，从而促进技术创新。在实践中，资金支持作为中介的显著性远低于业务支持。限于不同法人主体之间各自资金和利益独立核算，资金支持只能作为少数应急手段，而业务支持则更多存在于平时的正常生产经营过程中，影响子公司技术创新。

第五，从环境变量的调节因素来看，本书分析了环境不确定性、国际贸易争端和市场信息不对称的调节作用。在不确定性较高或者贸易争端严峻的环境中，技术动态更迭变快、产品和工艺更新周期变短、技术和知识的过时风险较高，那么集团网络的优势更加显著，由此带来的技术创新边际效应越高；当子公司进行的研发或国际技术合作因贸易争端受阻时，集团可以帮助子公司应对研发的不确定性，提供给子公司资金周转、帮助子公司确定新的合作对象等。在企业集团中嵌入越深，得到的帮助越多，因而国际贸易争端使得子公司与集团关系更紧密。故综上所述，环境不确定性和贸易争端强化了子公司嵌入与技术创新之间的关系。恶劣的环境同时也增加了子公司嵌入与成长和国际化之间曲线的峰度。这是因为，集团网络缓解了制度中的欠缺，在面对不确定或者威胁时，集团网络充当了缓冲，为子公司提供庇护，从而集团网络机制更显著，使得网络机制产生的倒"U"形曲线更陡峭。

外部信息不对称程度对子公司嵌入与技术创新之间的关系产生影响。外部信息不对称程度越高，子公司面临的外部融资约束越严重，进而越依赖于企业集团，网络嵌入发挥作用更显著。由于制度和市场机制的欠缺，企业集团在一定程度上缓解了外部资本市场融资困难、信息不对称和高昂的交易成本等问题，在集团内部实现了高效资源配置。这种优势对同一集团内不同子公司而言并非同质，还受到子公司所处行业等影响。在中国新兴经济体背景下，市场信息非对称性因行业呈现较大差异。当子公司处于信息不对称程度严重的行业时，潜在投资者因为获取信息困难以及风险等因素不愿意进行投资，子公司面临的外部资金问题进一步加剧。该类企业想要进行创新，资金支持已成为主要制约。在集团网络中，若该类子公司处于核心位置，或与集团公司关联紧密，则能够充分利用集团网络"多钱"和资源再配置优势，缓解所面临的研发资金问题。由此可见在集团网络中形成深度结构和关系嵌入对于子公司技术创新更具显著作用。而对于行业信息不对称低的子公司，面对的外部市场信息透明度高，股权和债券融资更活跃，则可能较少依赖集团网络支持进行研发。

第六，子公司内部资源禀赋状态对子公司嵌入与技术创新之间的关系产生影响，内部资源禀赋状态越好，集团越重视该子公司，尤其是当子公司处于网络中心位置或属于关系密切子公司时。公司内部状态影响其决策行为，故公司内部状态也影响其外部嵌入程度。子公司自身资源禀赋状态的差异使得集团支持和知识传递产生影响，进而作用于技术创新。当子公司经营良好时，企业集团会对该子公司更加重视，表现为两种：一是集团与子公司之间协同创新增加（"集团支持"），网络嵌入与技术创新之间关系更显著；二是集团促使子公司发挥"帮助他人"的作用,通过集团网络支持其他成员的发展,网络嵌入对技术创新影响程度降低。本书在验证过程中发现,第一种"集团支持"占主导时,子公司资源禀赋状态越好,地理距离远的子公司,技术创新会得到改善,而高管相关性强的子公司,研发投入会更增加。当第二种"帮助他人"占主导时,子公司资源禀赋越好,异质性资源却难以流动,更多表现为集团掏空,制度距离产生的技术创新促进作用越小。

第七,子公司在集团网络中的结构嵌入和关系嵌入对技术创新具有互补效应。网络嵌入研究鲜少将结构嵌入与关系嵌入纳入同一分析框架下,关系嵌入更多反映公司在网络二元关系中信任、互惠、情感强度和联系密度等,结构嵌入则将每个二元关系简化后,分析整体网络中公司处于不同位置时,所形成的网络嵌入。显然通过这两种嵌入,同时描述了网络嵌入的关联紧密性与位置中心性,且嵌入程度越深,越有利于资源获取、信息沟通和成本降低,进而促进技术创新。将两种嵌入每个维度分别进行交互,同时将两个总嵌入进行交互,都得到了正向影响,证明两种嵌入对技术创新具有互补效应。关系嵌入能够缓解位置劣势对技术创新的负向影响,能够增强中心位置对技术创新的正向影响。

二 研究启示

随着集团发展壮大,子公司嵌入受到了更多关注。对子公司而言,本书有助于子公司了解过度嵌入会产生负向的效应,认识到子公司在集团网络中的嵌入存在均衡区间,应结合自身经营规模调整精力分配,避免将注意力过多投放至集团网络而产生过度依赖。此外,有助于子公司了解自身行业地位、集团中地位与子公司嵌入的匹配性,以此来调整嵌入程度。当子公司行业地位较高或比较盈利较强时,不能一味依仗地位从集团中获取便利资源。过度攫取会付出相应代价,例如搜索能力锁定和协同成本增加,不利于长期发展。在改变嵌入的具体措施方面,应合理发展与其他成员的关系,与企业集团适度交易。如同华米科技最初依赖小米手机,做红了小米手环,成为智能穿戴行业第一名。但华米科技能够跳出集团视野,并不是完全嵌入小米集团,而是结合外部市场,研发了自有品牌的运动手表、运动耳机、体脂秤等产品。在集团中的适度嵌入更能帮助子公司明晰产业发展机遇和方向。对于集团而言,应对核心企业适度控制,不能仅发展集团内部关联交易,而使子公司丧失外部活力。集团要给核心企业留有与外部环境保持互动的空间。同时集团也有精力吸纳更多子公司,形成产品场景下的生态链,促使集团更长远的发展。

组织间合作是中国企业面对的共性问题。在竞争激烈的全球市场下,中国企业要走出国门塑造中国品牌,需要通过合作不断提高创新质量和速度,仅依赖独特的创意和企业内部资源要素是不够的。随着技术复杂性的提升和VUCA时代挑战的升级,创新价值链整合亦难以在单独企业内部完成。技术创新转化为组织间交互、合作和协同的研发过程,并越来越受限于外部网络。然而中国企业尚未充分利用集团网络优势,也未对集团内公司之间的关系给予高度重视。在网络嵌入的视角之下,集团更像是一个综合性的、协调性的平台,子公司是借助这个平台获得资源、指导、资金、担保的受益体,那么集团与子公司应当更加重视调整嵌入,以期给予子公司成长的独立性和相互扶持的合理性。子公司不仅作为独立经营的法人主体,应对外部市场冲击,管理外部相关利益者之间的网络;更应作为企业集团的一员,充分利用集团内部网络,发挥子公司在集团内部的主观能动性,优化集团网络,改变以往"单兵作战"的模式,通过共同进步促进集团成长。故本书深入分析子公司在集团网络中嵌入的动因与后果,对企业集团理论和管理实践有着重要启示。

第一,为整体网络研究提供了可行的研究对象,网络结构及形成动因等研究问题可能得到深入探索。社会网络研究视角主要分为自我中心网络研究和整体网络研究,限于边界不确定性及回忆模糊性,整体网络研究明显落后于自我中心网络研究。例如,网络结构嵌入研究,需要将企业置于整个网络之下,分析其所处的位置中心性、结构洞数量,没有明确的整体网络边界,就难以进行后续研究。同时,网络结构所需的网络密度、网络规模、网络结构形象化以及网络结构形成原因等均需要以整体网络为研究对象。将企业集团视为网络，相关条例明确规定了企业集团下属子公司范畴，具有清晰的边界。企业集团成员众多、结构多样也为整体网络研究提供了新的研究视角，能够继续探索一些未决问题。

第二，子公司在考虑整合外部资源的同时，应优先并重点利用集团网络，通过自主能动作用的发挥，建立或改善与集团公司关系，更好利用集团网络解决资金筹措、渠道谈判、投资收购等方面的问题。本书证明在集团网络中，子公司的位置中心性和关联紧密性确实会影响集团资源倾斜和注意力配置，并且集团支持对子公司绩效影响显著。技术创新属于投资回报期较长、风险较大的活动，通过外部债权融资或使用经营现金流进行研发无疑增加了公司风险，因此更应充分利用集团力量，发挥集团网络优势。子公司应当依据对本地市场的战略布局、在行业中可以获得的资源等，平衡与集团内成员的关系，改善在集团网络内的嵌入。例如重视与集团相关的业务板块、设计与集团的沟通、申报和交流机制，与集团公司建立情感联系；建立子公司员工定期参与集团培训的机制，组织高管到集团公司进行经验交流；培育子公司与集团协同发展的企业文化；主动将研发成果向集团形成溢出，通过知识转移增进集团对子公司的了解和信任。例如，海信科龙在集团网络中位于第四控制层级，然而因其业务板块与集团公司相关性强、自身研发积极性高，故其无形战略地位远高于有形层级，能够由集团公司直接管理，在研发方面也获得充分的关注和支持。

第三，企业集团充分认识到成员之间形成的网络关系，进而发挥集团公司职能、优化子公司布局、完善子公司间关系、提高创新资源配置效率。本书对子公司嵌入与绩效边界条件的检验发现，集团公司对不同子公司支持、资助和帮助方式不同。对于自身状况良好的子公司，集团公司可以"管得少"；对于经营状态差的子公司，集团公司可以"帮得多"。集团公司对不同子公司充分了解，具有不同定位，采用权变的管理方式，从而促进子公司之间合作与协同，最大程度发挥集团网络优势，降低重复成本、缓解信息不对称性、形成资本有效流动，促进企业集团创新与发展。我们看到子公司在制定嵌入战略时，会关注到集团资源与外部资源的比较、集团特征与外部特征的差异等。企业集团了解到子公司作为组织的行为逻辑框架，能够更高地匹配资源和目标给子公司，进而促进集团长远发展。

第四，国有企业集团应当增加子公司之间的沟通与互动，强化网络内部联系，减少集团公司不作为。本书进一步研究区分国有集团与民营集团后发现，在国有集团中子公司结构嵌入影响更加显著，民营集团中关系嵌入影响更加显著。这说明国有集团网络更受制于子公司现处的位置和环境，子公司在集团中的位置对资源、信息和技术影响更强。而民营集团则更受关系影响，民营子公司更具有活力，不论距离远近，积极发挥主观作用，增加与集团公司的沟通、联系、交往和信任等，进而促进技术创新。故对国有集团而言，集团应发挥总指挥职能，加强集团内部业务联系、促进子公司间知识交流和共享，强化集团网络优势。例如，宝钢集团旗下11家子公司，在集团整体布局下适度多元化，利用集团网络增强子公司之间的信任程度和沟通强度；宝钢股份、宝钢金属等子公司之间不仅具有股权相关性，"子公司经理之间的个人关系也非常好，能够相互支持"，形成了有益的网络关系，凸显了国有集团发挥网络关系的重要性。

第五，对政府而言，应认识到企业集团作为经济主体力量的重要性，积极指导集团发展和成长、引导构建更合理的集团网络布局、践行集团优化策略或提倡在企业集团登记中列示集团网络结构陈述等，最终实现资源协同基础上集团创新绩效最大化。从政府推进横向经济联合以来，一些企业集团发展"贪大图快"，在集团区域和产业布局上呈现盲目扩张等问题，忽略了成员之间联系。政府应对大型国有集团予以指导，关注国有集团成长，促进国有集团转型参与市场竞争。近来实施的中国南车和北车合并，就是政府积极引导大型国有集团、构建更高效集团网络的成果。新成立的中国中车拥有46家子公司，订单遍布全球，在多个国家建厂，更需要利用集团网络功能进行高效管理，实现多地区子公司之间的资源协同与效益最大化。

三　研究局限与未来展望

从社会整体网络视角出发，研究企业集团网络特征对嵌入其中子公司技术创新的影响。聚焦于子公司结构嵌入与关系嵌入，探索子公司位置中心性与关联紧密性如何影响集团公司支持、子公司资源以及决策，在此基础上分析子公司内外部环境差异对嵌入程度的影响，进一步揭示了企业集团内部作用机理的黑箱，丰富了整体网络研究。限于集团成员企业披露的不完善、二手数据代理变量的选择和二手数据研究的固有缺陷，本书仍存在需要改进的地方，可在未来研究中逐渐完善或深化。

首先，子公司在集团整体网络中的结构嵌入应包含微观层面子公司位置的中心性和宏观层面网络的中心性。限于已有集团成员企业披露的不完善，笔者未能充分获取集团网络所有成员的信息，因此在宏观层面网络中心性的研究上存在欠缺，仅在书中呈现了子公司微观层面在网络中的位置中心程度。在未来的研究中，一方面可以根据研究需求建立充分信息的集团数据库，另一方面获取集团整体网络规模和网络中心性，进一步探索集团网络差异对子公司创新和绩效的影响。

其次，结构与关系嵌入是网络嵌入理论两个重要方面。结构嵌入简化了关系质量并描述了关系的整体结构，而关系嵌入则具体刻画了双方信任程度、沟通频率等。事实上关系嵌入与结构嵌入之间存在互补影响，结构嵌入程度较浅可能会因为关系嵌入程度较深而获得补充。本书分析及验证了两者的互补关系，但从各维度细致分析还不够，将来的研究可从两种嵌入的各个维度入手，发现互补关系的差异和可能的其他关系。

最后，本书主要自变量全部采用人工手动搜集，且样本涉及上市公司及其集团公司，可能存在手动搜集的信息限制，使得一些变量精确程度不够。例如集团资金支持可能不仅体现在其他应付款账户中，因此代理变量存在误差。未来可采用问卷调查和手工搜集数据相结合的方法，从而增加结论的可靠性和研究内容的丰富性。

本书从整体网络视角研究子公司在集团网络中的嵌入,但子公司作为独立的法人主体,不仅处于集团网络中,同时还处于外部市场网络、产业集聚网络等。子公司在不同网络中的嵌入制衡、注意力分配等,如何影响子公司和集团的发展,成为未来的研究方向。

参考文献

一　中文文献

包晓岚、宋明亮、李思呈：《客户关系对企业风险承担的影响》，《科学决策》2020年第8期。

毕静煜、谢恩：《研发联盟组合关系特征与企业创新：伙伴地理多样性的调节作用》，《管理评论》2021年第10期。

曹春方、许楠、逯东等：《金字塔层级、长期贷款配置与长期贷款使用效率——基于地方国有上市公司的实证研究》，《南开管理评论》2015年第2期。

曹春方、周大伟、吴澄澄等：《市场分割与异地子公司分布》，《管理世界》2015年第9期。

陈光华、梁甲明、杨国梁：《企业吸收能力、政府研发自主与外部知识获取对产学研创新绩效的影响》，《中国科技论坛》2014年第7期。

陈怀超、范建红、牛冲槐：《制度距离对中国跨国公司知识转移效果的影响研究——国际经验和社会资本的调节效应》，《科学学研究》2014年第4期。

陈仕华、姜广省、卢昌崇：《董事联结、目标公司选择与并购绩效——基于并购双方之间信息不对称的研究视角》，《管理世界》2013年第12期。

陈岩、郭文博：《跨国并购提高了中国企业的竞争优势吗？——基于区域性与非区域性企业特定优势的检验》，《外国经济与管理》2019年第4期。

陈胤默、孙乾坤、文雯等：《母国经济政策不确定性、融资约束与企业对外直接投资》，《国际贸易问题》2019 年第 6 期。

陈运森：《独立董事的网络特征与公司代理成本》，《经济管理》2012 年第 10 期。

陈运森：《独立董事网络中心度与公司信息披露质量》，《审计研究》2012 年第 5 期。

陈志军：《母子公司管控模式选择》，《经济管理》2007 年第 3 期。

陈志军、徐鹏、王晓静：《研发战略一致性与研发协同关系研究——沟通机制的调节作用》，《财贸研究》2014 年第 3 期。

邓兴华、林洲钰：《集团化经营、技术创新与企业业绩》，《山西财经大学学报》2014 年第 10 期。

董彩婷、柳卸林、张思：《创新生态嵌入和政治网络嵌入的双重作用对企业创新绩效的影响》，《管理评论》2020 年第 10 期。

范建红、陈怀超：《制度距离影响跨国公司进入战略选择的机制与框架构建：一个权变的观点》，《中央财经大学学报》2015 年第 2 期。

范志刚、刘洋、吴晓波：《网络嵌入与组织学习协同对战略柔性影响研究》，《科研管理》2014 年第 12 期。

冯军政、刘洋、金露：《企业社会网络对突破性创新的影响研究——创业导向的中介作用》，《研究与发展管理》2015 年第 2 期。

冯自钦：《企业集团多维价值效应矩阵评价研究——基于财务协同控制的模型设计及实证分析》，《科研管理》2013 年第 7 期。

郭文钰、杨建君、李丹：《企业关系对企业绩效的影响研究——资源冗余与环境不确定性的调节效应》，《科学学与科学技术管理》2020 年第 2 期。

何文龙、沈睿：《地理距离、子公司治理与企业内专利分布——基于中国上市公司的实证研究》，《经济科学》2016 年第 4 期。

何郁冰、张思：《技术多元化、国际化与企业绩效》，《科学学研究》2020 年第 12 期。

胡新华、刘东梅：《本土中小企业如何突破外生型集群网络的嵌入壁垒?——演化博弈视角下的过程治理》,《商业研究》2020 年第 7 期。

黄灿、徐戈、沈慧君:《获取创新衍生价值:企业内部知识—合作网络动态视角》,《科研管理》2023 年第 2 期。

黄俊、陈信元:《集团化经营与企业研发投资——基于知识溢出与内部资本市场视角的分析》,《经济研究》2011 年第 6 期。

黄俊、陈信元、张天舒:《公司经营绩效传染效应的研究》,《管理世界》2013 年第 3 期。

黄俊、张天舒:《制度环境、企业集团与经济增长》,《金融研究》2010 年第 6 期。

黄千员、宋远方:《供应链集中度对企业研发投入强度影响的实证研究——产权性质的调节作用》,《研究与发展管理》2019 年第 3 期。

姜红、高思芃、刘文韬:《创新网络与技术创新绩效的关系:基于技术标准联盟行为和人际关系技能》,《管理科学》2022 年第 4 期。

姜诗尧、李艳妮、李圭泉:《创业者调节焦点、注意力配置对创业战略决策的影响》,《管理学报》2019 年第 9 期。

蒋丽芹、张慧芹、李思卉:《关系嵌入、外部知识搜寻与企业创新绩效——长三角产业集群高新技术企业的调研》,《软科学》2022 年第 9 期。

康志勇:《融资约束、政府支持与中国本土企业研发投入》,《南开管理评论》2013 年第 5 期。

黎文靖、严嘉怡:《谁利用了内部资本市场:企业集团化程度与现金持有》,《中国工业经济》2021 年第 6 期。

李彬:《母子公司距离、内部控制质量与公司价值》,《经济管理》2015 年第 4 期。

李杰义、闫静波、王重鸣:《双重网络嵌入性、学习能力与国际化速度——快速国际化情境下的实证研究》,《经济管理》2018 年第 9 期。

李强:《制度距离对我国企业跨国并购绩效的影响研究——基于上市公司数据的实证分析》,《软科学》2015 年第 10 期。

李寿喜、洪文姣:《环境不确定性、透明度与企业创新》,《工业技术经济》2020 年第 8 期。

李随成、高攀:《战略采购对制造企业知识获取的影响研究:供应商网络视角》,《管理评论》2012 年第 6 期。

李随成、李勃、张延涛:《供应商创新性、网络能力对制造企业产品创新的影响——供应商网络结构的调节作用》,《科研管理》2013 年第 11 期。

李童:《双边关系对中国技术寻求型对外直接投资的影响——以中美贸易争端为背景》,《人文杂志》2019 年第 8 期。

李欣融、孟猛猛、雷家骕:《地理距离对企业社会责任的影响研究》,《管理学报》2022 年第 2 期。

李元旭、刘飀:《制度距离与我国企业跨国并购交易成败研究》,《财经问题研究》2016 年第 3 期。

李振东、马超:《供应商集中度与企业外部融资约束》,《经济问题》2019 年第 8 期。

李志刚、施先旺、高莉贤:《企业社会责任信息披露与银行借款契约——基于信息不对称的视角》,《金融经济学研究》2016 年第 1 期。

连燕玲、贺小刚、高皓:《业绩期望差距与企业战略调整——基于中国上市公司的实证研究》,《管理世界》2014 年第 11 期。

林洲钰、林汉川、邓兴华:《集团化经营对企业技术创新的影响研究——基于人力资本视角》,《科学学研究》2015 年第 3 期。

刘斌斌、李梅羲子:《政府质量、FDI 进入方式与区域技术创新》,《经济问题》2022 年第 12 期。

刘景江、王文星:《管理者注意力研究:一个最新综述》,《浙江大学学报》(人文社会科学版)2014 年第 2 期。

刘晓云、赵伟峰:《我国制造业协同创新系统的运行机制研究》,《中国软科学》2015 年第 12 期。

刘行、李小荣:《金字塔结构、税收负担与企业价值:基于地方国有企业的证据》,《管理世界》2012 年第 8 期。

刘亚伟、张兆国:《股权制衡、董事长任期与投资挤占研究》,《南开管理评论》2016 年第 1 期。

吕斐斐、朱丽娜、高皓等：《"领头羊"效应？家族企业行业地位与绿色战略的关系研究》，《管理评论》2020 年第 3 期。

吕斯尧、赵文红、杨特：《知识基础、战略导向对新创企业绩效的影响——基于注意力基础的视角》，《研究与发展管理》2019 年第 2 期。

吕越、罗伟、刘斌：《异质性企业与全球价值链嵌入：基于效率和融资的视角》，《世界经济》2015 年第 8 期。

罗建强、潘蓉蓉、杨子超：《制造企业服务化、研发创新投入与企业绩效——基于技术密集型企业的实证研究》，《管理评论》2023 年第 2 期。

马双、邹琳：《知识重叠、知识库特性与创新绩效——来自机械制造企业技术并购的实证》，《科技进步与对策》2020 年第 1 期。

孟庆时、熊励、余江等：《创新网络双重嵌入、网络耦合与产业升级：基于上市企业面板数据的实证分析》，《科技进步与对策》2022 年第 9 期。

潘秋玥、魏江、黄学：《研发网络节点关系嵌入二元拓展、资源整合与创新能力提升：鸿雁电器 1981—2013 年纵向案例研究》，《管理工程学报》2016 年第 1 期。

彭伟、符正平：《联盟网络、资源整合与高科技新创企业绩效关系研究》，《管理科学》2015 年第 3 期。

蒲明、毕克新：《双重网络嵌入性对子公司成长能力有不同影响吗？——基于跨国公司中国子公司的实证研究》，《科学决策》2019 年第 6 期。

屈文洲、谢雅璐、叶玉妹：《信息不对称、融资约束与投资—现金流敏感性——基于市场微观结构理论的实证研究》，《经济研究》2011 年第 6 期。

任鸽、陈伟宏、钟熙：《高管国际经验、环境不确定性与企业国际化进程》，《外国经济与管理》2019 年第 9 期。

阮建青、王凌、李垚：《创新差异的基因解释》，《管理世界》2016 年第 6 期。

芮正云、罗瑾琏：《产业网络双重嵌入与新创企业创新追赶》，《科学学研究》2019 年第 2 期。

施炳展、金祥义：《注意力配置、互联网搜索与国际贸易》，《经济研究》2019 年第 11 期。

宋渊洋：《制度距离、制度相对发展水平与服务企业国内跨地区经营战略——来自中国证券业的经验证据》，《南开管理评论》2015 年第 3 期。

孙国强、郭文兵、王莉：《网络组织治理结构对治理绩效的影响研究——以太原重型机械集团网络为例》，《软科学》2014 年第 12 期。

谭洪涛、陈瑶：《集团内部权力配置与企业创新——基于权力细分的对比研究》，《中国工业经济》2019 年第 12 期。

汤谷良、王斌、杜菲等：《多元化企业集团管理控制体系的整合观——基于华润集团 6S 的案例分析》，《会计研究》2009 年第 2 期。

陶锋、杨文婷、孙大卫：《地方产业集群、全球生产网络与企业生产率——基于双重网络嵌入视角》，《国际经贸探索》2018 年第 5 期。

陶海飞、孟祥霞：《制度逻辑视角下新兴市场跨国企业的组织正当性平衡战略——以万华集团跨国并购为例》，《管理评论》2022 年第 9 期。

佟岩、刘第文：《整体上市动机、机构投资者与非效率投资》，《中央财经大学学报》2016 年第 3 期。

汪涛、于雪、崔楠：《基于注意力基础观的企业内部研发与合作创新交互效应研究——财务松弛和信息技术的调节作用》，《研究与发展管理》2020 年第 1 期。

王炳成、郝兴霖、刘露：《战略性新兴产业商业模式创新研究——环境不确定性与组织学习匹配视角》，《软科学》2020 年第 10 期。

王昶、孙桥、徐尖等：《双重嵌入视角下的集团总部价值创造机理研究——基于时代集团的案例研究》，《管理评论》2019 年第 3 期。

王丹、李丹、李欢：《客户集中度与企业投资效率》，《会计研究》2020 年第 1 期。

王峰娟、粟立钟：《中国上市公司内部资本市场有效吗？——来自 H 股多分部上市公司的证据》,《会计研究》2013 年第 1 期。

王化成、曾雪云:《专业化企业集团的内部资本市场与价值创造效应——基于中国三峡集团的案例研究》,《管理世界》2012 年第 12 期。

王欢欢、杜跃平:《如何实现组织学习与内部创业平衡——组织注意力视角》,《科技进步与对策》2020 年第 11 期。

王京、罗福凯:《技术—知识投资、要素资本配置与企业成长——来自我国资本市场的经验证据》,《南开管理评论》2017 年第 3 期。

王琳、陈熙、毛婷等:《制度距离与跨国并购:基于制度套利逻辑的研究》,《国际经贸探索》2022 年第 12 期。

王龙丰、马忠、胡蕴赟:《客户集中度与企业产能利用率》,《广东财经大学学报》2020 年第 3 期。

王世权、王丹、武立东:《母子公司关系网络影响子公司创业的内在机理——基于海信集团的案例研究》,《管理世界》2012 年第 6 期。

王晓静、陈志军、董青:《基于业务相关性的母子公司文化控制与子公司绩效研究》,《经济与管理研究》2011 年第 9 期。

王耀中、刘舜佳:《基于后向关联渠道的技术外溢及其影响因素的实证研究》,《财经理论与实践》2008 年第 4 期。

王益民、梁枢、赵志彬:《国际化速度前沿研究述评:基于全过程视角的理论模型构建》,《外国经济与管理》2017 年第 9 期。

王兆群、胡海青、李浩等:《孵化网络契约与信任关系研究——基于技术重叠的调节效应》,《科学学研究》2018 年第 4 期。

魏江、徐蕾:《知识网络双重嵌入、知识整合与集群企业创新能力》,《管理科学学报》2014 年第 2 期。

魏旭光、翟文志、李悦等:《网络密度对后发企业价值网络结构重构的影响——信息共享的调节性中介效应》,《科技管理研究》2020 年第 6 期。

吴剑峰、杨震宁、邱永辉:《国际研发合作的地域广度、资源禀赋与技术创新绩效的关系研究》,《管理学报》2015 年第 10 期。

吴俊杰、盛亚、姜文杰:《企业家社会网络、双元性创新与技术创新绩效研究》,《科研管理》2014年第4期。

吴亮、吕鸿江：《资源禀赋、制度环境与中国企业海外进入模式选择》,《国际经贸探索》2016年第3期。

吴先明：《企业特定优势、国际化动因与海外并购的股权选择——国有股权的调节作用》,《经济管理》2017年第12期。

吴兴宁、王满、马勇：《客户集中度只会加剧债务融资成本吗？——来自我国上市公司的经验证据》,《商业研究》2020年第1期。

武常岐、钱婷：《集团控制与国有企业治理》,《经济研究》2011年第6期。

武立东、黄海昕：《企业集团子公司主导行为及其网络嵌入研究：以海信集团为例》,《南开管理评论》2010年第6期。

夏芸：《管理者权力、股权激励与研发投资——基于中国上市公司的实证分析》,《研究与发展管理》2014年第4期。

向永胜、魏江、郑小勇：《多重嵌入对集群企业创新能力的作用研究》,《科研管理》2016年第10期。

肖静华、谢康、吴瑶等：《从面向合作伙伴到面向消费者的供应链转型——电商企业供应链双案例研究》,《管理世界》2015年第4期。

肖忠意、林琳、陈志英等：《企业金融化与上市公司创新研发投入——基于董事会治理与创新文化的调节作用的实证分析》,《南开经济研究》2021年第1期。

谢洪明、蓝海林：《战略网络中嵌入关系的决定因素及其特征和影响》,《管理科学》2003年第2期。

徐飞、杨冕：《企业集团内部创新架构与创新绩效》,《经济管理》2022年第8期。

徐鹏、刘萌萌、陈志军：《企业集团内部资金支持发生机理与效果研究——基于风险倾向的调节作用》,《软科学》2014年第10期。

许晖、郭净：《中国国际化企业能力—战略匹配关系研究：管理者国际注意力的调节作用》,《南开管理评论》2013年第4期。

阎海峰、钱嘉怡、雷玮：《企业数字化水平对国际化速度的影响研究：

基于 LLL 模型》,《软科学》2023 年第 2 期。

杨敏利、丁文虎、郭立宏等:《双重网络嵌入对联合投资形成的影响——基于网络信号视角》,《管理评论》2018 年第 2 期。

杨震宁、侯一凡、吴若冰:《风险投资机构的网络嵌入位置、地位对风险投资阶段选择的影响——基于中国风险投资行业的实证研究》,《研究与发展管理》2021 年第 5 期。

于晓红、王玉洁、王世璇:《融资约束与非效率投资的关系——基于股权结构的调节效应》,《当代经济研究》2020 年第 6 期。

于晓宇、陈颖颖:《冗余资源、创业拼凑与瞬时竞争优势》,《管理科学学报》2020 年第 4 期。

俞兆渊、鞠晓伟、余海晴:《企业社会网络影响创新绩效的内在机理研究——打开知识管理能力的黑箱》,《科研管理》2020 年第 12 期。

曾德明、戴海闻、张裕中等:《基于网络结构与资源禀赋的企业对标准化影响力研究》,《管理学报》2016 年第 1 期。

曾伏娥、刘红翠、王长征:《制度距离、组织认同与企业机会主义行为研究》,《管理学报》2016 年第 2 期。

张保仓:《虚拟组织网络规模、网络结构对合作创新绩效的作用机制——知识资源获取的中介效应》,《科技进步与对策》2020 年第 5 期。

张闯:《管理学研究中的社会网络范式:基于研究方法视角的 12 个管理学顶级期刊 (2001—2010) 文献研究》,《管理世界》2011 年第 7 期。

张广玲、王鹏、胡琴芳:《供应链企业间地理距离与组织距离对合作创新绩效的影响》,《科技进步与对策》2022 年第 9 期。

张会丽、陆正飞:《现金分布、公司治理与过度投资——基于我国上市公司及其子公司的现金持有状况的考察》,《管理世界》2012 年第 3 期。

张明、蓝海林、陈伟宏:《企业注意力基础观研究综述——知识基础、理论演化与研究前沿》,《经济管理》2018 年第 9 期。

张祥建、郭岚:《国外连锁董事网络研究述评与未来展望》,《外国经济与管理》2014 年第 5 期。

张竹、谢绚丽、武常岐等:《本土化还是一体化:中国跨国企业海外子公司网络嵌入的多阶段模型》,《南开管理评论》2016 年第 1 期。

章丹、胡祖光:《网络结构洞对企业技术创新活动的影响研究》,《科研管理》2013 年第 6 期。

章卫东、李斯蕾、黄轩昊:《信息不对称、公司成长性与关联股东参与定向增发——来自中国证券市场的经验数据》,《证券市场导报》2016 年第 2 期。

赵月皎、陈志军:《集团网络视角下子公司层级、业务相关性对研发投资的影响》,《山西财经大学学报》2016 年第 5 期。

甄红线、杨慧芳、王晓枫:《金字塔结构下企业集团的支撑效应——来自中国集团上市公司盈余公告效应的经验研究》,《会计研究》2015 年第 8 期。

郑丽、陈志军、徐英杰:《集团内部资本交易、市场依赖性与子公司创新》,《管理评论》2021 年第 8 期。

周建、秦蓉、王顺昊:《连锁董事任职经验与企业创新——组织冗余的调节作用》,《研究与发展管理》2021 年第 5 期。

周燕:《从交易费用角度看中美贸易争端》,《学术研究》2019 年第 10 期。

朱芳芳:《可用冗余与研发投入:股权激励与破产距离的联合调节》,《现代财经》(天津财经大学学报)2019 年第 2 期。

朱乃平、朱丽、孔玉生等:《技术创新投入、社会责任承担对财务绩效的协同影响研究》,《会计研究》2014 年第 2 期。

邹增明、刘明霞、邹思明:《冗余资源、CEO 产出型职能经验对企业二元创新的影响》,《管理学报》2019 年第 8 期。

二 英文文献

Acemoglu D., Akcigit U., "Intellectual Property Rights Policy, Competition and Innovation", *Journal of the European Economic Association*, 2012, 10 (1).

Arora A., Belenzon S., Rios L. A., "Make, Buy, Organize: The Interplay

Between Research, External Knowledge, and Firm Structure", *Strategic Management Journal*, 2014, 35 (3).

Asakawa K., Park Y. J., Song J., et al., "Internal Embeddedness, Geographic Distance, and Global Knowledge Sourcing by Overseas Subsidiaries", *Journal of International Business Studies*, 2018, 49 (6).

Belenzon S., Berkovitz T., "Innovation in Business Groups", *Management Science*, 2010, 56 (3).

Bird M., Zellweger T., "Relational Embeddedness and Firm Growth: Comparing Spousal and Sibling Entrepreneurs", *Organization Science*, 2018, 29 (2).

Blanchard P., Huiban J. P., Sevestre P., "R&D and Productivity in Corporate Groups: An Empirical Investigation Using a Panel of French Firms", *Annales Economie Statistique*, 2005.

Byrd D. T., Mizruchi M. S., "Bankers on the Board and the Debt Ratio of Firms", *Journal of Corporate Finance*, 2005, 11 (1).

Byun H. Y., Choi S., Hwang L. S., et al., "Business Group Affiliation, Ownership Structure, and the Cost of Debt", *Journal of Corporate Finance*, 2013, 23.

Chang S. J., Chung C. N., Mahmood I. P., "When and How does Business Group Affiliation Promote Firm Innovation? A Tale of Two Emerging Economies", *Organization Science*, 2006, 17 (5).

Ciabuschi F., Dellestrand H., Martín O. M., *Internal Embeddedness, Headquarters Involvement, and Innovation Importance in Multinational Enterprises*, Palgrave Macmillan, London, 2015.

Ciabuschi F., Dellestrand H., Kappen P., "Exploring the Effects of Vertical and Lateral Mechanisms in International Knowledge Transfer Projects", *Management International Review*, 2011, 51 (2).

Ciabuschi F., Holm U., Martín O. M., "Dual Embeddedness, Influence and Performance of Innovating Subsidiaries in the Multinational Corporation",

International Business Review, 2014, 23 (5).

Dai W., Liu Y., "Local vs Non-Local Institutional Embeddedness, Corporate Entrepreneurship, and Firm Performance in a Transitional Economy", *Asian Journal of Technology Innovation*, 2015, 23 (2).

De Jong G., Van Dut V., Jindra B., et al., "Does Country Context Distance Determine Subsidiary Decision-Making Autonomy? Theory and Evidence from European Transition Economies", *International Business Review*, 2015, 24 (5).

Dellestrand H., "Subsidiary Embeddedness as a Determinant of Divisional Headquarters Involvement in Innovation Transfer Processes", *Journal of International Management*, 2011, 17 (3).

Dunning J. H., *International Production and the Multinational Enterprise*, Routledge, 1981.

Eggers J. P., Kaplan S., "Cognition and Renewal: Comparing CEO and Organizational Effects on Incumbent Adaptation to Technical Change", *Organization Science*, 2009, 20 (2).

Feenstra R. C., Yang T. H., Hamilton G. G., "Business Groups and Product Variety in Trade: Evidence from South Korea, Taiwan and Japan", *Journal of International Economics*, 1999, 48 (1).

Foss N. J., Pedersen T., "Transferring Knowledge in MNCs: The Role of Sources of Subsidiary Knowledge and Organizational Context", *Journal of International Management*, 2002, 8 (1).

Freel M. S., "Perceived Environmental Uncertainty and Innovation in Small Firms", *Small Business Economics*, 2005, 25 (1).

Gammelgaard J., McDonald F., Stephan A., et al., "The Impact of Increases in Subsidiary Autonomy and Network Relationships on Performance", *International Business Review*, 2012, 21 (6).

Garcia-Pont C., Canales J. I., Noboa F., "Subsidiary Strategy: The Embeddedness Component", *Journal of Management Studies*, 2009, 46 (2).

Gerter, R., D. S. Scharfstein and J. C. Stein, "Internal Versus External Capital Markets", *Quarterly Journal of Economics*, 1994, 109 (1).

Ghoshal S., Bartlett C. A., "The Multinational Corporation as an Interorganizational Network", *Academy of Management Review*, 1990, 15 (4).

Grandori A., Soda G., "Inter-firm Networks: Antecedents, Mechanisms and Forms", *Organization Studies*, 1995, 16 (2).

Granovetter M., "Economic Action and Social Structure: The Problem of Embeddedness", *American Journal of Sociology*, 1985, 91 (3).

Greenwood R., et al., *The Sage Handbook of Organizational Institutionalism*, London: Sage, 2008.

Guillen M. F., "Business Groups in Emerging Economies: A Resource-based View", *Academy of Management Journal*, 2000, 43 (3).

Guzzini E., Iacobucci D., "Business Group Affiliation and R&D", *Industry and Innovation*, 2014, 21 (1).

Guzzini E., Iacobucci D., "Ownership as R&D Incentive in Business Groups", *Small Business Economics*, 2014, 43 (1).

Gölgeci I., Ferraris A., Arslan A., et al., "European MNE Subsidiaries' Embeddedness and Innovation Performance: Moderating Role of External Search Depth and Breadth", *Journal of Business Research*, 2019, 102.

Hagedoorn J., "Understanding the Cross-Level Embeddedness of Interfirm Partnership Formation", *Academy of Management Review*, 2006, 31 (3).

Hallin C., Holm U., Sharma D. D., "Embeddedness of Innovation Receivers in the Multinational Corporation: Effects on Business Performance", *International Business Review*, 2011, 20 (3).

Helble Y., Chong L. C., "The Importance of Internal and External R&D Network Linkages for R&D Organisations: Evidence From Singapore", *R&D Management*, 2004, 34 (5).

Hennart J. F., "Emerging Market Multinationals and the Theory of the Multinational Enterprise", *Global Strategy Journal*, 2012, 2 (3).

Hoang H., Antoncic B., "Network-based Research in Entrepreneurship: A Critical Review", *Journal of Business Venturing*, 2003, 18 (2).

Hsieh T. J., Yeh R. S., Chen Y. J., "Business Group Characteristics and Affiliated Firm Innovation: The Case of Taiwan", *Industrial Marketing Management*, 2010, 39 (4).

Jack S. L., Anderson A. R., "The Effects of Embeddedness on the Entrepreneurial Process", *Journal of Business Venturing*, 2002, 17 (5).

Jackson G., Deeg R., "Comparing Capitalisms: Understanding Institutional Diversity and its Implications for International Business", *Journal of International Business Studies*, 2008, 39 (4).

Kafouros M., Aliyev M., "Institutions and Foreign Subsidiary Growth in Transition Economies: The Role of Intangible Assets and Capabilities", *Journal of Management Studies*, 2016, 53 (4).

Khalid S., Larimo J., "Firm Specific Advantage in Developed Markets Dynamic Capability Perspective", *Management International Review*, 2012, 52 (2).

Khanna T., Yafeh Y., "Business Groups and Risk Sharing around the World", *The Journal of Business*, 2005, 78 (1).

Kim M., "Effects of Financial Constraints on Export Performance of Firms During the Global Financial Crisis: Microeconomic Evidence from Korea", *Applied Economics Letters*, 2019, 26 (1).

Klein K. J., Lim B. C., Saltz J. L., et al., "How do They Get There? An Examination of the Antecedents of Centrality in Team Networks", *Academy of Management Journal*, 2004, 47 (6).

Kostova T., *Success of the Transnational Transfer of Organizational Practices within Multinational Companies*, Minneapolis: University of Minnesota, 1996.

Le Breton-Miller I., Miller D., Lester R. H., "Stewardship or Agency? A Social Embeddedness Reconciliation of Conduct and Performance in Public

Family Businesses", *Organization Science*, 2011, 22 (3).

Leung A., Zhang J., Wong P. K., et al., "The Use of Networks in Human Resource Acquisition for Entrepreneurial Firms: Multiple 'Fit' Considerations", *Journal of Business Venturing*, 2006, 21 (5).

Li A., "Foreign Subsidiaries' Status: Distinctive Determinants and Implications for Subsidiary Performance", *Thunderbird International Business Review*, 2018, 60 (4).

Li J., Oh C. H., "Research on Emerging-market Multinational Enterprises: Extending Alan Rugman's Critical Contributions", *International Business Review*, 2016, 25 (3).

Li Y., Wang X., Huang L., et al., "How does Entrepreneurs' Social Capital Hinder New Business Development? A Relational Embeddedness Perspective", *Journal of Business Research*, 2013, 66 (12).

Madhavan R., Gnyawali D. R., He J., "Two's Company, Three's a Crowd? Triads in Cooperative-competitive Networks", *Academy of Management Journal*, 2004, 47 (6).

McEvily B., Marcus A., "Embedded Ties and the Acquisition of Competitive Capabilities", *Strategic Management Journal*, 2005, 26 (11).

McKeever E., Anderson A., Jack S., "Social Embeddedness in Entrepreneurship Research: The Importance of Context and Community", *Handbook of Research on Small Business and Entrepreneurship*, Edward Elgar Publishing, 2014.

Meuleman M., Lockett A., Manigart S., et al., "Partner Selection Decisions in Interfirm Collaborations: The Paradox of Relational Embeddedness", *Journal of Management Studies*, 2010, 47 (6).

Meyer K. E., Mudambi R., Narula R., "Multinational Enterprises and Local Contexts: The Opportunities and Challenges of Multiple Embeddedness", *Journal of Management Studies*, 2011, 48 (2).

Mizruchi M. S., "What do Interlocks do? An Analysis, Critique, and Assessment of Research on Interlocking Directorates", *Annual Review of Sociology*, 1996.

Mondria J., Wu T., Zhang Y., "The Determinants of International Investment and Attention Allocation: Using Internet Search Query Data", *Journal of International Economics*, 2010, 82 (1).

Monteiro L. F., Arvidsson N., Birkinshaw J., "Knowledge Flows within Multinational Corporations: Explaining Subsidiary Isolation and its Performance Implications", *Organization Science*, 2008, 19 (1).

Montgomery J. D., "Toward a Role-Theoretic Conception of Embeddedness", *American Journal of Sociology*, 1998, 104 (1).

Moore S., Daniel M., Gauvin L., et al., "Not All Social Capital is Good Capital", *Health & Place*, 2009, 15 (4).

Najafi-Tavani Z., Zaefarian G., Naudé P., et al., "Reverse Knowledge Transfer and Subsidiary Power", *Industrial Marketing Management*, 2015, 48.

Nell P. C., Andersson U., "The Complexity of the Business Network Context and its Effect on Subsidiary Relational (over-) Embeddedness", *International Business Review*, 2012, 21 (6).

Ocasio W., "Towards an Attention-Based View of the Firm", *Strategic Management Journal*, 1997, 18 (S1).

Provan K. G., Fish A., Sydow J., "Interorganizational Networks at the Network Level: A Review of the Empirical Literature on Whole Networks", *Journal of Management*, 2007, 33 (3).

Quer D., Claver E., Andreu R., "Foreign Market Entry Mode in the Hotel Industry: The Impact of Country and Firm-specific Factors", *International Business Review*, 2007, 16 (3).

Rugman A. M., Verbeke A., "Subsidiary-specific Advantages in Multinational Enterprises", *Strategic Management Journal*, 2001, 22 (3).

Rugman A. M., "Subsidiary Specific Advantages and Multiple Embeddedness in Multinational Enterprises", *Academy of Multinational Enterprises*, 2014, 7.

Rutten R., Boekema F., "Regional Social Capital: Embeddedness, Innovation Networks and Regional Economic Development", *Technological Forecasting and Social Change*, 2007, 74 (9).

Sakhdari K., Burgers J. H., "The Moderating Role of Entrepreneurial Management in the Relationship between Absorptive Capacity and Corporate Entrepreneurship: An Attention-Based View", *International Entrepreneurship and Management Journal*, 2018, 14 (4).

Sandberg S., "Experiential Knowledge Antecedents of the SME Network Node Configuration in Emerging Market Business Networks", *International Business Review*, 2014, 23 (1).

Simon H. A., *The Role of Attention in Cognition*, New York: Academic Press, 1986.

Simsek Z., Lubatkin M. H., Floyd S. W., "Inter-firm Networks and Entrepreneurial Behavior: A Structural Embeddedness Perspective", *Journal of Management*, 2003, 29 (3).

Singh B., Shaffer M. A., Selvarajan T. T., "Antecedents of Organizational and Community Embeddedness: The Roles of Support, Psychological Safety, and Need to Belong", *Journal of Organizational Behavior*, 2018, 39 (3).

Tidd J., "Innovation Management in Context: Environment, Organization and Performance", *International Journal of Management Reviews*, 2001, 3 (3).

Uzzi B., "Social Structure and Competition in Interfirm Networks: The Paradox of Embeddedness", *Administrative Science Quarterly*, 1997.

Wang C. L., Altinay L., "Social Embeddedness, Entrepreneurial Orientation and Firm Growth in Ethnic Minority Small Businesses in the UK", *International Small Business Journal*, 2012, 30 (1).

Wiederholt M., *Rational Inattention*, The New Palgrave Dictionary of Economics, 2010.

Yadav M. S., Prabhu J. C., Chandy R. K., "Managing the Future: CEO Attention and Innovation Outcomes", *Journal of Marketing*, 2007, 71 (4).

Yiu D. W., Lu. Y., Bruton G. D., et al., "Business Groups: An Integrated Model to Focus Future Research", *Journal of Management Studies*, 2007, 44 (8).

Zaheer A., Soda G., "Network Evolution: The Origins of Structural Holes", *Administrative Science Quarterly*, 2009, 54 (1).

Zahra S. A., Sapienza H. J., Davidsson P., "Entrepreneurship and Dynamic Capabilities: A Review, Model and Research Agenda", *Journal of Management Studies*, 2006, 43 (4).